Intelligent Traffic and

智能交通与无人驾驶

黄志坚　编著

Unmanned Driving

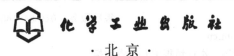

化学工业出版社

·北京·

交通是经济和社会发展的重要基础产业，智能交通系统（ITS）是解决目前经济发展所带来的交通问题的理想方案。智能交通涉及先进的物联网、大数据、云计算、人工智能、传感器、数据通信、电子控制、运筹学、自动控制等信息与控制技术。本书在收集整理国内智能交通最新理论成果及应用实例的基础上，系统介绍了智能交通技术及应用。全书共 7 章。第 1 章是智能交通概述。第 2 章～7 章分别介绍智能交通的主要分支：智能交通指挥系统、出行者信息服务系统、智能城市公共交通系统、智能高速公路系统、车载导航系统、汽车无人驾驶技术。

本书的读者主要是交通行业专业技术人员及大专院校相关专业的师生。

图书在版编目（CIP）数据

智能交通与无人驾驶/黄志坚编著. —北京：化学工业出版社，2018.8（2022.11重印）
ISBN 978-7-122-32369-9

Ⅰ.①智… Ⅱ.①黄… Ⅲ.①交通运输管理-智能系统-研究 ②汽车驾驶-无人驾驶-研究 Ⅳ.①U495 ②U471.1

中国版本图书馆 CIP 数据核字（2018）第 125656 号

责任编辑：黄 滢　　　　　　　　　　文字编辑：陈 喆
责任校对：边 涛　　　　　　　　　　装帧设计：王晓宇

出版发行：化学工业出版社（北京市东城区青年湖南街 13 号　邮政编码 100011）
印　　装：北京七彩京通数码快印有限公司
787mm×1092mm　1/16　印张 15¼　字数 340 千字　2022 年 11 月北京第 1 版第 4 次印刷

购书咨询：010-64518888　　　　　　售后服务：010-64518899
网　　址：http://www.cip.com.cn
凡购买本书，如有缺损质量问题，本社销售中心负责调换。

定　　价：88.00元　　　　　　　　　　　　　　　　　　版权所有　违者必究

前言 Foreword

　　交通是经济和社会发展的重要基础产业，是经济社会发展过程中的人流、资金流、信息流和物流的最主要的载体。

　　智能交通系统（ITS）是在较完善的基础设施之上将先进的信息技术、数据通信传输技术、电子传感技术、电子控制技术以及计算机处理技术等有效地集成运用于整个交通运输管理体系，从而建立起的一种在大范围、全方位发挥作用的实时、准确、高效的综合运输和管理系统。ITS使得交通系统中三大主体"人、车、路"的相互作用关系以新的方式呈现。ITS的提出和大力发展能够提高道路使用效率，大幅降低汽车能耗，使交通堵塞减少、短途运输效率提高、现有道路的通行能力提高。实践证明，ITS是解决目前因经济发展所带来的交通问题的理想方案。

　　智能交通涉及先进的物联网、大数据、云计算、人工智能、传感器、数据通信、电子控制、运筹学、自动控制等信息与控制技术。智能交通技术的出现导致交通工程专业知识体系产生重大改变，这对相关技术人员提出了新的课题。

　　本书在收集整理国内智能交通最新理论成果及应用实例的基础上，系统介绍了智能交通技术及应用。

　　全书共7章。第1章是智能交通概述。第2~7章分别介绍智能交通的主要分支：智能交通指挥系统、出行者信息服务系统、智能城市公共交通系统、智能高速公路系统、车载导航系统、汽车无人驾驶技术。

　　本书的读者主要是交通行业专业技术人员及大专院校车辆工程、交通工程、机械、自动化相关专业的师生。

　　感谢江西工程学院简翔成老师的支持。

　　广东工业大学机电学院硕士研究生王巍、翟少春、沈文轩、林荣珍、郭敬恩、肖威、罗序平等参与了部分工作，在此致谢。

编著者

目录 CONTENTS

第1章 智能交通概述　001

1.1 智能交通的概念和特点　001
1.2 智能交通系统的体系架构　002
　1.2.1 ITS 的基本功能　002
　1.2.2 ITS 的组成　003
　1.2.3 我国 ITS 体系框架　004
1.3 智能交通的发展与进步　005
　1.3.1 智能交通发展概况　005
　1.3.2 智能交通的关键技术　006
　1.3.3 智能交通发展重点任务　009

第2章 智能交通指挥系统　012

2.1 智能交通指挥系统概述　012
　2.1.1 系统总体架构　012
　2.1.2 系统硬件架构　012
　2.1.3 系统软件架构　014
　2.1.4 系统的功能　015
2.2 应用实例——广州市智能交通管理指挥系统　016
　2.2.1 系统结构　016
　2.2.2 GZ-ITMS 中 GIS-T 的关键技术　018
　2.2.3 GIS-T 的高层应用　019
2.3 智能交通信号控制系统　020
　2.3.1 智能交通信号控制系统概述　020
　2.3.2 基于 RFID 的交通信号灯智能控制系统　022
　2.3.3 基于 CAN 总线的智能交通控制系统　027
2.4 智能交通视频监控　031
　2.4.1 智能交通视频监控概述　031
　2.4.2 分布式智能交通视频系统　033
　2.4.3 智能监控卡口系统　035
2.5 交通诱导系统　038
　2.5.1 交通诱导系统概述　038

2.5.2	基于车路协同的智能交通诱导系统	039
2.5.3	基于综合交通诱导的智能公共交通信息服务系统	041
2.5.4	天津市智能交通诱导系统	047

2.6 闯红灯抓拍系统 050
   2.6.1 闯红灯抓拍系统概述 050
   2.6.2 闯红灯抓拍系统框架 052
   2.6.3 服务端子系统 053
   2.6.4 客户端子系统 060
   2.6.5 车牌号提取 061

第3章 出行者信息服务系统　062

3.1 出行者信息服务系统概述 062
   3.1.1 出行者信息服务系统的特点 062
   3.1.2 出行者信息服务系统构成 063
   3.1.3 出行者信息服务系统关键技术 064
   3.1.4 出行信息及信息服务系统分类 065
   3.1.5 出行信息发布的技术策略 067
   3.1.6 出行信息发布的方式 068

3.2 出行者信息服务系统设计开发 069
   3.2.1 系统需求分析 069
   3.2.2 系统开发相关技术 071
   3.2.3 总体设计 072
   3.2.4 系统功能模块设计 073
   3.2.5 系统数据库设计 074
   3.2.6 系统实现 075

3.3 出行者信息服务系统应用实例 078
   3.3.1 基于Android终端的公众出行交通信息服务系统 078
   3.3.2 面向出行者的综合信息服务系统 082
   3.3.3 面向出行者的辽宁省交通信息系统 090
   3.3.4 江西永武高速公路西海服务区出行者交通信息服务系统 ... 094

第4章 智能城市公共交通系统　097

4.1 先进的公共交通系统 097
   4.1.1 先进的公共交通系统体系结构 098
   4.1.2 先进的公共交通系统应用的典型技术 099
   4.1.3 智能化调度系统 100

4.2 城市智能公共交通系统应用实例 105

4.2.1　基于 GPRS 的智能公交管理系统	105
4.2.2　基于 ARM 的智能公交系统	109
4.2.3　基于物联网的上海智能公共交通系统	113
4.2.4　智能公共交通物联网管控终端	120

第 5 章　智能高速公路系统　126

- 5.1　智能高速公路系统概述 … 126
  - 5.1.1　高速公路的智能化 … 126
  - 5.1.2　智能高速公路的发展 … 128
  - 5.1.3　交通大数据在智能高速公路中的应用 … 130
- 5.2　高速公路入口匝道控制 … 132
  - 5.2.1　入口匝道控制的作用与条件 … 133
  - 5.2.2　匝道控制的分类 … 134
  - 5.2.3　入口匝道控制的发展趋势 … 136
- 5.3　高速公路区间车速与车流监控系统 … 137
  - 5.3.1　高速公路区间测速系统 … 137
  - 5.3.2　高速公路区间车流密度监测系统 … 142
- 5.4　高速公路安全预警系统 … 148
  - 5.4.1　高速公路灾害成因 … 149
  - 5.4.2　高速公路灾害安全预警对策 … 151
  - 5.4.3　基于车联网的高速公路安全预警系统需求分析 … 153
  - 5.4.4　基于车联网的高速公路安全预警系统的基本框架 … 157
  - 5.4.5　系统的工作方式与工作内容 … 157
- 5.5　高速公路应急管理系统 … 159
  - 5.5.1　高速公路应急管理概述 … 159
  - 5.5.2　信息采集系统 … 161
  - 5.5.3　决策支持系统 … 163
  - 5.5.4　交通控制及应急救援系统 … 167
  - 5.5.5　信息发布系统 … 169
  - 5.5.6　事故评价系统 … 170
  - 5.5.7　应急联动指挥系统 … 171
- 5.6　高速公路电子智能收费系统（ETC）及应用 … 173
  - 5.6.1　ETC 的特点与效益 … 173
  - 5.6.2　ETC 的构成及工作流程 … 174
  - 5.6.3　ETC 的应用 … 175

第 6 章　车载导航系统　177

- 6.1　车载导航系统概述 … 177

6.1.1 车载导航系统硬件组成模块与基本功能 ………………………… 177
6.1.2 车载导航系统应用概况 ………………………………………… 178
6.1.3 全球定位系统（GPS） …………………………………………… 179
6.1.4 车载操作系统平台 ……………………………………………… 181
6.1.5 车载系统的发展趋势 …………………………………………… 182
6.2 应用实例——基于车联网的车载终端 GPS 导航系统 ……………… 183
6.2.1 基于车联网的车载终端总体结构 ……………………………… 183
6.2.2 开发平台主控单元 ……………………………………………… 184
6.2.3 GPS 定位模块电路 ……………………………………………… 187
6.2.4 通信、语音及显示电路 ………………………………………… 189
6.2.5 基于车联网的 GPS 导航软件总体流程 ………………………… 193

第 7 章 汽车无人驾驶技术　　199

7.1 无人驾驶汽车概述 …………………………………………………… 199
7.1.1 无人驾驶汽车的概念与工作原理 ……………………………… 199
7.1.2 无人驾驶汽车的发展历程与前景 ……………………………… 201
7.1.3 无人驾驶的核心技术 …………………………………………… 205
7.1.4 车联网对无人驾驶汽车的影响 ………………………………… 206
7.1.5 无人驾驶汽车的设计 …………………………………………… 206
7.2 无人驾驶汽车的道路环境信息提取技术 …………………………… 208
7.2.1 基于机器视觉的环境信息提取技术 …………………………… 208
7.2.2 基于车载激光雷达的环境信息提取技术 ……………………… 216
7.3 无人驾驶汽车 GPS 导航技术 ………………………………………… 217
7.3.1 车辆导航技术概述 ……………………………………………… 217
7.3.2 应用导航技术的无人驾驶汽车 ………………………………… 220
7.3.3 无人驾驶汽车 GPS 导航系统 …………………………………… 221
7.4 无人驾驶汽车动态障碍物避撞系统 ………………………………… 225
7.4.1 无人驾驶汽车平台体系结构 …………………………………… 225
7.4.2 无人驾驶汽车动态障碍物避撞关键问题 ……………………… 228
7.4.3 动态障碍物避撞方法 …………………………………………… 229
7.5 无人驾驶汽车电子稳定控制系统 …………………………………… 230
7.5.1 系统组成和工作原理 …………………………………………… 230
7.5.2 系统设计 ………………………………………………………… 232
7.5.3 实车验证 ………………………………………………………… 234

参考文献　　236

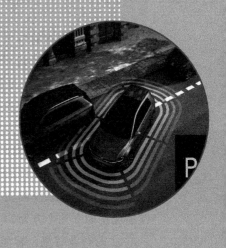

第1章
智能交通概述

1.1 智能交通的概念和特点

（1）智能交通的概念

智能交通系统（intelligent transportation system，ITS）是未来交通系统的发展方向，它在较完善的基础设施之上将先进的物联网、大数据、云计算、人工智能、传感器、数据通信、运筹学、电子控制与传感技术、自动控制技术、信息技术以及计算机处理技术等有效地集成运用于交通运输、服务控制和车辆等整个地面交通管理系统，加强车辆、道路、使用者之间的联系，从而形成一种保障安全、提高效率、改善环境、节约能源的综合运输体系，建立一种在大范围内全方位发挥作用的实时、准确、高效的综合交通运输管理系统（图1-1）。

ITS可以有效地利用现有交通设施减少交通负荷和环境污染、保证交通安全、提高运输效率，因而日益受到各国的重视。

图1-1　智能交通系统构成框架

智能交通的发展跟物联网的发展是离不开的，只有物联网技术不断发展，智能交通系统才能越来越完善。智能交通是交通的物联化体现。

21世纪是公路交通智能化的世纪。人们将要采用的智能交通系统，是一种先进的一体化交通综合管理系统。在该系统中，车辆靠自己的智能在道路上自由行驶，公路靠自身的智能将交通流量调整至最佳状态，借助于这个系统，管理人员对道路、车辆的行踪将掌握得一清二楚。

智能交通作为当今世界交通运输发展的热点，在支撑交通运输管理的同时，更加注重满足民众出行和公众交通出行的需求，构建一个绿色安全的体系。智能交通是未来交通系统的发展方向。

(2) 智能交通的特点

ITS使得交通系统中三大主体"人、车、路"的相互作用关系以新的方式呈现。ITS的提出和大力发展能够提高道路使用效率，大幅降低汽车能耗，使交通堵塞减少、短途运输效率提高、现有道路的通行能力提高。实践证明，ITS是解决目前经济发展所带来的交通问题的理想方案。

智能交通系统具有以下两个特点：一是着眼于交通信息的广泛应用与服务，二是着眼于提高既有交通设施的运行效率。

与一般技术系统相比，智能交通系统建设过程中的整体性要求更加严格，这种整体性体现在如下几个方面。

① 跨行业特点。智能交通系统建设涉及众多行业领域，是社会广泛参与的复杂巨型系统工程，从而造成复杂的行业间协调问题。

② 技术领域特点。智能交通系统综合了交通工程、信息工程、控制工程、通信技术、计算机技术等众多科学领域的成果，需要众多领域的技术人员共同协作。

③ 政府、企业、科研单位及高等院校共同参与，恰当的角色定位和任务分担是系统有效展开的重要前提条件。

④ 智能交通系统将主要由移动通信、宽带网、RFID（射频识别技术）、传感器、云计算等新一代信息技术作支撑，更符合人的应用需求，可信任程度提高并变得"无处不在"。

1.2 智能交通系统的体系架构

1.2.1 ITS的基本功能

(1) 车辆控制

系统可辅助驾驶员驾驶汽车或替代驾驶员自动驾驶汽车。通过安装在汽车前部和旁侧的雷达或红外线探测仪，可以准确地判断车与障碍物之间的距离，遇紧急情况，车载电脑能及时发出警报或自动刹车避让，并根据路况自己调节行车速度，人称"智能汽车"。

(2) 交通监控

类似于机场的航空控制器，它将在道路、车辆和驾驶员之间建立快速通信联系。哪里发生了交通事故，哪里交通拥挤，哪条路最为畅通，该系统会以最快的速度提供给驾驶员和交通管理人员。

(3) 车辆管理

该系统通过汽车的车载电脑、高度管理中心计算机与全球定位系统卫星联网，实现驾驶员与调度管理中心之间的双向通信，来提供商业车辆、公共汽车和出租汽车的运营效率。该系统通信能力极强，可以对全国乃至更大范围内的车辆实施控制。

(4) 出行信息服务

系统提供信息的媒介是多种多样的，如电脑、电视、电话、路标、无线电、车内显示屏等，任何一种方式都可以。无论你是在办公室、大街上、家中、汽车上，只要采用其中任何一种方式，你都能从信息系统中获得所需要的信息。有了该系统，外出旅行者就可以眼观六路、耳听八方了。

1.2.2 ITS 的组成

(1) 先进的交通信息系统（ATIS）

ATIS 是建立在完善的信息网络基础上的。交通参与者通过装备在道路上、车上、换乘站上、停车场上以及气象中心的传感器和传输设备，向交通信息中心提供各地的实时交通信息；ATIS 得到这些信息并处理后，实时向交通参与者提供道路交通信息、公共交通信息、换乘信息、交通气象信息、停车场信息以及与出行相关的其他信息；出行者根据这些信息确定自己的出行方式与路线。更进一步，当车上装备了自动定位和导航系统时，该系统可以帮助驾驶员自动选择行驶路线。

(2) 先进的交通管理系统（ATMS）

ATMS 有一部分与 ATIS 共用信息采集、处理和传输系统，但是 ATMS 主要是给交通管理者使用的，用于检测、控制和管理公路交通，在道路、车辆和驾驶员之间提供通信联系。它将对道路系统中的交通状况、交通事故、气象状况和交通环境进行实时的监视，依靠先进的车辆检测技术和计算机信息处理技术，获得有关交通状况的信息，并根据收集到的信息对交通进行控制，如信号灯、发布诱导信息、道路管制、事故处理与救援等。

(3) 先进的公共交通系统（APTS）

APTS 的主要目的是采用各种智能技术促进公共运输业的发展，使公交系统实现安全便捷、经济、运量大的目标。如通过个人计算机、闭路电视等向公众就出行方式和事件、路线及车次选择等提供咨询，在公交车站通过显示器向候车者提供车辆的实时运行信息。在公交车辆管理中心，可以根据车辆的实时状态合理安排发车、收车等计划，提高工作效率和服务质量。

(4) 先进的车辆控制系统（AVCS）

AVCS 的目的是开发帮助驾驶员实行本车辆控制的各种技术，从而使汽车行驶安全、高效。AVCS 包括对驾驶员的警告和帮助、障碍物避免等自动驾驶技术。

(5) 货运管理系统（FMS）

这里指以高速道路网和信息管理系统为基础，利用物流理论进行管理的智能化的物流管理系统。综合利用卫星定位、地理信息系统、物流信息及网络技术有效组织货物运输，提高货运效率。

(6) 电子收费系统（ETC）

ETC 是世界上最先进的路桥收费方式。通过安装在车辆挡风玻璃上的车载器与在收费站 ETC 车道上的微波天线之间的微波专用短程通信，利用计算机联网技术与银行进行后台结算处理，从而达到车辆通过路桥收费站不需停车而能交纳路桥费的目的，且所交纳的费用经过后台处理后清分给相关的收益业主。在现有的车道上安装电子不停车收费系统，可以使车道的通行能力提高 3~5 倍。

(7) 紧急救援系统 (EMS)

EMS是一个特殊的系统，它的基础是ATIS、ATMS和有关的救援机构和设施，通过ATIS和ATMS将交通监控中心与职业的救援机构连成有机的整体，为道路使用者提供车辆故障现场紧急处置、拖车、现场救护、排除事故车辆等服务。具体包括：

① 车主可通过电话、短信、翼卡车联网三种方式了解车辆具体位置和行驶轨迹等信息；
② 车辆失盗处理：此系统可对被盗车辆进行远程断油锁电操作并追踪车辆位置；
③ 车辆故障处理：接通救援专线，协助救援机构展开援助工作；
④ 交通意外处理：此系统会在10s后自动发出求救信号，通知救援机构进行救援。

1.2.3 我国ITS体系框架

ITS体系框架是对ITS这一复杂大系统的整体描述。通过ITS体系框架来解释ITS中所包含的各个功能域及其子功能域之间的逻辑、物理构成及相互关系。同时，ITS体系框架是我国ITS发展的纲领性和宏观指导性技术文件，是ITS实现的载体。我国政府高度重视ITS体系框架的相关工作，国内ITS领域的权威科研机构和专家一直不懈地开展中国ITS体系框架的编制、修改完善、方法研究、工具开发和应用推进工作。我国政府设立了由国家智能交通系统工程技术研究中心承担的《智能交通系统体系框架及支持系统开发》项目，完成了《中国智能交通系统体系框架》，其在规范化、系统化、实用化等方面取得了实质性的进展。图1-2所示为《中国智能交通系统体系框架》中确定的我国目前ITS的体系框架。

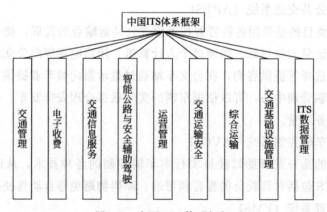

图1-2 中国ITS体系框架

交通管理用户服务领域包括交通动态信息监测、交通执法、交通控制、需求管理、交通事件管理、交通环境状况监测与控制、勤务管理、停车管理、非机动车和行人通行管理9项用户服务；电子收费用户服务领域仅包括电子收费1项用户服务；交通信息服务用户服务领域包括出行前信息服务、行驶中驾驶员信息服务、旅途中公共交通信息服务、途中出行者其他信息服务、路径诱导及导航、个性化信息服务6项用户服务；智能公路与安全辅助驾驶用户服务领域包括智能公路与车辆信息收集、安全辅助驾驶、自动驾驶、车队自动运行等四项用户服务；运营管理用户服务领域包括运政管理、公交规划、公交运营管理、长途客运运营管理、轨道交通运营管理、出租车运营管理、一般货物运输管理、特种运输管理 8 项用户服务；交通运输安全用户服务领域包括紧急事件救援管理、运输安全管理、非机动车及行人安全管理、交叉口安全管理等通项用户服务；综合运输用户服务领域包括客货运联运管理、旅客联运服务、货物联运服务 3 项用户服务；交通基础设施管理用户服务领域包括交通基础设施维护、路政管理、施工区管理 3 项用户服务；ITS 数据管理用户服务领域包括数据接入与存储、数据融合与处理、数据交换与共享、数据应用支持、数据安全 5 项用户服务。

1.3 智能交通的发展与进步

随着物联网、大数据、云计算、人工智能等信息技术的快速发展，智能交通与信息、传感器、电子控制等先进技术相融合，进一步拓宽和深化了智能交通系统的内涵，有望对人类未来智能生活的理念和模式产生重大影响。

1.3.1 智能交通发展概况

（1）智能交通国际发展概况

随着新兴技术的发展，国际上越来越重视通过信息化、智能化技术支撑建立高效、安全、便捷、绿色的智能交通运输体系。《美国 2050 年远景：国家综合运输系统》提出，21 世纪将建设成具有整体化、国际化、联合化、包容化、智能化、创新化的"6I"型交通运输系统，并以此为导向在 2050 年建成安全、经济、环保、高效、畅通的国家综合交通运输系统。美国交通部出台了《智能交通系统战略规划 2015~2019》，并制定了 2 个战略重点，即实现汽车互联技术和推进车辆自动化。同时制定了 5 个战略主题：通过发展更优的风险管理、驾驶监控系统，打造更加安全的车辆及道路；通过探索管理办法和战略，提高系统效率，缓解交通压力，增强交通流动性；交通运输与环境息息相关，通过对交通流量的优化管理以及运用车联网技术解决实际车辆、道路问题，达到保护环境的目的；为了更好地迎合未来交通运输的需求，全面促进技术发展，推动创新；通过建立起系统构架和标准，应用先进的无线通信技术实现汽车与各种基础设施、便携式设备的通信交互，促进信息共享。

《欧盟未来交通政策白皮书》提出通过全面综合的政策促进技术的开发、集成与融合，建设高效协同、绿色环保的交通运输系统，重点关注道路网、公交网、铁路网、水运网的合理配置与相互衔接，建设便捷舒适的综合交通枢纽。《德国联邦交通网发展规划》提出将建设低排放、低成本、高效率、高协同的环境友好型交通运输网络，综合考虑自然环境、区域发展与城市建设的整体利益，重点关注与发展面向未来的区域分配型交通运输网络。《日本综合交通政策体系》提出要注重交通总体规划和交通方式的集约化，将内陆、海岸、航空的交通方式紧密结合，重视交通资源配置的有效性和环境影响，建立安全、舒适、便捷、绿色的综合交通运输网络。

在发达国家，智能交通的服务已广泛应用于公众的出行和日常生活服务中，如车流监控、自动信号灯、可变限速标志、自动亮灯人行道、可变车道、浮动收费、电子缴费系统、空闲车位自动显示、停车场自助缴费、辅助驾驶以及货运追踪等。

智能交通的发展趋势：①多方式交通运输的一体化设计和协同运行逐渐引起重视；②高效便捷的客货运输系统逐渐形成；③移动互联网和大数据技术成为精准、个性化的交通运输服务的基础；④无人驾驶交通系统、空地一体立体交通等新型交通系统概念不断涌现。

在无人驾驶技术方面，各国研发水平参差不齐，其中美、德两国无人驾驶汽车技术最为先进。美国是研究这项技术最早，也是目前为止水平最高的国家。这项技术不仅已经在美国军方进入了装备阶段，而且在民用方面也已进入了产品阶段。谷歌无人驾驶汽车目前已测试驾驶了48万千米。谷歌估计无人驾驶汽车可以将交通事故的数量每年减少50%。无人驾驶汽车是否能被这个社会所接受，目前还有待观察，但它肯定会作为一种选择。除了谷歌，其他像丰田、奥迪等大型汽车生产商也正在开发他们自己的无人驾驶汽车。

(2) 智能交通中国的发展概况

中国智能交通发展的建设，总体上取得了积极的成果，在许多城市和交通运输的各个行业都得到了成功的应用。高速公路电子不停车收费ETC已经在全国应用，按照国家标准建设的ETC已经覆盖了全国29个省（市、区），开通了7000多条ETC的车道，用户已经超过了1300多万，并且已经实现了东部14个省市跨省联网运行。中国的ETC已经成为国际上用户规模超过1000万的三大ETC技术体系之一，至2015年年底，实现全国29个省（市、区）联网。

近年来，中国通过国家科技计划对智能交通发展持续给予了支持，针对车路协同、交通状态的感知和交互、车联网、环境友好型的智能交通、多模式的交通协同、道路安全的智能化管控等智能交通的核心关键技术，进行了持续的深入研究和应用推动，促进了智能交通与信息技术最新成果的融合与集成应用。

基于移动互联网的出行服务模式和产业在不断地创新发展。借助移动互联网、云计算、大数据、物联网等先进技术和理念，国内移动互联企业在近些年取得了长足进步，智能交通与互联网＋相融合，形成未来社会智能交通的新业态和新模式，以满足公众便捷、舒适出行的现实需求。以滴滴打车、快的打车为代表，自2015年2月滴滴和快的合并以来，公司进入新一轮快速发展时期。出行叫车服务已经覆盖全国360多个城市，注册用户达到2亿以上，全平台每天服务的订单接近1000万。

"十二五"期间，国家"863计划"对智能车路协同关键技术进行了研发，具有自主知识产权的短程通信等国家标准已经在2014年正式发布。与此同时，中国在自动驾驶领域的研究也在不断深入，国内汽车厂商已经开始研发和试验，多个研究团队的智能汽车在实际道路上进行了自动驾驶的试验。另外，中国互联网企业通过与汽车厂商的合作也开始涉足智能汽车及无人驾驶的领域，为中国智能汽车和智能交通带来更多的产业发展前景。

1.3.2 智能交通的关键技术

(1) 交通大数据挖掘技术

随着移动互联网及城市交通信息多元化采集技术的产生，交通行业已然进入大数据时代。数据挖掘是从大量数据中寻找规律的技术,是目前最强有力的计算机数据分析技术之一。交通大数据挖掘技术(图 1-3)是推动智能交通系统领域发展的最为关键的技术之一,也是互联网+交通应用领域中的核心技术。

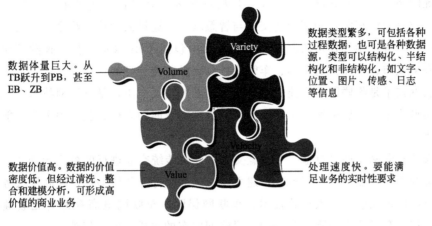

图 1-3　交通大数据挖掘技术

交通大数据分析,寻找交通数据中的规律,使交通参与者能快速、全面、准确地完成交通评估和决策,实现交通智能化管理。通过寻找交通数据中的规律,为智能交通系统的设计提供技术支持,有利于缓解交通拥挤、优化交通路网运行,向出行者提供精确交通信息、向管理者提供科学化政策决策,从而促进交通安全、高效发展。

基于交通大数据挖掘技术,可改变传统交通管理行政区域的限制,建立综合性、立体性的智能交通体系,综合多种公共交通信息系统,实现实时交通预测,由此提升交通事故监测与处理、交通信息诱导、驾驶员行为检测等交通预测水平,从而为交通监管、安全预警、高效管控等提供新技术、新手段。

(2) 无人驾驶车辆技术

无人驾驶车辆技术是集人工智能、计算机视觉、组合导航、信息融合、自动控制和机械电子等众多高技术于一体的车辆自动驾驶技术。它利用车载激光、视觉、超声波、红外线等传感器感知周围环境,并与全球导航系统相结合,基于感知所处的位置、车辆信息、障碍物信息,并通过车载计算机的高性能计算,得出车辆的启停、速度、转向等控制指令,从而自主控制车辆实现自动的安全、可靠行驶。基于以上特点,无人驾驶车辆在减轻驾驶人员劳动强度、改善车辆安全驾驶性能、降低交通事故发生率,在恶劣条件和极限条件下作业等方面具有普通车辆无可比拟的优点。

无人驾驶技术从应用的角度可分为无人驾驶汽车、无人驾驶飞机、无人艇和无人潜航器。无人驾驶技术是衡量一个国家交通领域的科技水平与工业制造水平的重要标志之一,同时在国防和未来智能社会发展与建设中具有广阔前景。基于无人驾驶技术,可实现对位置、视觉环境感知、自主避障与导航、智能规划、自动控制、网络云计算等技术的融合发展,从而将环境信息与车身信息融合成为一个系统性的整体,实现全新方式的信息融合,使无人驾驶设备清楚地"知道"自己的速度、方向、路径等信息,并进一步提升和改善交通运行环境,降低成本,提高安全性和运行的效率。

(3) 车联网技术

车联网技术是以车内网、车际网和车载移动互联网为基础，按照约定的通信协议和数据交互标准，在车＋×（车、路、行人及互联网等）之间，进行无线通信和信息交换的大系统网络。汽车互联网以人为本，同时依靠云计算平台，连接保险行业、4S 或车行行业、政府企业车队，构建智能交通与智慧城市，通过云计算大数据提供的详细信息进行分析，为客户制订合理的服务和应用。其中包括 UBI 保费计算、查勤理赔、增值服务、咨询发布、智能交通管理、车管业务、环保监测管理等。

车联网技术是物联网与智能化汽车两大领域的重要交集，是物联网技术在交通系统领域的典型应用。车联网实现了智能化交通管理、智能动态信息服务和车辆智能化控制的一体化。

未来的车联网发展是打造一个智慧交通，并对传统交通进行颠覆式的创新，开创区别于传统的不同性能纬度的新模式，建立技术标准，打造开放平台；互联网服务于产品捆绑销售；声控互联、无人驾驶技术、车联网保险、车联网电商等都有无数颠覆式创新，跨界打造车联网生态圈（图 1-4），最终回归车的本质，安全驾驶。

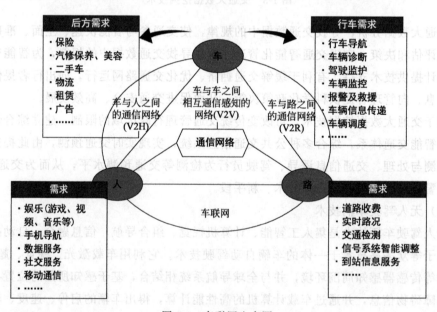

图 1-4　车联网生态圈

(4) 智能交通信息智能感知与服务技术

实时、准确地获取交通信息是实现智能交通的依据和基础。智能交通物联网感知互动层通过多种传感器、RFID、二维码、定位、地理信息系统等数据采集技术，实现车辆、道路和出行者等多方面交通信息的感知（图 1-5）。

在数据挖掘的基础上，可解决跨越行政区域的限制，实现数据信息的共享，在信息集成优势和组合效率上，有助于建立综合性立体的交通信息体系；同时，在车辆安全、交通资源配置方面，通过交通信息的智能感知采集到的交通大数据的计算、挖掘与分析，提升车辆安全性、交通资源配置的效率，并利用交通大数据的快速性和可预测性，提高交通预测的水平。

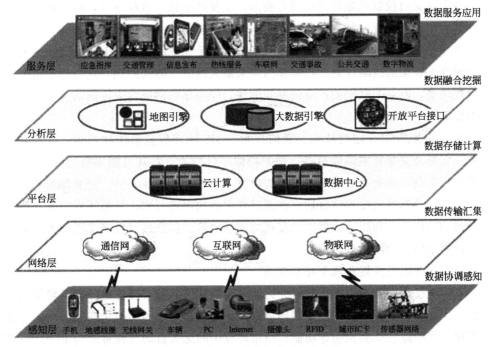

图 1-5 智能交通信息智能感知与服务

1.3.3 智能交通发展重点任务

智能交通技术集成应用了以信息技术为主体的多个领域的高新技术成果，具有很强的跨领域、多技术特征，集成创新是智能交通科技发展的重要模式。智能交通又具有极强的国情相关特征、地域相关特征和行业相关特征。

智能交通系统具有一定的共性技术，但作为实用化程度很高的技术领域，任何国家和地区在智能交通技术的发展中，必须在借鉴先进技术经验的同时，强调和立足自主开发。

中国智能交通科技的基础条件还比较薄弱，智能交通科技的发展要注意和加强条件平台的建设。突出强调产学研结合、基础研究与应用研究和示范结合，发挥政府、管理部门、研发单位和企业的不同作用，重视产业技术联盟和企业创新主题作用的发挥。

与信息技术最新成果相结合，加快智能交通系统的发展是中国交通领域实现跨越式、节能减排、可持续发展的有效途径，是实现中国交通运输转型升级的关键。交通大数据挖掘技术及移动互联环境下的智能交通信息服务技术应用范围相对广泛、技术交叉性较强，是智能交通的共性技术，具有广泛的行业带动性；人车路智能协同系统及无人驾驶作为关键技术，是衡量国家交通领域总体科技水平与工业能力的重要标志之一，是智能交通工程科技发展的核心；交通运输组织的优化相关技术及综合运输服务体系与国计民生紧密联系，对经济和社会发展具有重要意义。

(1) 加强交通大数据挖掘及智能交通信息服务

车路协同是近年来智能交通科技的前沿技术领域，中国智能交通科技研究应积极介入、尽早布局，以占领智能交通科技领域的战略制高点。交通信号控制、交通仿真技术等一直是中国交通控制领域缺乏的核心技术，主要产品长期依赖进口，应组织力量协同攻关，结合中国实际交通特点，创新提高，取得本质性的突破。

由于通过对数据进行专业性分析所带来的价值是无限的，所以大数据成为世界各国政策层面鼎力推动的战略计划。汽车作为未来最大的一个移动终端，具有比手机还要强大的衍生功能，而且车联网的产业链够长够深，使得车联网成为大数据的集中体现，可谓是大数据的一个缩影。

智能公交根据 GPS 定位技术、通信技术、GIS 地理信息系统技术等，结合对车辆的监控，实施公交车智能调度策略。预测群体出行行为，对其可能出行的时间、路线、方式等进行预测，从而为城市车辆调度提供决策帮助。驾驶员评估，交通部与百度地图的实时路况与导航规划技术结合后，将通过驾驶员的出行习惯，从路线到行为，为该驾驶员提供一套评估。利用大数据辅助交通规划和决策，如通过对拥堵路段的大数据分析后，可针对个体出行路线进行调整。

（2）深入开展无人驾驶汽车技术攻关

无人驾驶技术的未来发展方向可分为高速公路环境、城市环境和特殊环境下的无人驾驶系统。在高速公路环境下，使用环境定为具有良好标志的结构化高速公路，主要完成道路标志线跟踪、车辆识别等功能；城市环境中的无人自动驾驶将成为下一阶段研究重点，在城市环境下，无人驾驶速度较慢，更安全可靠，应用前景更好，但城市环境更为复杂，对感知和控制算法提出了更高的要求；在特殊环境下，在军事和其他一些特殊条件下的应用，对性能要求的侧重点不一样，如车辆的可靠性、对恶劣环境的适应性成为特殊环境下的首要问题。

（3）超前谋划车路智能协同系统及车联网

在大数据时代的背景下，车辆作为车联网的一个小分支，如开辟自己的新蓝海而成功突围，需要建立自己的数据壁垒。一个方向是开发具有中国特色的硬件，采用软硬件相结合的方式，并辅以互联网思维进行运行和推广，最终建立庞大而完备的交通数据体系架构，该体系包含海量、异构、持续更新的智能交通用户级数据；另一个方向是打通跨行业数据，国内互联网公司对于跨行业跨领域的数据重视程度相对较低，而数据是具有"外部价值"的，就像汽车厂商的自动制动数据结合 LBS 数据能够揭示公共交通路段的安全性一样。

车联网产业如此大规模的行业发展，需要制定车联网标准与规范的相关建设，比如车载 OBD 终端技术要求及测试规范标准，车载网关技术要求及测试规范标准，等等。同时开放平台建立在行业公开标准之上，发布编程接口，从而为第三方程序及应用提供数据信息。开放式 SDK 接入开放平台，通过云端技术获得相关的车辆信息，为第三方引用方便接入海量的车主用户，建立良好的社区关系，同时提供用户合理的应用内容和优质的服务体验，提高用户活跃度。

（4）全面推广智能交通信息感知与服务

交通信息智能化感知与服务的重点任务主要包括 ETC 系统和交通流信息采集。ETC 系统基于车载电子标签，实现与微波天线之间的短程通信，不需要经过车辆停车刷卡及向收费人员进行缴纳现金等操作，自动读取完成收费处理的过程，具有无须停车、不需值守人员、不需现金等便捷特点。交通流信息采集利用安装在道路上和车辆上的交通信息收集系统，进行交通流量、行车速度、管制信息、道路状况、停车场、天气等动态信息收集、处理和发布，成为智能交通系统中的一个重要组成部分。

(5) 提高智能交通关键技术创新能力

关键核心技术的创新能力直接影响我国智能交通竞争力。而目前我国关键核心技术对国外进口依赖严重，市场上的高端智能交通产品大部分来自国外或者对国外芯片进行二次开发，核心技术的缺乏会使智能交通被动地受国外扼制，同时发展过程中也需要付出昂贵的技术成本。因此，为了促进我国智能交通发展，提高我国智能交通在国际的竞争力，无疑需要提高智能交通关键技术的创新能力。

提高我国智能交通关键技术创新能力，需要结合已有技术和基础，同时在智能交通领域引入物联网、云计算、数据挖掘等技术及应用，发展新一代的智能交通系统。智能交通领域是物联网重要的应用领域，在智能交通中引入物联网，有助于智能交通突破发展瓶颈，取得快速而实质性的进步。比如物联网强大的数据采集功能可以为智能交通提供全面的底层交通数据；物联网可为交通数据的传输提供良好的渠道，为交通信息的发布提供宽阔的平台。另外，智能交通由各个分系统组成，在物联网应用的基础上引入云计算，可以帮助智能交通整合现有数据资源，通过云计算平台数据的融合、挖掘和分析，建立交通动态信息处理和管理控制平台，使海量交通数据得到更加高效及时的处理和发布，帮助交通管理部门更加宏观地调控包括陆路、水路、航空等系统在内的整个交通体系。目前我国智能交通尚处于各系统单一发展的阶段，比如还没有做到对地铁、公交等公共交通的总体统筹，进行交通流诱导，因此可以引入数据挖掘、人工智能等技术解决这一需求，实现更高水平的智能交通系统，提供更完善的交通服务。

目前存在多项关键技术需要攻克，如物联网感知层拓展、物联网中间件技术、云计算综合应用与研究、复杂环境交通融合分析技术、地理地图信息匹配技术等。其次，需要衔接智能交通、物联网产业链的中间环节，以带动上下游产业共同发展，通过建立基于物联网的城市智能交通平台，提升设备制造商在移动终端载体上的研发、制造水平。

第2章
智能交通指挥系统

2.1 智能交通指挥系统概述

交通是经济和社会发展的重要基础产业,是经济社会发展过程中的人流、资金流、信息流和物流的最主要的载体。在当今社会中,若交通运输体系不能高速运转,经济就很难保持高速的发展。随着社会的发展,机动车给人们带来便利的生活。然而,随着机动车数量的激增,交通事故频发、环境污染加剧、交通拥挤等也给居民的生活带来不少问题。智能交通指挥系统是对采集到的城市道路交通信息进行分析处理、由决策支持子系统给出合理的解决方案、交通管理人员下达合理的指令的过程。建立智能的交通指挥系统能为解决当前社会存在的道路拥堵、交通事故频繁发生和严重的环境污染等问题给予强有力的支持。

2.1.1 系统总体架构

城市交通指挥系统包括城市交通指挥调度系统、交通管理综合信息平台、交通管理基础设施体系及各子系统(包括交通信号控制系统、交通流量监测系统、交通视频监测系统、电子警察系统、交通管理系统等)。

整个系统可分为底层、中间层、应用层3层结构以及一些基础架构,系统结构框图如图2-1所示。

城市交通指挥调度系统是整个系统的应用层,处于系统的最高层。它通过交通管理综合信息平台交换数据,利用信息交换平台从各个子系统获得实时交通信息,利用大数据技术对这些道路交通数据进行综合分析,对当前的道路交通状态作出判断,提供决策支持,以供交通指挥管理者决策。

2.1.2 系统硬件架构

系统的关键功能之一是处理非常态下的交通,对交通的监测和处理需要各方面的协

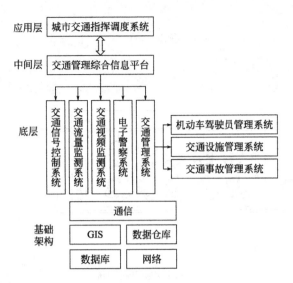

图 2-1　城市交通指挥系统主要系统框架图

调配合，以便在发生非常态交通及其相关的路段尽快恢复常态的道路秩序。交通指挥系统中的应急管理系统可以为交通指挥部门提供突发事件最初的信息，例如机动车突发机械故障、交通事故、突发的道路塌方等，由此交通指挥部门可以迅速作出决策应对突发事件。

在处理交通突发事件的过程中，指挥中心对道路情况、事故处理以及现场救援情况进行监控至关重要，将摄像头采集的现场的各类数据传回指挥系统并显示出来，可提高交通事故处理的速度以确保指挥命令的准确性。中央指挥室一般选择 SDLP，无缝隙智能显示的图形文字具有无缝隙分离、精细柔和、能耗低，第三方系统接入容易等特点。

无缝隙智能数字高清大屏系统（super digital light procession，SDLP）采用全数字解决方案，具有如下特点。

① 屏幕图像无色差、无物理缝隙，整个屏幕可精细地显示完整超大的高分辨率图像。

② 系统通过控制每个像素点的显示内容，实现色彩统一，整幅画面色彩失真低于 2%，且显示精细柔和。

③ 系统采用多个光机实现高分辨率，并且可完美支持显示各类信号源，实现真正意义上的高清智能显示。

④ 耗能只有同面积液晶大屏幕的 50% 左右，节能环保效果好。

大屏显示系统可按客户需求任意划分，实现视频、数据综合显示，实时监控道路交通情况、机动车行驶违章状况，显示车流量、天气状况；当发生交通事故时能实时监视交通现场状况、救援人员车辆状况、车流量，有利于对事故现场的指挥及交通进行疏导。

系统的硬件架构如图 2-2 所示。

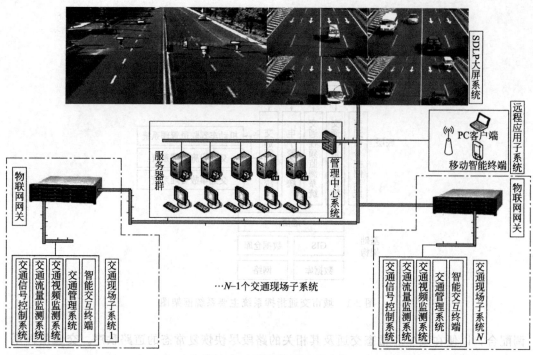

图 2-2 系统的硬件架构

2.1.3 系统软件架构

系统的软件架构如图 2-3 所示。

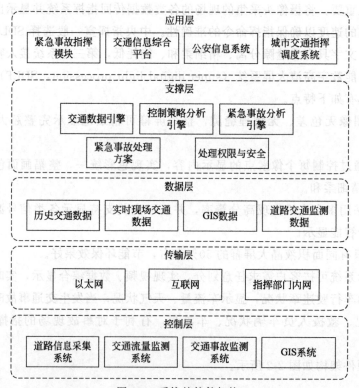

图 2-3 系统的软件架构

(1) 应用层

应用层有城市交通指挥调度系统、紧急事故指挥模块、公安信息系统、交通信息综合平台。应用层基于支撑层提供的分析管理引擎为城市交通指挥调度系统提供对道路交通的监控、处理紧急事故的功能。在该系统中，道路传感器将测得的数据传到系统中，经数据融合和处理，实时更新交通信息数据库，一旦发生非常态交通，系统会根据现场采集的数据提出相应的应急处理预案，辅助相关交通管理人员作出指挥交通的合理决策。城市交通指挥调度系统的一个关键功能是处理突发事件。为了尽快恢复正常的公路运营，使对事故的监测以及控制之间的协调配合成为关键。

(2) 支撑层

支撑层利用数据层提供的历史数据、道路交通实时的交通数据、GIS 数据为应用层提供计算支持和管理支持，包括交通数据引擎、控制策略分析引擎、紧急事故分析引擎、紧急事故处理方案、处理权限与安全。

(3) 数据层

数据层包括历史交通数据、实时现场交通数据、GIS 数据、道路交通监测数据。

(4) 传输层

传输层包括以太网、互联网和指挥部门内网，用以传输本地的历史交通数据以及实时现场交通数据等。

(5) 控制层

控制层包括道路信息采集系统、交通流量监测系统、交通事故监测系统、GIS 系统。交通流量监测系统通过埋在道路中的传感器以及摄像头对交通流量实时监测；交通事故监测系统和道路信息采集系统通过摄像头等手段对道路信息以及事故现场进行实时的监测，通过传输系统传回到指挥系统中分析处理；GIS 系统充分利用地理信息为道路情况及指挥紧急事故提供必要的地理支持。

2.1.4 系统的功能

(1) 建立统一的数据输入输出接口

建立统一的数据输入输出接口，包括交通管理指挥系统内部之间的接口以及与外部其他智能交通管理系统之间的接口。在城市交通指挥调度系统中，指挥中心所应用的系统来自于不同的厂商，数据格式不尽相同。该系统建立了统一的数据接口，只需通过 1 个转换模块就能将各应用系统的数据转化为统一的格式，这样，对于不同的应用系统而言，只需修改转换模块就可正常使用，保证了软件的通用性、拓展性和易维护性。

(2) 有效地检测与管理各种交通信息

有效地检测与管理各种交通信息包括常态下的以及非常态下的交通状况。系统通过摄像头以及道路检测传感器将交通信息传至指挥中心的大屏系统中，这样可有效地组织管理各种交通信息。

(3) 对交通数据进行深层次的挖掘与分析

对交通数据进行深层次的挖掘与分析，包括对存档的历史数据的分析，对传感器传回的实时路面信息的分析，对突发事件的自动检测等。通过对实测的路面交通数据进行统计分析，建立同一时间段内某一路段的车辆行程时间与该路段的平均车流量以及路面车道占有率之间的统计相关关系。通过对同一时间段内交通数据的分析，建立不同情况下的路由方案。最终可建立在不同时间、不同交通状况下的道路性能路由知识库。

(4) 交通管理的决策支持

交通管理的决策支持，包括对实时交通指挥调度以及发生交通事故应急处理的决策支持。当发生交通事故时，事故地点的监测源将测得的信息传到交通事故监测模块，交通事故监测模块将这些信息进行归纳、分析、总结，从而得出事故的整体概况信息，并将信息发送到事故处理中心。事故处理中心根据事故监测模块传回的信息，再结合当时地面的交通信息、地理信息及警力分配情况，从方法库中生成一套初步决策支持方案，并且对该方案进行反复的运行、修正，最终得出一套最佳的解决方案。

(5) 综合指挥调度

系统利用各子系统及时地预测非常态交通，提示交通管理者及时遏制非常态交通。当发生非常态交通时，指挥交通的相关人员和部门能对发生的交通事故作出迅速的反应，及时地处理，使道路尽快恢复常态，降低损失。

以上的功能都是以大数据为基础的数据采集与分析，使分散的数据系统化、结构化、标准化，以大屏系统为媒介，实现交通信息的空间分析和可视化的城市交通指挥调度。

2.2 应用实例——广州市智能交通管理指挥系统

广州市智能交通管理指挥系统（GZ-ITMS）从我国国情、广州市情出发，在 GIS-T 平台上集成了交通管理系统，还整合了交通指挥和接处警等交警业务，把交通采集处理发布的智能交通流程与交通指挥业务工作有机地结合起来，建立了全新的智能交通管理指挥应用模式。

2.2.1 系统结构

(1) GZ-ITMS 的体系结构

GZ-ITMS 的体系结构如图 2-4 所示，它由综合信息交换平台、与非公安信息系统数据交换平台两大平台，计算机光纤网络和无线通信网络两套网络，交通地理信息系统等多个子系统组成。GZ-ITMS 将信息科学运用到解决交通堵塞问题上，以提高交通效率，均衡道路交通流分布，提高交通网络整体通行能力，为更好地开展公安交通管理工作提供强有力的技术支撑。

(2) GZ-ITMS 的 GIS-T

交通地理信息系统（geographic information system for transportation，GIS-T）将空间的概念引入传统的交通信息系统，体现出强大的空间数据处理分析能力和交通信息服务管理功能，使空间信息的表达变得生动直观和易于理解，为智能交通管理指挥应用提供了全新模式。GIS-T 是 GZ-ITMS 开发集成的基础平台，它为 GZ-ITMS 集成指挥调度系统、警务管理系统、交通设施管理系统、警车定位系统、交通信息发布网站等相

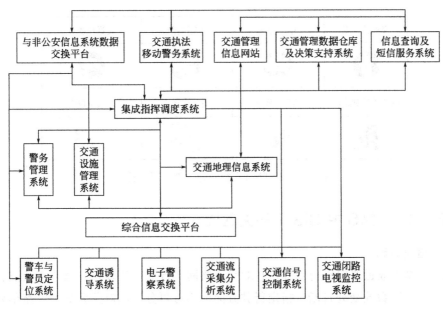

图 2-4 GZ-ITMS 的体系结构

关子系统提供高效地图数据和地图引擎服务,使 GIS-T 较好地应用在交通指挥调度、交警勤务管理、交通设施管理、交通信息发布、交通决策分析等业务上。

GIS-T 在 GZ-ITMS 的作用如图 2-5 所示。

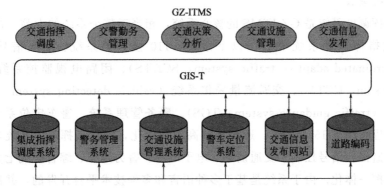

图 2-5 GIS-T 在 GZ-ITMS 的作用

(3)地图数据

地图数据是 GIS-T 最基础的部分。GZ-ITMS 的 GIS-T 地图数据严格按照国家标准和公安部警用地理信息系统标准进行设计和制作,为广州市公安系统实现信息共享奠定基础。基础地理信息类图形符号遵循国家标准,警用公共地理信息类图形符号直接采用警用标准,交通监控、交通检测、交通信号控制路口等公安交通管理专用的图形符号则采用警用标准规定的设计原则和方法自行设计。图 2-6 所示为 GZ-ITMS 自行设计的部分图形符号。

GZ-ITMS 的 GIS-T 覆盖了广州市全部行政辖区,分成基础地理信息、警用公共地理信息、交通管理业务专用地理信息和交通设施地理信息 4 大类地理信息。GIS-T 采用 MapInfo 软件平台,将地图数据划分成 16 个数据集、103 个图层进行存储。

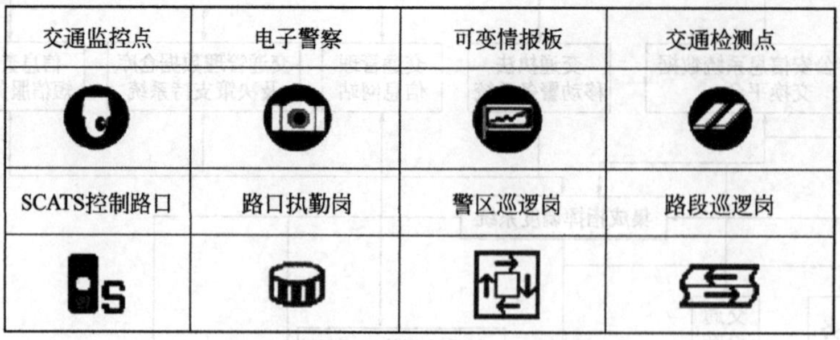

交通监控点	电子警察	可变情报板	交通检测点
SCATS控制路口	路口执勤岗	警区巡逻岗	路段巡逻岗

图 2-6　GZ-ITMS 自行设计的部分图形符号

2.2.2　GZ-ITMS 中 GIS-T 的关键技术

（1）道路编码

GIS-T 是生成道路编码的基础，它对交通路网实行节点处理，在道路交叉点、快速路出入口和车道数改变处打断，指定行驶方向的不可再分的面对象为最小道路单元。有了道路编码，GZ-ITMS 通过对最小道路单元进行红、黄、绿着色和实时刷新，准确显示交通路况状态；有了道路编码，集成指挥调度系统能够进行交通警情等定位和显示；有了道路编码，决策支持系统能够对交通事件发生地进行空间分析，排查交通事故、交通堵塞或交通违法多发路段等。

（2）系统集成

集成指挥调度系统是 GZ-ITMS 的核心系统，相当于整个系统的大脑。在 GIS-T 平台上，集成指挥调度系统集成了以下系统：110 接处警系统、交通信号控制系统（sydney coordinated adaptive traffic system，SCATS）、闭路电视监控系统（closed-circuit television，CCTV）、交通流量采集系统（vehicle detecting system，VDS）、交通诱导系统（traffic guidance system，TGS）、警务管理系统、警车定位系统（GPS）、交通设施管理系统等 15 个系统。通过系统高度集成化，集成指挥调度系统具有接处警管理、交通监控、信号控制、交通诱导、电子地图、警力定位、综合查询七大功能，体现了交通指挥一体化。由于系统是基于多种语言和多种技术平台开发的，并部署在不同的操作系统之上，为了实现这些异构系统的关联和互操作，经过详细分析和比较，选择了适当的集成技术，具体见表 2-1。

（3）交通路况核心处理

广州市交通路况采集方式主要有 CCTV 人工巡检、线圈检测、视频检测、浮动车检测（floating car detecting，FCD）、SCATS、交通电台、人工报警等，不同采集方式获取的路况信息可能有不同的检测结果，所以 GZ-ITMS 建立了综合信息交换平台，对交通信息进行核心处理和数据融合。交通路况核心处理工作是长期的科研课题，系统采用较简易的数学模型进行处理，例如对各类采集方式进行可信度排序，对检测结果的判断阈值进行配置管理，对路况信息进行生命周期管理等，而以上的排序和配置都需要在长期的使用过程中不断修正和改进。

当系统用户发现 GIS-T 的个别路况信息有误时，可以在 GIS-T 上直接修正。指挥人员对缓慢、拥堵的交通路况可直接生成交通警情下发辖区大队处置，高效地整合了交通路况管理与交通警情管理的工作流程。

表 2-1　GZ-ITMS 系统集成技术

集成 技术类型	集成技术 类型细分		技术特点
消息	TCP/IP Socket 通信	TCP Socket	面向连接的可靠的数据传输，效率高，耦合程度小
		UDP Socket	无连接，效率高，但没有消息组装和重传请求的功能，适用于实时消息广播
	RS232/RS485 串口通信		适用于与工业控制设备的通信
	消息中间件		使用成熟的可跨平台的消息中间件产品，提供可靠的消息传输机制，包括消息订阅和消息广播功能
功能调用	COM		适用于 Windows 环境下的客户端应用程序集成
	Web Services		适用于跨平台的业务服务调用，能够通过 Internet 来描述、发布、定位以及调用，但是速度比较慢
	EJB		适用于 J2EE 架构内的分布式组件调用
	DCOM/.NET Remoting Frame work		适用于微软应用框架下的分布式组件调用
	CORBA		适用于跨平台、跨语言的分布式组件调用，但是实施和部署相对复杂
数据共享	数据视图		适用于大批量的数据查询和同步
	文件共享	文件夹共享	基于文件夹共享的文件交换
		FTP 文件传输	基于 FTP 协议的文件交换

2.2.3　GIS-T 的高层应用

在 GZ-ITMS 系统中通过 GIS-T 的应用，可全面提升广州市交警部门的管理水平，实现交通指挥一体化、交通决策可视化、信息服务人性化三大功能。

（1）交通指挥一体化

指挥人员通过 GIS-T，能够全面掌握哪里发生交通警情和堵塞，事发现场周边有多少警力和交通管理设备，从而使指挥中心做到掌握全局、运筹帷幄。指挥人员点击交通警情图标可以查看警情内容和直接处理警情；选取信号控制、交通监控、交通诱导等设备图标，双击启动控制客户端可以直接操作控制该设备；将鼠标定位在 GIS-T 警车的图标上时，可浮动显示警车的基本信息，通过车载电话与警车上的执勤民警通话，还可通过警车定位终端的 MDT（mobile data terminal：GZ-ITMS 所采用的车载数据终端，具有信息交互功能）发送警情和指令，接收民警工作状态信息，实现交通指挥一体化，从而进一步完善了"发现快、出警快、处警快"的快速反应机制，加强了广州市交警指挥部门协调应变作用和信息发布功能。

(2) 交通决策可视化

GZ-ITMS建立了交通决策支持系统，系统建成后可通过专题地图进行可视化的决策分析。基于GIS-T对公安交通管理的各类数据和各种复杂现象进行趋势关联分析，通过建立图元或标注的专题地图，向各级决策人员直观反馈复杂的分析结果，从而使决策人员更高效率地作出准确判断，进一步提升交通管理决策水平。例如，把广州市在一定日期内的交通警情、交通流量及警力数据作叠加处理，形成点密度专题、二维专题等各种专题地图，帮助决策人员分析警力安排科学性，制订最优警力配置策略，做到"警力跟着警情走、勤务跟着流量走"。辖区大队在地图上岗位图标上安排了警力，并记录了每个岗位的责任范围、执勤时间和要求，便于决策人员掌握指定时段大队警力的使用情况。

(3) 信息服务人性化

GZ-ITMS建立了交通信息发布网站，通过网站专用的电子地图向广大出行者发布显示实时路况的电子地图、交通诱导信息、交通视频"网上直播"等形式多样的交通信息。

GZ-ITMS在交通设施管理系统建立了地图维护更新工具，广州市交警部门可利用该工具，自行维护交通管理业务专用地理信息和交通设施地理信息。系统用户在交通设施管理系统进行日常交通设施维护，相应的地图数据同时也得到更新，保证了地图数据鲜活有效（由于基础地理信息的维护需要专业测绘，需委托专业部门维护）。鲜活有效的地理数据为车载导航、最优行车路线选择等高层交通信息服务提供了基础。

2.3 智能交通信号控制系统

2.3.1 智能交通信号控制系统概述

智能交通信号控制系统是ITS的一个重要组成部分。交通系统具有较强的非线性、模糊性和不确定性，是一个典型的分布式系统，而且具有多信息来源、多传感器的特点，用传统的理论与方法很难对其进行有效的控制。

(1) 交通信号控制的发展趋势

城市各交叉路口处的交通流是相互关联的，并且是非确定性的，因此智能化和集成化是城市交通信号控制系统的发展趋势和研究前沿。把先进的智能控制技术、信息融合技术、交通预测技术与交通管理技术结合起来进行点线面的协调控制，代表着城市交通信号控制系统的发展方向，而针对交通系统规模复杂性特征的控制结构和针对城市交通瓶颈问题并代表智能决策的阻塞处理则是智能交通控制优化管理的关键和突破口。

现代交通控制系统已不单单是对交叉口信号灯进行控制，而是集交叉口信号灯控制和现代城市高速公路交通控制以及城市混合交通流于一体的混合型交通，实现区域信号控制和城市高速公路集成控制。若只依赖被动、微观和静态的传统模式的控制策略显然不能满足城市交通的需求，必须突破传统信号控制的研究方法。

控制思想上，要由被动控制向主动自适应控制发展；

控制技术上，要借助于现代科学技术向智能化、集成化发展；

控制规模上，要由微观、中观控制向宏观、微观结合的控制发展；

控制模式上，要由静态控制向动态诱导控制发展。

总之，要充分运用系统思维和方法，研发城市先进交通管理系统的硬件技术和软件技术。

综合系统应具有友好的用户界面，它由交通信号控制系统、交通诱导系统、车辆违章摄像系统、电视监视系统、车辆违章信息处理系统、车辆事故报警信息管理系统、警员巡更管理系统等组成，各子系统之间要相互协调。它们通过综合系统主干网实现数据共享和联动控制，从而达到最佳控制效果。

（2）基于实时预测技术的智能交通信号控制系统

基于实时预测技术的智能交通信号控制系统，通过充分利用控制、系统工程、交通工程、通信等方面的最新技术，基于交通流预测模型与算法预先获得交通流的必要信息，并对其提前作出及时有效的响应，提供相应的信号控制策略，使系统能主动应对网络交通流的动态变化，提高城市交通网络的容量（通行能力）。其主要内容包括：

① 路口级相位控制优化系统，在路口级主要根据测得的交通流参数及各种约束条件，预测若干秒内路口各方向的车流量，进行路口交通控制；

② 子网络协调控制系统，预测若干分钟内网络内车队的运动状况，建立路口间的协调约束；

③ 网络交通负荷估计与预测系统，预测若干分钟、小时或一天内的通行能力、旅行时间、路网拥堵情况等，提供与智能交通其他子系统的接口；

④ 在线中观交通仿真系统，实现子网络交通负荷的估计与预测，并用于路口处不同方向车队间的冲突解决方案的在线实时评估；

⑤ 混合车流与标准小汽车车流间动态折算系数的确定。

（3）大数据时代交通信号控制

目前，人们正在寻找人工智能技术与前端设备的应用结合点，如智能交通信号控制，典型代表企业包括滴滴和阿里。滴滴交通云可以融合传统交通采集设备数据、互联网轨迹数据，实现主动信号优化、精确区域控制及全面效果评价的智能化信号控制。阿里"互联网＋信号灯"融合移动互联网的数据以及交警自有数据，将多种信息融汇在一起优化信号配时方案。

传统信号控制系统与互联网信号控制系统的差异体现在：前者的数据来源于周边有限的采集设备，如视频、线圈、雷达等，探测范围非常有限；而后者的数据来源于基于手机定位计算得到的交通流数据，该类数据可以实时精准地统计全路网各个节点、路段的交通流量及流向。此外，互联网信号控制系统不仅能够利用人工智能技术、网络流算法优化信号配时方案，而且可以评价路口信号配时方案的运行效果及对周边区域交通的影响。

过去传统的交通信号控制多集中于基于路口交通流参数确定信号控制方案。目前，信号控制技术的突破方向有：

① 交通信息采集手段的突破，从原有的基于"点"的"单一"方式到基于"区域"

的"多源"方式,实现汽车电子标识、互联网车辆定位数据、视频、地磁、雷达等多种交通数据的融合互补;

② 智能载体的突破,从原有前端信号控制器的智能化到上端中心的智能化,不仅能够实现单点的信号控制,更可以实现干道控制甚至区域控制;

③ 评价方法的突破,从原有的基于饱和度、停车次数、排队长度、信号延误、效率系数等指标评价单点信号控制方案的好坏到单点信号配时对周边区域的交通影响评估。

2.3.2 基于RFID的交通信号灯智能控制系统

基于射频识别(radio frequency identification,RFID)的交通信号智能控制系统利用RFID技术实现车辆、阅读器之间的通信控制及实时的车辆流量监控,利用交通信号灯智能控制算法实现不同时间段和流量情况下交通信号灯的不同设置以自动适应不同的交通状况。该智能控制系统能够有效疏导交通流量,缓解交通拥堵现象,提高城市道路的通行能力,并能大幅降低汽车空转和行驶时间,减少尾气排放量,降低城市用于扩宽道路等方面的开支。

(1) 交通信号灯智能控制系统的总体架构和工作原理

① 总体架构 基于RFID的交通信号灯智能控制系统主要包括机动车辆终端子系统、RFID射频子系统、交通信号灯监控中心和交通信号灯子系统4个部分。系统总体架构图如图2-7所示。

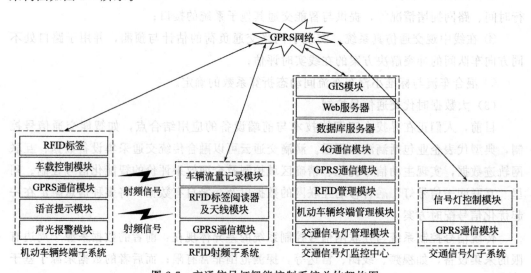

图2-7 交通信号灯智能控制系统总体架构图

② 工作原理 有源电子标签工作的能量由电池提供,可以在电池更换前一直通过设定频段外发信息,其识别距离较长,识别稳定性好,而且读取速度快,因此本系统的机动车辆上采用的是有源电子标签。在RFID标签进入路口阅读器范围内时,便可和范围内的RFID阅读器通信,将标签中存储的车辆基本信息传输到阅读器中,阅读器的车辆流量记录模块会自动加1,当车辆驶出阅读器范围时,记录模块减1,以此反复,RFID读写器便可记载下某时间段内所通过的机动车辆的总数,并将此数据传输到交通

信号灯监控中心，监控中心便可以依据车辆流量，自动调整信号灯的变换周期，以达到智能控制的目的。比如，某个路口在上下班高峰期车流量特别大，智能交通信号灯控制系统可以智能调整信号灯以延长绿灯时间或者把双向同时放行变为单向放行；而在交通平峰和低峰期间，系统可以根据目前的车流量，实现主干道的绿波控制，减少绿灯损失和停车次数，使道路更畅通。交通信号灯智能控制系统工作流程如图2-8所示。

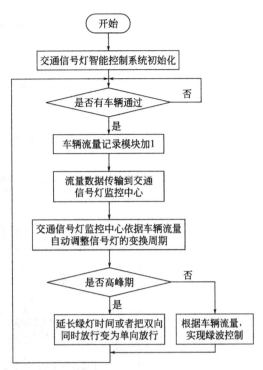

（2）机动车辆终端子系统

机动车辆终端子系统由RFID标签、车载控制模块、GPRS通信模块、语音提示模块和声光报警模块组成。在交通信号灯智能控制系统中，每个机动车辆上都要装载由交通管理部门统一发放的RFID电子标签，为了加大通信距离，该系统采用的是有源电子标签，当配备有源电子标签的机动车辆进入

图2-8 交通信号灯智能控制系统工作流程图

路边RFID阅读器范围内时，便可被唤醒并开始通信；车载控制模块可以将交通信号灯控制中心和RFID阅读器传输过来的指令进行识别和转换，并在信号灯转换时负责激活语音提示模块对机动车辆进行语音提醒；声光报警模块可以在机动车辆出现闯红灯等违规行为时，负责发出声光报警，提示路上行人和车辆避让；GPRS通信模块主要实现机动车辆与交通信号灯控制中心的信息传输。

当机动车辆在等待道路上的指示灯时，GPRS通信模块可以和交通信号灯子系统进行通信，根据指示灯剩余时间由STC89c52控制模块控制语音提示模块对驾驶员进行实时语音提醒；当机动车辆不按信号灯指示行驶时，STC89c52控制模块会控制声光报警模块会发出报警，提醒周围行人和车辆注意躲避，同时将识别的车辆信息通过GPRS通信模块传输到交通信号灯监控中心。在本系统中，机动车辆的车载控制模块选用STC89c52单片机，机动车辆终端子系统结构如图2-9所示，工作流程如图2-10所示。

图2-9 机动车辆终端子系统结构图

（3）RFID射频子系统

RFID射频子系统由RFID标签阅读器及天线模块、车辆流量记录模块、GPRS通信模块组成。在城市的道路交叉路口，信号灯上游的适当位置安装固定式RFID阅读器，当装有RFID标签的机动车辆进入RFID阅读器天线范围内时，RFID标签便可被激活并与阅读器进行通信，同时，内置在RFID阅读器内的车辆流量记录模块会自动加1，并记录下路口处的车辆总数和单位时间内机动车辆的驶入频率，当车辆驶出该阅读器范围时，记录模块会自动减1；GPRS通信模块主要用于RFID阅读器与交通信号灯

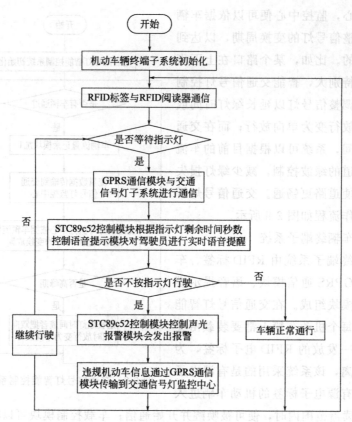

图 2-10 机动车辆终端子系统工作流程图

监控中心以及周围其他的 RFID 阅读器进行通信。

安装 RFID 有源标签的机动车辆进入 RFID 阅读器范围内时,便可实现与 RFID 阅读器的智能识别、通信以及机动车流量的记录。RFID 读写器将规定时间段内的车辆数目通过 GPRS 通信模块传输到交通信号灯监控中心,交通信号灯监控中心便可根据车流量对信号灯作出智能控制。RFID 射频子系统的工作流程如图 2-11 所示。

(4) 交通信号灯监控中心

交通信号灯监控中心使用 Web 服务器使机动车驾驶员可以在任何一台接入互联网的计算机上查询机动车不按信号灯指示通行的历史信息;使用数据库服务器存储和管理机动车辆、信号灯、RFID 阅读器、RFID 标签的基本信息;使用 GIS 模块动态实时地将地图数据与信号灯、机动车辆的实际位置结合起来;使用 4G 通信模块实现机动车辆与交通信号灯控制中心的信息传输;使用 GPRS 通信模块实现 RFID 阅读器、交通信号灯与交通信号灯控制中心的信息传输;使用机动车辆终端管理模块实现对机动车辆的管理与控制;使用交通信号灯管理模块实现对交通信号灯的管理与控制。

① 交通信号灯监控中心功能结构 交通信号灯监控中心基于 Windows 7 操作系统,使用 Java 进行开发,主要的功能结构图如图 2-12 所示。

② 交通信号灯智能控制算法 监控中心可以依据信号灯智能控制算法自动设置信号灯的变换周期,以达到智能控制的目的。该算法依据车辆流量记录模块记录的车辆数

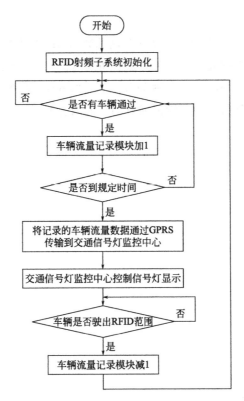

图 2-11 RFID 射频子系统工作流程图

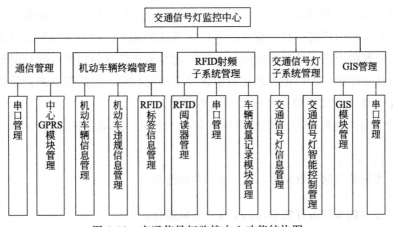

图 2-12 交通信号灯监控中心功能结构图

目和时间片 ΔT 的商即单位时间内通过交叉路口的机动车辆频率信息对交通信号灯实施优化设置,不同的频率采用不同的时间周期,以此提高交叉路口机动车辆的通行能力,缓解交通拥堵。

交通信号灯智能控制系统存在大量机动车并发的情况,因此该系统属于实时并发系统,系统的目标是车辆通过的成功率高、道路利用率高、系统吞吐量大、平均周转时间短、响应时间快、保证截止时间、良好的容错性和扩展性。因此,为了使所有的并发车辆在比较理想的时间内得到响应且都能成功通过,提高系统的并发处理能力,根据车辆通行频率,将交叉路口的车流量划分为高峰期、平峰期和低峰期三种情况,分别采用不同的控制算法。

a. 在车辆流量处于平峰期时,即 f(车辆总数目/ΔT)在阈值范围内,采用时间片轮转调度算法,即系统根据先来先服务算法,将所有的要通过交叉路口的车辆按方向排成若干个就绪队列,设置每隔一定的时间片 ΔT(如 60s)产生一次中断,变换交通信号灯的颜色,尽量保证路口处的车辆都拥有均等的通行能力。

```
if(nt= = 0)
{
r-> n= complete;
complete= r;
r-> status s='c';
r= NULL;
if(prep! = NULL)
下辆车通行;
}
else
if(ΔT= = 0){
r-> n= 0;
if(prep! = NULL)
{
run-> state='b';
另一个方向车辆通行
}
```

b. 在车辆处于低峰期时,即 $f<$阈值,采用绿波带算法——根据道路机动车辆行驶的速度和路口间的距离,自动设置信号灯的点亮时间差,使得从车辆遇到第一个绿灯开始,通过计算两个路口的时间间隔,计算任意时刻点任意路口的红绿灯时间,根据此时间,分析红绿灯状态,以保证若车辆根据规定速度行驶,之后都会遇到绿灯。

c. 在车辆处于高峰期时,可分为不同的情况:

```
if(两个通行方向的 f 均> 阈值,根据两个方向的 pri 值,决定响应的次序)
{
if(pri1> pri2)
    pri1方向的车辆通行完毕,pri2方向车辆通行;
    else
    pri2方向的车辆通行完毕,pri1方向车辆通行;
}
if(仅单一方向,如 dir1 方向的 f> 阈值)
{
延长 dir1方向的路灯时间一个时间片;
    检测双方向的车辆流量;
    if(dir1流量> dir2流量)
延长 dir1方向的路灯一个时间片;
    else
    dir2方向绿灯亮;
}
```

pri 的值由等待截止时间、等待时间、估计通过时间和当前时间 4 个因素决定,计算方法如下：

$$pri = \frac{s + et}{et + (jz - ct)}$$

其中，pri 为响应比；s 为等待时间；et 为估计通过时间；jz 为等待截止时间；ct 为当前时间。

（5）小结

基于 RFID 的交通信号灯智能控制系统可以合理配置红绿灯通行时间，有效协调各个方向通行的车流量，避免部分车辆等候时间、停留时间过长，提高车辆的通行速度；还可以记录不按交通信号灯指示行驶的车辆，为交通管理部门提供有力的证据，严惩一些交通违规者。实验结果表明，系统可以使城市路网的运行效率、平均车速明显提高。

2.3.3 基于 CAN 总线的智能交通控制系统

大部分城市使用的交通信号控制器采用固定时间的调度策略。这种调度策略对于车流量均衡的路口调度效率较高，但对于车流量变化较大的路口调度效率较低。基于 CAN 总线的智能交通控制系统通过地磁检测器采集路口车流量信息，以此作为交通配时参考数据，根据车流量智能分配通行时间，提高了通行效率。

（1）系统方案

基于总体的设计要求，提出了如图 2-13 所示的系统整体设计方案。该系统方案主要包括主控模块、4 个驱动模块、硬件黄闪模块、车流量采集模块、DSP 处理器和上位机通信软件等。此方案能够很好地满足设计要求，主控板提供以太网接口，方便连接上位机通信软件，4 个驱动模块可以提供 16 组信号输出，在系统出现故障时，系统转为硬件黄闪状态，可以保证道路安全畅通。DSP 处理器主要作用是对图像采集模块采集到的车辆图像进行处理以及使用神经网络控制算法进行车辆通行时间的预测。整个系统的设计采用模块化的设计思想，方便故障模块的更换。

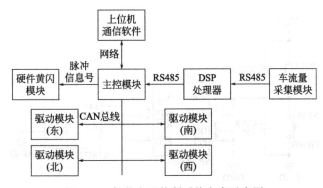

图 2-13　智能交通控制系统方案示意图

① 主控模块

a. 模块整体　主控模块使用 STM32F103ZET6 微处理器，最多可以提供 5 个串口便于与外设进行通信，同时支持 CAN2.0B 接口，方便主控模块与驱动模块之间的通信。主控模块负责连接、控制其他模块，在整个控制系统中起重要作用。由于系统功能的需要,在主控模块上添加了多种接口。

ⅰ.三路串行接口　一个串口连接蓝牙模块;另一路串行接口接 GPS 模块,用以为信号机授时;剩下的一个串口留作调试使用。

ⅱ.一个 485 接口　用来接收来自图像采集模块的车流量信息。

ⅲ.CAN 通信接口　用来与驱动模块进行通信。

b.主控板最小系统电路　主控板最小系统电路是保证 STM32F103ZET6 微处理器能够运行的必不可少的电路,主要包括电源供电电路、振荡电路、复位电路、JTAG 调试电路等。

ⅰ.电源供电电路　STM32F103ZET6 微处理器的供电电压为 3.3V,系统外部提供的电压为 5V,需要使用稳压电路提供给主控模块所需电压。这里选择使用 AMS11173.3 稳压器。

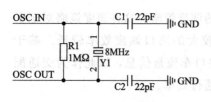

图 2-14　振荡电路原理图

ⅱ.振荡电路　振荡电路是整个电路工作的基础,为整个电路提供基准的频率。在对 STM32 任何功能模块进行编程时,都要先打开其对应的时钟控制器,这样的操作可以很好地控制芯片的功耗。同时,也可以在有处理任务时增大系统时钟频率,提高处理效率,在没有处理任务时降低系统时钟,减小系统功耗。图 2-14 为振荡电路原理图。

ⅲ.复位电路　为了使整个系统始终工作在正常的状态下,在主控模块和驱动模块中都加入了复位电路。具体原理图如图 2-15 所示。MCU 配置一个定时器输出接口接到 WDI 引脚,如果此接口一直固定保持高电平或低电平,则 1.6s 以后 SP706SEN 内部的看门狗定时器就会溢出并使/WDO 输出低电平,同时/MR 输出低电平信号使 MCU 复位。在正常运行时,MCU 及时地产生翻转信号,俗称"喂狗",确保微处理器不复位。同时它集成了上电复位、掉电复位等功能,并具有手动复位功能。

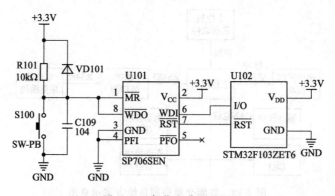

图 2-15　复位电路原理图

ⅳ.JTAG 调试电路　STM32F103ZET6 微处理器支持在线调试功能,很大程度上方便了硬件编程工作。通过对编写的程序进行单步调试,能够很容易找到程序编写的错误位置,提高编程效率。图 2-16 为 JTAG 调试电路,图中网络标号均为 STM32F103ZET6 微处理器的引脚。

第2章 智能交通指挥系统

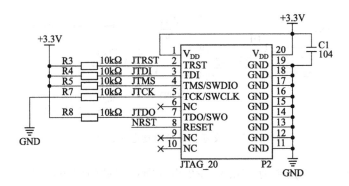

图 2-16　JTAG 调试电路

c. GPS 模块与蓝牙模块　GPS 模块的主要作用是为主控模块提供基准时间以及具体的位置信息。GPS 模块为单独设计的可插接电路，其通过串口与主控模块通信。

d. CAN 接口电路　CAN 接口电路使用 CTM1051A 通用 CAN 隔离收发器。图 2-17 为 CAN 通信模块原理图。由图中可以看出，组成 CAN 通信的电路很简单，STM32F103ZET6 微处理器的 CAN_TX 和 CAN_RX 引脚直接连接到 CTM1051A 的对应引脚上就可以实现 CAN 通信，通信速率最高可以达到 1Mb/s。

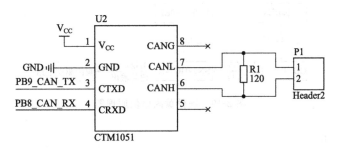

图 2-17　CAN 通信模块原理图

② 驱动模块

a. 驱动模块软件　每个驱动模块负责1个路口的所有信号灯的驱动。系统每个驱动模块可以驱动12路信号灯。驱动模块对于信号灯的控制主要依赖于从主控模块接收到的控制命令。驱动模块通过 CAN 总线从主控模块接收控制命令后，解析出符合本模块地址信息的相关参数，并立即将参数运用到驱动系统中。通过这种方式能够实现4个驱动模块动作的同步。

b. 驱动控制电路　驱动模块采用的微处理器芯片是 STM32F103 系列芯片中的 STM32F103RBT6 处理器。该小容量处理器的封装为 LQFP64，完全能够满足驱动板的设计要求。本系统设计中，单个驱动模块可以控制12路通道，系统设计有4个驱动模块，一共可以控制48路通道，可以充分满足现在交通路口的行车需求。下面就驱动板中的具体控制电路选择一路进行说明。电路原理图如图 2-18 所示。

信号灯驱动电路是一个典型的 MOC3061 系列光电双向可控硅驱动电路。当2号脚为低电平时，光耦导通，双向可控硅导通，此时 LIN 与 LOUT 处于导通状态；相反，当2号脚为高电平时，光耦不导通，此时 LIN 与 LOUT 处于断开状态。其中 R1 为限

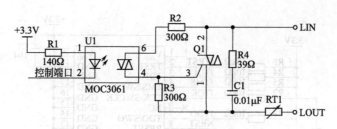

图 2-18　交通信号灯驱动电路原理图

流电阻，使输入的电流控制为 15mA。R2 为双向可控硅的门极电阻，可提高抗干扰能力。R3 为触发双向可控硅的限流电阻。R4 电阻与 C1 电容组成浪涌吸收电路，防止浪涌破坏双向可控硅。

③ 硬件黄闪模块　为了保证系统的正常运行，除了上面叙述过的复位电路以外，系统还设置了硬件黄闪模块用以应对系统出现的故障。复位电路能够在系统软件出现异常的情况下，重启软件程序；如果重启软件程序也不能解决软件异常则启动硬件黄闪模块。它的主要控制功能是以 1s 为周期闪烁 4 个路口的所有黄色信号灯，提醒车辆驾驶员减速慢行、注意交通安全。图 2-19 为硬件黄闪模块原理图。

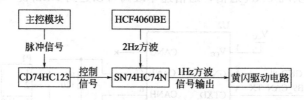

图 2-19　硬件黄闪模块原理图

（2）系统软件

主控模块在整个系统中处于核心位置，其主要负责接收 DSP 处理器发送来的各个路口预测通行时间。其次主控模块通过 CAN 总线统一控制 4 个驱动模块协调工作。在整个工作过程中，主控模块不断向硬件黄闪模块发送脉冲信号，使硬件黄闪模块处于休眠状态；否则系统将进入硬件黄闪状态。对于上位机发送的信息，主控模块通过网络接口进行接收处理。具体的程序流程图如图 2-20 所示。

（3）系统联调与测试

为了简化模块之间的电路连接，使通信信号更稳定可靠，主控模块与 4 个驱动模块采用欧式插座统一连接到一块电路板上，此电路板上有 CAN 通信总线、电源线等。对于信号机的远程控制需求，编写了适用于信号机的上位机软件。通过对整个系统的联合调试，交通灯控制系统实现了固定时间方式的运行。

由于整个系统还未安装到交通路口采集交通流量数据，在系统智能配时方案测试时采用上位机软件模拟车流量采集模块向主控模块发送车辆信息。配时方案采用四相位方式，通行周期设置为 120s。上位机向信号机发送 4 个方向的车辆数，信号机根据车辆数智能分配路口通行时间。表 2-2 为智能配时时间与车辆数关系表。实验表明，智能信号机能够根据车流量信息智能分配路口通行时间。

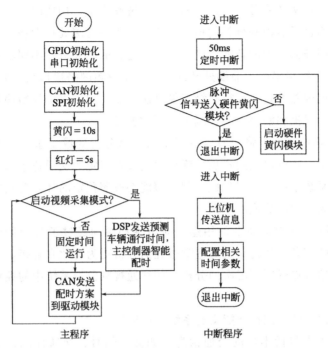

图 2-20 主控模块程序流程图

表 2-2 智能配时时间与车辆数关系表

项目	南向		北向		东向		西向	
车辆数/辆	20	30	15	35	30	25	35	20
智能配时时间/s	45	60	45	60	90	60	90	60

2.4 智能交通视频监控

2.4.1 智能交通视频监控概述

为了解决传统视频监控效率低下的问题，人们把计算机视觉相关技术引入到视频监控中，从而发展起智能视频监控，这是一种新型视频监控技术，在视频监控中起核心作用，可以有效提高传统视频监控的效率。智能视频监控（intelligent video surveillance，IVS）是基于计算机视觉技术对监控场景的视频图像内容进行分析，提取场景中的关键信息，并形成相应事件和告警的监控方式，是新一代基于视频内容分析的监控系统。如果把摄像机看作人的眼睛，而智能视频监控系统或设备则可以看作人的大脑。智能视频监控技术借助计算机强大的数据处理功能，对视频画面中的海量数据进行高速分析，过滤掉用户不关心的信息，仅仅为监控者提供有用的关键信息。

（1）智能交通视频监控的优点

智能交通视频监控以普通的网络视频监控为基础，除了具备广为人知的网络视频监控的优势外，智能交通视频监控系统还能为用户带来更大收益。

① 24×7 全天候可靠监控　将风险的分析和行为识别转交给计算机或者嵌入式监控

仪，使安全监控人员从"死盯"监视器的工作中解脱出来，彻底改变以往完全由安全工作人员对监控画面进行监视和分析的模式，通过嵌入在前端处理设备（智能视频网络摄像机或智能视频服务器）中的智能视频模块对所监控的画面进行不间断分析。

② 大大提高报警精确度　前端处理设备（智能视频网络摄像机或智能视频服务器）集成强大的图像处理能力，并运行高级智能算法，使用户可以更加精确地定义安全威胁的特征，有效降低误报和漏报现象，减少无用数据量。

③ 大大提高响应速度　将一般监控系统的事后分析变成了事中分析和预警，它能识别交通违章活动，还可以使用户更加确切地定义在特定的交通违章出现时应当采取的动作，并由监控系统本身来确保危机处理步骤能够按照预定的计划精确执行，有效防止在混乱中由于人为因素而造成的延误。

④ 有效利用和扩展视频资源的用途　对事件和画面经过了智能分析和过滤，仅保留和记录了有用的信息，使得对交通违章过程的分析更为有效和直接，同时可利用这些视频资源在其他领域进行更高层次的分析，如交通视频监控系统中的拥堵参数可以在交通诱导系统中使用。

(2) 智能交通视频监控在智能交通系统中的应用

视频交通场景中包括丰富的交通信息，如交通信号、交通标志、机动车、人、车牌、车型等，所以对交通场景中的视频信息智能提取和分析变得尤为重要。而智能交通视频监控中提取的大量丰富的交通信息对于智能交通也起着至关重要的作用。智能交通视频监控技术在智能交通领域中的主要应用表现在以下几个方面。

① 交通监控系统　运用计算机视觉技术、数字图像处理技术、智能分析技术等对摄像头传回的交通视频信息进行智能化提取和行为分析，实时采集交通流量、车型、车速等交通信息，通过对交通参数的计算机分析，对道路交通行为的判断，自动生成交通控制命令和交通方案，实现对交通信号的智能控制。

② 交通指挥与诱导系统　实时准确的交通状况信息是交通诱导与指挥的依据，用智能交通视频监控技术能自动实时地得到详细准确的交通参数，对这些参数的计算与分析，可以智能地检测交通事件、交通事故，自动地生成交通指挥建议，自动生成交通诱导方案，自动发布交通诱导信息，为交通指挥人员和出行者提供服务。

③ 辅助驾驶系统　辅助驾驶是指利用机器视觉和传感器技术实现对驾驶员周围环境状态实时通报，对驾驶员本身的驾驶状况进行监控，并在本车可能发生潜在危险时及时警示驾驶员采取有效应对措施，或自动采取有效应对措施，消除事故隐患。根据某些调查，辅助驾驶可以使交通事故减少 20%～30%。

④ 交通违章管理　通过对交通场景中的智能视频分析，检测运动车辆，跟踪车辆的行驶轨迹，以此判断出车辆的行为，如是否闯红灯、是否逆行、是否超速等等，并在发生了交通违章行为时，自动作出反应，如自动读出违章车辆的车牌、自动开出罚单，这样的系统对减轻警力负担具有重要作用。

⑤ 智能收费系统　利用智能视频技术，对收费车辆的车型和车牌进行自动识别，完成车辆与收费站之间的无线数据传输。例如可以开发出基于视频的不停车收费系统，不停车收费可以提高收费站车辆通行能力，可以不影响车辆正常行驶，提高非现金交易

能力，实现电子支付，减小瓶颈和提高收费车道的通行能力。正因为智能交通视频监控技术与智能交通密切相关，且随着城市交通负荷越来越重，所以开发智能交通视频监控就很有社会意义和经济意义。

2.4.2 分布式智能交通视频系统

随着交警数据资源逐步完善和庞大，以大数据、云计算为核心技术的深化应用对系统数据的共享和正确性要求越来越高，需要对整个交警信息化系统做整体规划。

(1) 智能交通视频系统特点

① 分布式架构　采用集中式管理数据，不同厂家的终端设备不同，系统复杂，运维保障要求高。采用分布式架构，数据由终端供应商直接负责，能够做到对终端设备的物尽其用。另外，集中式系统一旦出现了故障，整个系统将停止工作，随着业务的拓展，系统规模也在不断扩大，在单一数据中心进行系统扩容比较困难。视频监控系统规模变得越来越大，采用集中式管理数据越来越不能满足当今城市交通管理需求。越来越多廉价的智能设备成为了交警视频监控和卡口系统的首选，分布式的处理方式越来越受到青睐。

② 智能化　传统的视频监控由人工进行视频监测来发现安全隐患或异常状态，或者用于事后分析，这种应用难以实现实时的安全监控和检测管理。

智能监控技术起源于20世纪70年代。智能视频监控技术可以通过区分监控对象的外形、动作等特征，做到主动收集、分析数据，并根据预设条件执行报警、记录、分析等动作。此外，道路车流量的不断增多，传统的视频监控技术已经远远不能够满足交警监控系统的需要。将智能视频监控技术应用于交警监控系统中，是对传统监控系统的完善和补充，弥补了监控力度的不足和无法智能判断分析处理等缺陷。同时，智能视频监控技术可以对道路交通情况进行自动化、智能化管理，交警在开展各项工作的时候变得更加方便、快捷。智能监控系统可以运行于服务器，也可以运行在嵌入式系统上，而后者已逐渐成为主流。

(2) 系统结构

① 系统整体架构　在整个系统架构（图2-21）中，数据子中心由各设备供应商建立，其数据标准要遵循本技术规范设定的输入结构标准。使用该技术规范提供的输出接

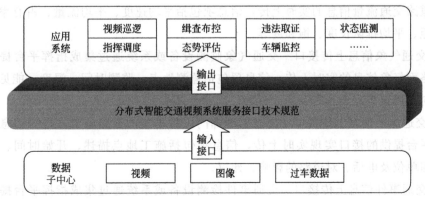

图 2-21　系统架构

口标准，各业务应用可以灵活地调用各数据子中心的实时数据。

② 分布式部署　支队数据硬件通道与大队数据硬件通道仅在硬件层次上提供连接，无软件业务功能（图 2-22）。在逻辑上，所有应用直接与各厂商的子数据中心连接，尽可能地利用终端设备的各种功能。

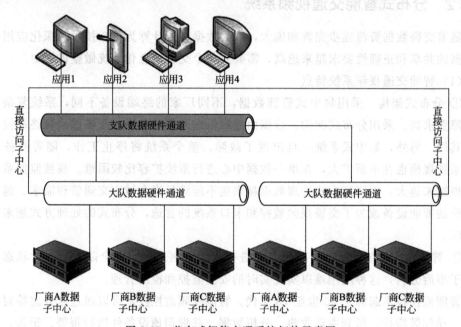

图 2-22　分布式智能交通系统拓扑示意图

（3）平台接口

主要信息接口的定义在相应标准基础上定义，主要包括以下接口。

① 车辆通行信息上传接口　卡口系统或前端设备实时上传行驶车辆的基本信息至集成指挥平台，信息内容包括号牌号码、号牌种类、车辆类型、车身颜色、经过时间、经过地点、车辆图片、设备状态等。

② 非现场交通违法信息上传接口　交通违法取证设备通过集成指挥平台提供的接口将采集的各类非现场交通违法行为实时上传。包括文本信息和图片信息。

③ 交通流量信息上传接口　交通流量监测设备或系统通过集成指挥平台提供的接口实现道路交通流量信息的实时上传，信息项包括平均速度、平均流量、占有率、平均车头时距、平均排队长度、饱和度等。

④ 交通气象信息上传接口　交通气象监测设备或系统通过集成指挥平台提供的接口实现路面气象信息的实时上传，信息项包括监测地点、监测时间、温度、能见度、湿度、风向、风速等。

⑤ 交通施工信息上传接口　交通管理部门可将采集的道路施工占道等信息通过集成指挥平台提供的接口实现实时上传，信息项包括施工地点描述、开始时间、结束时间、管理单位及电话、对道路的影响、建议等。

⑥ 交通事件信息上传接口　交通事件检测设备或系统通过集成指挥平台提供的接口实现路面异常交通事件信息的实时上传，异常交通事件包括车辆违停、车辆逆行、行

人上路、抛洒物遗弃物、交通拥堵、交通事故等。

⑦ 交通诱导信息上传接口　交通信息发布系统通过集成指挥平台提供的接口实现路面交通诱导屏播放的资源信息的上传。资源信息包括文字、图片等。

⑧ 警车/单警定位信息上传接口　警车/单警定位系统通过集成指挥平台提供的接口上传警车/单警定位基本信息，信息项包括车牌号码、经度坐标、纬度坐标、高程、平均车速等。

（4）系统功能

具体而言，本系统在总体上要实现如下功能。

① 实现各类道路监控基础应用系统的信息共享以及各级集成指挥平台的联网运行，满足跨区道路交通管理的联网联控，满足各类道路交通基础、动态信息的逐级汇聚及大范围分析研判。

② 为规范业务办理，充分发挥系统应用效果，对主要业务管理进行统一管理，如车辆缉查布控、非现场交通违法审核管理、交通安全执法服务站信息管理、道路交通事件监测及应急指挥等。

③ 规范交通指挥系统、应用系统的建设和应用。根据该规范的数据架构、软件功能要求，各地来规划调整城市交通指挥系统、各类基础应用系统的数据及系统分布，来合理调整各类系统的业务管理功能，并划分确定在公安内网和外网的运行业务功能，提高应用水平。

（5）小结

本系统抛弃了中间数据统一管理的模式，实行前端设备谁建设则谁建立并部署数据子平台的模式，保证接口统一。同时，大量的智能相机都具备一定的数据处理功能，各数据中心也有数据处理能力，这样可以实现分布式计算功能，为当前快速发展的交通视频相关业务提供了良好的解决方案。本项目的实施，既可以为相关的企业创造可观的经济效益，又促进了公安交警业务的发展，可以创造巨大的社会效益。

2.4.3　智能监控卡口系统

所谓智能监控卡口系统是指面向城市治安防控以及交通管理的复合型高清视频监控系统。常规道路监控系统可以对道路断面进行全面监控，满足24小时的实时监控需求，获得车辆行驶的高清录像。智能监控卡口系统引入了全画面视频检测、视频跟踪、车牌识别等多种视频智能分析业务，弥补了传统监控系统的不足。同时，智能监控卡口系统的应用在提高刑事案件侦破率、缓解交通拥堵问题、提高道路通行效率等方面发挥着重要作用。

（1）智能监控卡口系统工作原理

智能监控卡口系统前端主要由抓拍单元、补光灯共同组成。抓拍单元采用了200万像素CMOS传感器，分辨率为1920×1080。抓拍单元采用抓拍算法，对车辆运行轨迹信息进行采集、检测、抓拍、识别、存储以及输出。检测方式主要包括视频检测、外触发检测。因为视频检测方式无须和外界设备连接，故障点较少，性价比相对较高，所以视频检测应用也日益广泛。卡口系统内置算法采用高性能的处理器，对车辆运行中的重要元素进行提取和处理,获得车辆颜色、车标、车灯、车型等多项特征信息,提高了捕获率。在提高抓拍率的同时,需降低误抓拍问题的发生,如在监控中存在杆体抖动、树影、雪花、落叶等障碍物的干扰,智能监控卡口系统内置算法可对相机采集的场景进行模拟分析,对图像差分、背景学习、车辆分析、动态物体跟踪观察、环境光线变化、运动物体等信息进行分类,保证全天候24小时抓拍质量。

(2) 智能监控卡口系统构成

① 系统总体架构　系统开发采用当前主流的SOA软件标准和J2EE技术的可视化二次开发平台,提升应用平台的稳定性和安全性,且具有功能扩展作用,可以满足不同接口整合、兼容需求。系统中所有数据格式、接口都必须依据现行标准进行设计,而平台涉及的软硬件都需采用模块化设计方案进行,模块间的数据均按照统一格式进行处理,并依据标准的传输协议进行数据传送。平台中所有模块的外部展示以及用户界面都可以应用Web方式实现。作为系统的开发方,在软件设计过程中需要预留一定的接口数量,供未来第三方系统的对接。平台开发方需依据公安机关的管理需求提供SQL查询接口,供公安机关进行二次开发和应用。该系统主要由路口控制系统、通信网络子系统、中心子系统共同组成,架构如图2-23所示。

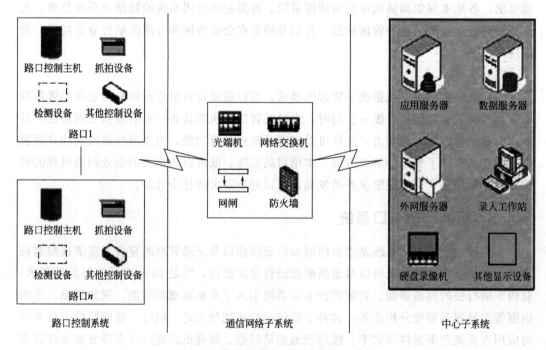

图2-23　智能监控卡口系统架构示意图

② 车辆检测系统

a. 系统硬件　对于以往机动车辆的车流量、车型、行驶速度和道路占有率等参数进行检测,应用交通监控系统中的可变情报板信息反映交通变化情况和调度信息。同时,车辆检测系统也可应用于城市路口交通信号控制、城市路口闯红灯违章检测、高速公路匝道控制、高速公路治安卡口、高速公路收费站等环节。车辆信息处理器、车辆检测器、环形线圈共同组成了环形线圈车辆检测系统，如图 2-24 所示。车辆检测系统中的线圈使用的是 FVN 1.5～2.5mm 单股多芯铜线，因为该铜线的耐用性和安全性更为突出。线圈尺寸为 2500mm×2000mm，将其安装在停车线前方的 1～5m 位置。用户可以依据相关要求对线圈布设进行合理设计，线圈匝数多为 4～6 圈，5 圈为最佳。线圈的馈线采用双绞形式，每米双绞 20 次，在完成后需对电感进行测试，将线圈馈线和车辆检测器后插座的接线端子相连接。应用 RS-485 接口，车辆信息处理器可以和多个车辆检测器进行通信，对各车辆检测器发送的信息进行处理分析，而后将处理后的信息传送至后台进行集中管理。

图 2-24　车辆检测系统框架示意图

b. 车辆检测系统软件　车辆检测系统中硬件的完整性无法保障，也会出现运行异常等问题。因此，需通过软件进行管控。在车辆检测系统软件设计过程中，需对软件功能设计进行分析，针对程序的使用途径和范围进行详细说明，确定程序的输入量，并对输入量的格式、精度、范围和类型进行说明。车辆检测系统软件程序可以轮询 4 路通道的方波信号，可以通过 MCU 的 PWMI 采集输入信息，并对信号的频率进行检测，然后依据方波信号频率的变化对应埋设线圈上车辆的出入进行判断，依据检测结果控制指示灯、I/O 和以太网、RS-485 通信接口输出信息。所以，车辆检测系统软件的有效应用需对运行参数、线路自检、车辆通行量、车辆运行速度、信号输出、通信职能等进行合理设置。

③ 车牌识别模块　在交通领域，应用微电子、通信以及计算机的车辆牌照的自动识别技术可以提升交通管理效率，此类技术广泛应用。车牌识别模块为卡口系统的主要构成。

影响道路交通发展的重要因素为违法车辆牌照识别，而识别的内容主要由车牌定位、字符分割以及字符识别三个功能模块组成。例如，在车辆牌照识别中，需要先确定原始图像中的垂直位置和水平位置，其次可应用投影技术对牌照的字符进行分割，然后在识别字符过程中，可以基于支持向量机的无特征提取技术，对车牌图像进行信息读取，并采用数字图像处理算法对图像进行定位，过程详细如下。

首先，对车辆图像信息进行二值化，可基于二值化算法选择适应的固定阈值、直方图或者是最大类间方差法，对二进制算法结果进行比较分析。其次，对于二值图像，需作边缘检测，选择 Sobel 算子或者是拉普拉斯边缘检测算法，对算法得出的结果进行比较分析。最后，二值化和边缘提取后，可以应用数字投影中的图像定位技术进行图像地理位置定位，并提供外接矩形的数字图像。显示处理结果可通过 Code Composer Studio 软件显示结果，如图 2-25 所示。

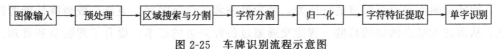

图 2-25　车牌识别流程示意图

(3) 智能监控卡口系统的应用

① 卡口记录抓拍　智能监控卡口系统可以满足日常的城市安全管理需求，同时也可对车辆进行智能识别、运行轨迹跟踪，深入了解车辆运行变化信息，并明确车辆型号、车牌号等特征数据。系统抓拍卡口信息获得的图像数据清晰度满足国际标准，且无须进行图片抓拍，这样就减少了监控数据存储量。只需在信息系统中输入关键字词，便可查询车辆相关信息，有利于提高公安、交警案件办理效率。

② 智能分析与识别　智能监控卡口系统具有视频智能检测以及分析功能，可以对车牌号等进行智能识别，识别信息主要包括车牌号、车牌颜色和车型。对车辆的运行轨迹进行分析，并通过视频跟踪保证信息抓拍准确。同时，车牌识别的最大优势在于大角度识别，在各种运行条件下均可以提高识别准确性，可以满足各类监控作业需求，也具有视频测速功能。传统车牌识别，车牌字符的分割可以提升车牌图像水平，也可保证水平投影和垂直投影详尽。该系统可以通过智能车牌角度检测、倾斜校正以及图像旋转等智能技术，对车牌信息进行准确识别。

③ 非机动车行人监测　行人、自行车、二三轮车等慢性交通主体都是城市交通出行的主流群体，该系统具有非机动车、行人监测功能，可以对动态变化信息进行监控，详细记录相关信息，可加快人工查询效率，也便于交通特征信息的定位。

2.5　交通诱导系统

交通诱导系统（traffic guidance system，TGS）是智能交通的一种输出方式。它基于地理信息系统，通过定位、导航以及通信等技术手段对交通参与者进行诱导，有效地实现交通分流、减少拥堵路段交通压力的目的。

2.5.1　交通诱导系统概述

(1) 交通诱导的作用

TGS 的作用主要体现在如下几方面。

信息发布：通过 ATIS 系统将交通信息发布到各条道路的显示屏上，及时提醒驾驶员当前路况，并结合综合通行情况，推荐最优路线，减少拥堵路段交通压力，提升交通通行速度。

交通组织：通过 ATMS 系统使交通的管理者能够更及时有效地掌握交通状况，合理分流，针对交通拥堵路段增派人力，缓解通行压力，并通过红绿灯时间设置进一步减小通行压力，最大限度保障通畅。

服务：通过 ATIS 系统提供驾驶者交通信息，帮助或者警示驾驶者的通行路线是否可行，节约驾驶者的时间，更有效地预防拥堵路段的形成。

智能交通不仅可以缓解通行压力，减少驾驶者的通行时间，更能有效地降低能源消耗，从而达到减少污染的目的。智能交通通过各种先进的技术，提升了驾驶员和管理人员的舒适程度，使得和谐社会更加和谐。

(2) 交通信号控制与交通诱导的关系

交通信号控制（traffic signal control，TSC）和动态交通诱导（dynamic route guidance，DRG）是城市交通管理的两个主要手段。

TSC 是依据路网交通流数据，对交通信号进行初始化配时和控制，同时根据实时交通流状况，实时调整配时方案，实现交通控制的优化。

DRG 是根据当前路网的交通流状况及各类车辆的目的地，经优化计算为每一辆车提供最佳的行驶路线，达到优化均衡网络交通流的目的。

交通诱导和交通信号控制分别从空间、时间两方面对路网交通流进行管理，两者相互联系、相互影响、相互制约，实现 TSC 与 DRG 之间智能协作，可以更有效地缓解城市交通拥挤状态，减少车辆的延误时间，提高交通管理效率。

城市交通信号控制与交通诱导智能协作以交通流分配路网全局最优为目标，根据不同的交通流量，最大限度地发挥交通信号控制与交通诱导之间互补的优势，均衡每个路口的交通流量，从而提高道路的通行能力。

多智能体技术和信息融合技术适于解决复杂多变的城市交通系统问题，交通控制与交通诱导智能协作具有分布式特性，使其很适合于应用多智能体的分布式处理和协作技术。

2.5.2 基于车路协同的智能交通诱导系统

适用于复杂环境下的城市交通的智能交通诱导系统，采用协同通信机制、节点的部署策略以及高效交通诱导算法方案。系统具有"多模、自动切换式"的协同通信方式，以及按场景"自适应"的特点。根据诱导系统"实时性、动态性"的要求，开发了按实时路况进行路径规划的动态诱导算法方案，增强了系统的时效性。

(1) 系统总体架构

整个智能交通诱导系统是一种基于 RESTful 架构的交通诱导信息处理发布平台，通过 RESTful API 进行共享和开放，实现交通诱导信息的共享。基于 REST（representational state transfer）的风格，设计了智慧出行交通数据资源统一的接口规范。实现完成对诱导信息的处理和发布功能，如图 2-26 所示。

整个智能诱导系统分为四大部分：提供 REST 接口的云服务端，用户产生内容（UGC）运营端，路侧单元、车载单元以及传感器网络构成的底层传感网络体系，第三方（地图供应商等）提供的开放数据。

云服务端汇集了完备的交通数据，包罗城市、道路等静态数据，同时也存储了实时动态的交通数据，为各类子应用提供最丰富的数据源。

UGC 则是智能诱导系统的一个创新点所在，它通过用户（手机应用、公共服务等）主动上传公交数据，不仅减少了在数据统计上的开支，另一方面也增强了数据的实时性以及真实性。

第三方开放数据则为整个智能交通诱导系统提供成熟的技术支持，在开放的公交以及地图数据的基础上进行交通诱导服务的开发将会使诱导系统更加适于使用与人性化。

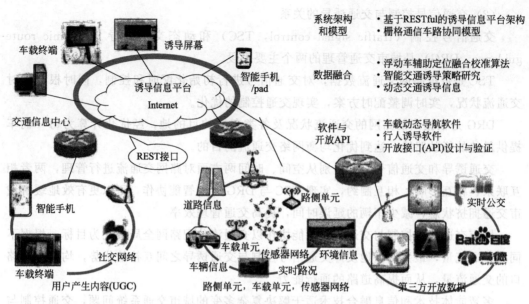

图 2-26 智能交通诱导系统体系架构

最后一部分是路侧单元、车载单元以及传感器网络构成的底层传感网络,这一底层传感网络为上层应用提供了最基础的数据,也是智能诱导系统的核心所在。

(2) 通信网络

① 通信网络架构 整个智能交通诱导系统的通信节点由路侧节点、车载终端以及服务器构成,这三个通信节点之间进行相互通信,组建起了整个智能交通诱导系统的网络框架,如图 2-27 所示。

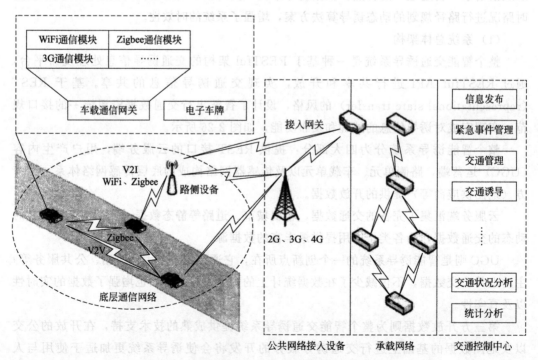

图 2-27 智能交通诱导系统通信网络架构

通过在车辆上安装无线通信设备,将行驶中的车辆变成一个个移动无线网络节点,实现车辆内部各设备(设施)之间、车辆之间以及车辆与道路基础设施之间的高速移动互联。

② 网络组成元素　智能交通诱导系统的通信网络结构可以拆分为以下 4 个方面。

a. 异构动态网络架构　车辆定位模块、车辆信息采集模块、车辆与车辆(vehicle to vehicle,V2V)通信模块、车辆与基础设施(vehicle to infrastructure,V2I)通信模块等需要与外界通信的功能模块通过车载通信网关并以 WLAN、WiMAX、蜂窝通信网络、通信卫星等方式接入被称为"路侧单元"(road side unit,RSU)的道路基础设施或公共接入网络。

车载自组网的网络架构可以分为 V2V 和 V2I 两部分,其中 V2V 也称为 IVC(inter-vehicle communication,车辆互联通信)方式,可以使车辆实时监测道路上其他车辆的相关信息,并通过车载信息处理设备对信息进行综合分析处理后,为行车安全及智能辅助驾驶提供信息服务。

车载自组网有以下特点。

车辆的高速移动性,因该车辆节点接入多变,因此接入算法需要适应多变的需求;

车辆的高速移动性以及受道路周边建筑物和树木的影响,导致车联网的无线信号质量很不稳定,该网络的接入会保障可靠性,减少多普勒算法的影响;

车载设备供电由车辆进行保障,同时由于布设节点的规律性,通信的质量还可以得到可靠的保障。

b. 车-路通信　车辆和路侧节点之间的通信以 WiFi 和 Zigbee 为主。其中 Zigbee 通信是其主要通信方式,在不同的环境下以及传输不同的数据都会根据情况采取不同的通信机制。

c. 车-车通信　车-车通信部分采用的方式仅 Zigbee 方式一种,其主要创新点是车-车自组织网络的形式。

d. 车-路-中心通信　车、路和中心之间的通信则采用广泛应用的 3G 技术,主要是交互一些公共信息。

2.5.3　基于综合交通诱导的智能公共交通信息服务系统

公共交通信息化成为提升城市公共交通水平和缓解城市交通拥堵的主要措施,对于公共交通信息服务系统,其系统需求特征、交通信息发布手段和服务模式三个问题是系统实现的关键问题。

(1) 系统的功能需求分析

① 系统所需信息的需求分析　无论是来到一个陌生城市的出行者,还是天天乘公交车上下班的出行者,都需要公共交通出行的相关信息,以规划最优化的出行方式、出行时间和出行路线等。基于综合交通诱导的智能公共交通信息服务系统以为出行者出行服务为目的,因此必须从出行者的角度出发,选择用户所关心的信息重点发布。

对于出行者,在出行前可做的选择有较大的灵活性,出行者根据实际的交通状况,选择最佳的出行方式和出行路径。因此,通过公共交通信息服务系统,提供交通信息服务应充分地协调交通供需的矛盾,以达到交通供需的最佳平衡。

出行者在出行过程中希望获得安全、经济、舒适和便捷的出行环境,他们希望及时了解交通情况以便实施个人对策,因此出行者对信息的一个重要需求是获得最新的公共交通信息以规划其出行,比如出行前准备或出行途中改变路线,或获得后端旅行的预告情况。

因此,系统需要将最新的公交车和地铁轻轨的运行时刻表、运行路线图、出行的总运行时间、总运行距离、总费用、总延误、所需要转换乘的次数、在起点站和换乘站的等车时间、车内拥挤程度、天气情况和适量的沿途、目的地的黄页信息等实时准确地发布给出行者,方便出行者出行。

然而在这些系统所需要提供的信息中,出行的总时间、总延误、在车站换乘等车时间等受实时的交通状况影响显著。因此还必须关注动态交通信息,包括路段的运行状况、交通流量、车辆的实时运行速度、公交车辆在各公交站点的停车上客时间等。

② 系统所需提供的信息内容　城市公共交通信息服务系统所需提供的信息多种多样,但由于出行方式相同,系统的信息需求又表现出明显的共性特征。基于出行全过程和城市公共交通系统的角度,结合公共交通系统的出行特征,出行信息需求按照出行前、出行中和个性化三部分进行分类(表2-3)。

表2-3　系统所需提供的信息分类

系统所需信息分类		信息内容
出行前信息需求	票务信息	票价、购票地点、检票方式
	时刻、班次信息	班次时刻表,首末班的时间
	站点信息	所经站名、路网衔接状态、主要换乘点等
出行中信息需求	引导乘车信息	站点布局引导、乘车方向引导、地图引导、警告性引导等
	车辆运行信息	车辆到离站信息、间隔信息、运行正点信息、实时位置信息、行程时间信息等
	服务信息	车内拥挤程度、高峰时段信息、是否有座位等
	换乘信息	公交(地铁、轻轨等)线网内换乘信息、多方式的换乘信息
	紧急信息	当出现事故及特殊事件相关疏散信息等
个性化信息需求	公共服务设施信息	前往政府机关事业单位的乘车及转乘信息等
	沿途景观信息	城市旅游景点的乘车及转乘信息等
	天气、新闻信息	天气信息、新闻信息、休闲娱乐信息等

a. 出行前信息需求　出行前阶段是出行的规划阶段,与驾驶机动车出行不同的是,选择公共交通的出行者一般倾向于事先搜集全部的相关出行信息,会利用如网络、热线电话、地图等多方式进行信息搜集。此阶段的出行信息服务需求主要包括出行费用、时刻、站点等信息。这些出行信息的良好传递,能够吸引出行者选择公共交通出行。

b. 出行中信息需求　在出行过程中,出行者所关注和需求的信息重点是希望能够通过视频或音频方式获取关于公交车辆运行及换乘选择的精确信息、车内服务信息(拥挤水平)和其他相关提示信息。对于不熟悉车站布局的出行者(主要针对地铁、轻轨和BRT快速公交),则希望获得具有导向功能的信息。考虑到空间位置的不同对出行中信息需求的影响，对此阶段的信息需求可分别针对车站和车内进行分析，其中，电子站牌、引导标志和广播目前仍是车站最重要的出行信息传递模式；在车内，出行者则可以通过车载移动电视视频、站节牌、广播、地图等获取所需信息。

c. 个性化信息需求　　除了在出行前和出行中需求的信息外，部分出行者还希望获取与出行相关的天气信息、铁路民航信息、社会综合服务及设施的信息、沿线车站景观信息以及新闻、娱乐信息等。目前，能够提供相关出行信息的传递模式包括触摸屏、网络、公交车载移动数字电视、广播、可变信息板等。

③ 系统功能分析　　交通诱导信息是指发布给出行者的、对交通有直接影响的信息。基于综合交通诱导的公共交通信息服务系统通过发布综合诱导信息，引导出行者合理确定出行时间、出行方式和出行路径。诱导的过程实际上就是信息服务的过程。交通诱导信息的作用具体表现在以下几个方面：向出行者提供智能化的公共交通信息，以便合理安排出行路径和等车时间，减缓交通拥挤；平滑交通流，使同一路段上公交车辆车速分布均匀，减少相邻路段的平均速度差，从而减少同一线路车辆在路段分布不均等现象；向出行者提供气象、施工等其他紧急交通状况，以便出行者及时了解情况，减轻急躁情绪。

基于综合交通诱导的公共交通信息服务系统应具备以下功能。

a. 出行者需求识别和交通诱导功能　　公共交通信息服务系统支持通过电话、互联网、邮件、短信等多种咨询方式，实现有效需求的快速捕捉与分析，建立行程时间预测模型，解决交通出行预测问题。

b. 信息处理和交换功能　　出行信息服务系统通过各子系统获得道路状况信息、车辆状态信息等，并由信息处理中心进行处理、存储和交换服务。

c. 信息服务功能　　公共交通信息服务系统最终要实现的目的就是提供便捷完善的信息服务。

信息查询：包括动态交通信息、静态交通信息、交通基础设施信息、气象等信息查询服务。

信息分析：提供交通拥堵时段、路段、交通事故多发地段等信息的分析。

出行前信息服务：出行前的出行信息服务可以使出行者预先获得综合交通信息，如公交车运行路线和首末班车时间、天气情况、铁路和民航时刻、交通事故等实时信息。出行者可以根据这些信息选择自己的出行方式和出行路线。

出行中信息服务：为出行者在站台和乘车过程中提供到站时间预测的服务以及沿途和目的地周边信息，如到目的地的时间、下班车到达本站的时间、如何换乘路径最优等。

因此，系统应该能够快速捕捉和分析出行者的出行需求，通过建立综合诱导算法模型，为出行者提供面向个性化需求的出行方案，并实现出行需求获取、综合交通诱导和交通信息的即时发布。

(2) 基于综合交通诱导的公共交通信息服务系统

① 系统拟解决的技术问题　　为使公共交通信息服务系统得以有效实施，需着重解决如下关键技术问题。

a. 公共交通综合诱导技术　研究综合诱导策略，建立交通诱导算法模型，包括行程时间预测模型、公交出行路径优化理论模型、公交车载客量预测模型。利用综合交通信息提供面向个性化需求的出行方案。

b. 出行者信息传输和发布技术　运用先进的通信技术和网络技术，准确、可靠、及时地实现公交信息处理中心和各个需求终端之间的数据交换和传输。系统支持数据广播、Web、E-mail、RSS、短信、声讯等多种信息发布方式，并开发基于 Web 的出行者信息服务门户，实现出行需求获取、综合交通诱导和交通信息的即时发布。

c. 信息交换平台　在公共交通出行信息服务系统中，最难解决的就是如何实现系统各子系统之间以及系统和外部业务系统之间的海量数据交换问题。基于 ACE 中间件技术开发的信息交换平台能够实现大量终端系统的兼容、实现海量数据交换问题。

d. 系统软硬件设计和数据库设计　把系统分成若干个子系统模块来进行开发，逐个功能模块分别实现。

② 公共交通信息服务系统总体框架　基于综合交通诱导的公共交通信息服务系统主要由公共交通信息处理中心、通信网络和信息服务终端三大功能单元组成，系统内部的总体框架如图 2-28 所示。

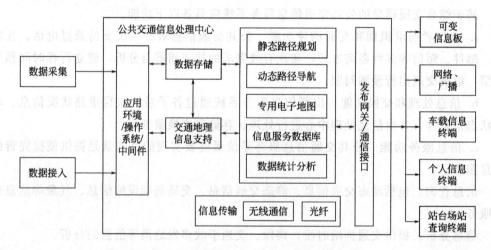

图 2-28　公共交通信息服务系统内部总体框架

其中，公共交通信息处理中心是指为整个系统控制的实现提供数据处理、显示和接口功能，包括对信息服务系统需要的公众信息的采集，以及所涉及的最优路径搜索、行程路径预测、载客量预测等交通诱导算法的实现等；

通信网络是指在用户信息终端和公共交通信息处理中心之间提供的无线和有线双向数据传输以及在信息流与信息中心之间的光纤数据传输；

信息服务终端主要是指车载信息终端、各种城市道路交通信息的公众交互终端，包括手机、PDA 在内的个人信息终端以及站台场站查询终端等。

③ 基于综合交通诱导的公共交通信息服务系统分析　公共交通信息服务系统能够为城市出行者提供综合性的公共交通诱导。通过多渠道来源的数据进行融合、加工处理，来获取能够满足出行者合理出行的需求信息。基于综合交通诱导的公共交通信息服

务系统是一种通过实时地采集和发布交通信息，适时地引导公共交通出行者出行，从而达到高效率利用道路网络的主动交通控制方式。系统在功能上主要包括四个功能子系统：信息采集子系统、信息处理中心子系统、信息传输子系统、信息发布子系统。公共交通信息服务系统和公交系统的其他系统以及系统外的相关交通业务系统进行信息共享，构成智能化的综合交通诱导信息服务系统，如图2-29所示。

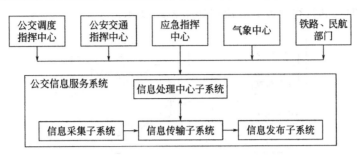

图 2-29　公共交通信息服务系统信息流程图

(3) 公共交通信息服务系统各子系统

① 信息采集子系统　信息采集子系统将整个城市路网中与公共交通相关的交通信息进行采集并提供给公交信息处理中心，以使信息处理中心实时地作出诱导决策及时提供给用户。信息采集不仅对于信息服务系统，而且对整个智能交通系统都是至关重要的。

公共交通信息服务系统需要的信息包括路网或路段的地理信息、流量、平均车速；实时的公交车辆位置、速度、车辆车型；路网或路段的运行状态、站台场站状态；突发事件发生时间地点、预计持续时间；气象信息等。其中，实现动态交通信息的准确、及时采集是基于综合交通诱导的公共交通信息服务系统信息采集的重点。

a. 固定型检测器　常规固定型检测器主要包括磁频检测器、波频检测器、视频检测器三类。

磁频检测器主要是感应线圈检测器，是最早而且目前使用最普遍的检测器。当有车辆通过时，在电感的作用下线圈内的电流会跳跃式上升，当电流超过指定阈值时会触发记录仪完成对车辆数及其持续时间的记录。感应线圈检测器可以用来检测交通流量、占有率和近似点速度等。

波频检测器主要有微波雷达、超声波雷达和红外线传感器。微波雷达和超声波雷达利用反射回波原理。检测器由探头和控制机组成，其探头有发射和接收双重功能。红外线传感器由调制脉冲发生器产生调制脉冲，经红外线探头向道路上辐射，当有车辆经过时，红外线脉冲从车体反射回来，被探头的接收管接收，经红外线解调器解调，在经过整流滤波触发驱动器输出检测信号。

视频检测器是基于视频图像处理和计算机视觉技术的交通检测设备，其检测技术是近年来在传统的电视监视系统基础上逐步发展起来的一种新型的车辆检测方法。这种检测器可用于非机动车和行人交通数据检测，也用于公交站台和场站以及车内的客流情况的检测。

b. 移动型检测器　移动型检测器主要通过 GPS 定位、GSM 定位、北斗卫星导航系统定位、GNSS 定位以及其他组合辅助定位等方法采集信息，通过地图匹配技术获取信息。

公共交通车辆装配上 GPS 等定位装置，以每 2s 的采样时间间隔记录日期、时间、车辆位置和车辆速度，将数据传入计算机并与地理信息系统（GIS）的电子地图重叠分析，计算行程时间和行程速度。其流程如图 2-30 所示。

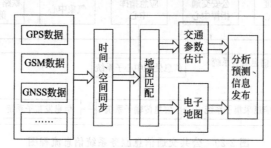

图 2-30　移动型检测器信息采集流程图

② 信息传输子系统　在公交信息处理中心子系统和信息采集子系统、信息发布子系统终端之间，需要借助于信息传输子系统进行联系。系统内部数据、语音、图像等信息能否准确、及时地得以传输，直接关系到系统为出行者提供的信息服务的质量，影响整个系统运营的好坏。

基于综合交通诱导的公共交通信息服务系统所应用的信息传输主要体现在以下几个方面：道路交通基础设施和公交车辆之间的路车间通信；前后公交车辆间的互相传递信息的车车间通信；公交调度中心和公交车辆间的信息通信网络。信息传输子系统根据传输介质的不同分为有线通信和无线通信。

a. 有线通信　有线通信应用得最早，由最初的电话、电报发展到现在的 X.25 分组交换网、DDN 数字数据网、基于帧中继的 ADSL 等，通信的媒质也由铜线发展到光缆和光纤。

由于有线通信方式需要铺架专有线路，所以受自然条件限制的程度高，且对于大面积的通信其造价一般较高而且不易维护，但由于其是在专有线路上进行传输，所以具有较好的传输质量及较高的传输速率。

公交信息服务中心与实时传送流量数据和路网路况信息的交通控制中心、实时调度车辆运行的公交调度中心、处理路网交通紧急事件的紧急事件处理中心、传送天气信息的气象台等地之间相距较远，需要传输的数据量又很大，所以采用 DDN 数字数据网来建立有线通信，实现快速、大容量通信的同时，也可方便地接入 Internet，较好地利用 Internet 这个最大的数据传输网络。而公共交通信息服务中心内部则使用 Modem，通过双绞线把各个服务器连在一块，即组成了一个小型的局域网。

b. 无线通信　在城市公共交通信息服务系统中的信息有很大一部分是移动终端发出的。因此，无线通信在系统信息传输中举足轻重。

现有的无线通信方式一般包括无线电广播、专用无线电台、蜂窝网 GSM、蜂窝数字分组数据网 CDPD、CDMA 码分多址蜂窝移动通信网、GPRS 通用分组无线系统以及卫星通信等。其中 GPRS 是新一代的通信技术，其传输速率非常高，能够达到 144kb/s 以上，能够实现实时的多媒体传输。适用于公共交通信息传输平台的主要有移动通信系统（CDMA、GSM、GPRS）、专用短程通信（DSRC）和卫星通信系统。

以海信 MT165B 电子站牌为例，海信智能公交电子站牌是针对公交行业、媒体运营商等开发的满足出行者和市场需求的产品，是具有数字电视加平面媒体功能的智能公交电子站牌，因此需要很大的数据传输量。电子站牌主机和信息服务中心之间就是采用 GPRS 无线传输方式。

③ 信息处理中心子系统　经过采集而获得的信息，有的对出行者是直观的，如公交车当前位置、站点周边或目的地信息；有的不是直观的，如车流量。出行者想知道的是从他出发的起点到他的目的地应该如何乘车，而不是获得所有公交车的运行路线图和时刻表，再思考换乘方式。因此，为了能给出行者提供针对其个人的具有直观意义直接影响的信息，需要对信息进行加工处理。这就是信息处理中心子系统的功能。而综合交通诱导技术的应用把几种先进的诱导出行技术整合到一起，更是成为信息处理的重要手段。

④ 信息发布子系统　公共交通信息发布子系统是公共交通信息服务系统的重要组成部分，是直接面向公交出行者的系统，是公交信息服务系统最终的提供环节。该系统和公交信息处理中心、信息传输子系统衔接紧密。信息发布的方式也多种多样，由于终端服务系统数量巨大，海量信息传输和交换则是一个问题，信息交换平台技术的采用极大地完善了信息发布系统的功能。基于 ACE 中间件技术的信息交换平台在信息传输和发布系统的实际应用中取得了很好的效果，实现了综合交通诱导信息的及时发布。

2.5.4　天津市智能交通诱导系统

城市交通诱导系统（urban traffic flow guidance system，UTFGS）以实时动态分配理论为核心，综合运用检测、通信、计算机、控制、GPS 和 GIS 等高新技术，动态地向驾驶员提供最优路径引导指令和丰富的实时交通信息，通过单个车辆诱导来改善路面交通状态，防止和减轻交通阻塞，减少车辆在道路上的逗留时间，并最终实现交通流在路网中各个路段上的合理分配。

(1) UTFGS 的构成

UTFGS 由交通流采集、车辆定位、交通信息服务及行车路线优化等部分组成。UTFGS 系统结构示意图如图 2-31 所示。

(2) UTFGS 各部分技术要件

从信息流的观点来看，交通诱导系统可分为信息采集、信息处理、诱导信息生成和诱导信息发布四大部分（图 2-32）。

① 信息集中式的交通流监控采集系统　交通诱导信息包括：路网或路段的地理信息、流量、平均车速；实时的车辆位置、速度、车辆类型；路网或路段的运行状态、停车场状态、道路出入口状态；交叉口组织和控制策略；突发事件发生时间、预计持续时间及气象信息等。其中，实现动态交通信息的准确、及时采集是交通诱导信息采集的重点，主要采集技术有车辆检测技术、利用车辆定位技术检测的技术、自动车辆识别技术。

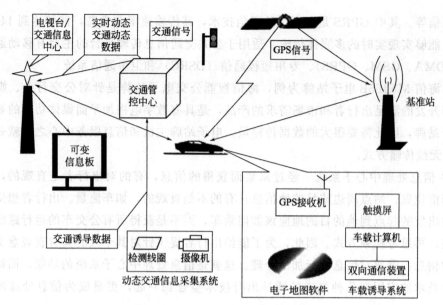

图 2-31　UTFGS 系统结构示意图

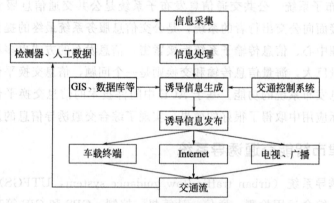

图 2-32　交通诱导系统组成原理

a. 车辆检测技术　基于视频图像处理的交通流检测技术是近年来在传统的电视监控系统的基础上发展起来的新型车辆检测方法，通过视频检测处理技术利用闭路电视和数字化分析技术分析交通数据，其基本原理是在短时间间隔内比较 CCD 图像的差异，从而分析出当前的车流信息。

b. 利用车辆定位技术检测的技术　利用车辆定位系统采集信息借助装备车辆定位与通信装置的商业车队或专业浮动车来实现有代表性的交通流信息检测，如现在装备 GPS/GSM 的出租车、公交车队等。

c. 自动车辆识别技术　自动车辆识别技术将一种很小的电子标签装置在车窗上，标签中有一个微型无线电发射器，它可以发射出车辆自身的特征识别码，在道路两旁装有高灵敏度的天线及终端识别器，终端识别器能够识别车辆自身特征码，并将信息送入计算机，计算机进行处理后可得出车流量、平均车速和车辆分类等交通流信息。

② 用户车辆定位系统　用户车辆定位系统的功能是确定车辆在路网中的准确位置，由 GPS 接收机接收至少来自 4 颗卫星的信号，以确定车辆的位置。如果车载接收机时

钟与两颗卫星的时钟严格同步的话,则来自第 3 颗卫星的信号足以对车辆进行定位,为了满足更高的精度要求经常将 GPS 技术与其他定位方法配合使用。

③ 用户交通信息服务系统　用户交通信息服务系统将主机运算出来的交通信息(包括预测的交通信息)通过各种传播媒体传送给公众。这些媒体包括有线电视、联网的计算机、收音机、路边的可变信息标志和车载的信息系统等(图 2-33)。

图 2-33　用户交通信息服务系统

④ 用户路径引导与控制系统　用户路径引导与控制系统根据路网车流合理地引导车辆行驶,减少行车延误,并且优化交通流在整个网络上的分配。通过实施行驶引导,可以避免用户在路网中滞留的时间,从而改善整个路网的交通拥挤状况,达到降低事故发生率的效果,提高交通安全水平。

(3) 天津市 UTFGS 的应用

为了实现天津市内道路的信息采集、发布的连续性和延展性,从而更好地规划和管理天津市道路交通路况,天津市已开展公安交通管理局交通诱导信息系统项目工程建设,海、陆、空各种方式紧密结合的对外综合交通体系初步形成,市区三环十四射的交通格局已初步实现。在城市交通控制系统研究方面,较早地实现了区域交通信号联网协调控制,并建立了天津市城市道路交通信号控制中心,实现了城市交通自适应式的区域实时交通控制。

现已基本能够及时、准确地了解和掌握道路交通流状况及其变化规律,可以实时地显示交通流的动态分布状况,提供基础数据,能够使交通指挥管理者及时了解和掌握道路交通流量信息,从而达到均衡道路交通流量,改善城市交通环境的目的。

交管局内已设立控制中心并添加控制终端,可以实现对前端路段设备信息采集的处理和发布工作。中心安装计算机网络和服务器等存储管理设备,通过光纤链路控制管理前端的检测设备。

已在快速路黑牛城道、卫津南路、奉化道等路段上选取 2 处点位,信息检测点位

31处。视频采集设备的视频图像传回交管中心并入现有交通闭路电视监控系统,并对现有系统进行集成和增容。共用现有快速路系统微波采集设备,与原有快速路数据平台有机整合。

能够完成交通信息采集:实时采集交通流量;检测车辆行驶速度、排队长度和车道占有率。

可以实现交通信息发布:及时发布路况信息,实时诱导路面车辆,合理分配路网资源,提高道路通行能力。

(4) 天津市 UTFGS 系统的改进

① 道路交叉口交通灯的换灯智能化　市区交通流可分为高峰和平峰 2 种状况,全天可分为 7 个时段,建议建立全市范围道路交通流数据库来使道路交叉口交通灯顺应实时交通流的变化规律,调整交通紧张的通行方向的换灯等待时间,科学地预测并调整各个交通路口交通灯以缓解交通压力(表 2-4)。

表 2-4　每个交叉口所分的交通流时段

序号	1	2	3	4	5	6
观测时段	7:30~8:30	9:30~10:30	11:30~12:30	15:30~16:30	17:30~18:30	20:30~21:30
峰期	早高峰	平峰时段	午间高峰	平峰时段	晚高峰	平峰时段

② 用户信息服务发布的时效性和局限性　现阶段主要以交通广播和路边诱导信息板为依托进行诱导,这样的诱导信息存在的时效性有限,主要表现在信息的被动接收上,且由于交通信息站提供交通流的一般是整点或半点的信息,就信息接收来说缺少连贯性,另外也没有揭示某个节点一昼夜车流量集结的规律,没有起到超前主动指导作用。建议建立以用户为最小单位的车载诱导系统,以影响优化单个车辆的行驶路径来改善道路交通。

③ 个别路段在高峰时段的双向道路使用率　个别路段在高峰时段某一方向道路拥堵严重,而另一方向却车流稀少,这就需要建立定时的交通管制,对个别路段采取限时通行、在规定时间改为单行路段来影响高峰时段的道路通行率,从而改善交通状况。

④ 交通诱导系统的预测性　建立全市范围内交通系统预测系统并建立相应的用户查询系统。针对现阶段智能诱导系统缺乏前瞻性,统计历年交通数据建立数据库和预测系统以预测用户选定日所要通行路段的状况,根据预测向用户提供建议行驶方案从而影响交通的通畅性。

⑤ 智能诱导系统各部分的关联性　交通诱导信息存在只能显示当前行驶的路况信息,不能提供临近道路状况。建议全市智能交通信息组网建设,打破交通信息的局限性,为用户提供更多的可用信息,从而改善交通状况。

2.6　闯红灯抓拍系统

2.6.1　闯红灯抓拍系统概述

闯红灯抓拍系统不但能对城市的重要交通道路进行全天候的监控,而且能抓拍到违法车辆，有利于交警进行执法，进而增强了交警对道路的管理和控制能力，减少了道路公共财产和个人财产的损失，间接创造了巨大的经济价值。

因此，闯红灯抓拍系统已经成为世界各国政府所讨论的热点，并得到交通部门研发资金的投入，同时也成为各大企业进行研究的高科技产品。

闯红灯抓拍系统的实现主要包括四方面的技术：自动控制技术、图像处理技术、数据库管理技术以及网络通信技术。闯红灯抓拍系统的功能主要是对道路上的车辆进行实时监控，同时对红灯期间的机动车辆进行目标检测，并且对违法的机动车辆进行抓拍和记录，为后续交警进行违法处理提供有效的证据，进而使得机动车辆驾驶员自觉遵守交通法规，提高驾驶期间的道路交通安全意识，降低闯红灯事件的发生，以保护国家的公共财产和广大人民的人身安全。

图 2-34 所示的闯红灯抓拍系统主要由路口单元、传输通道和监控中心 3 部分组成。路口单元的功能主要是对车辆是否具有闯红灯行为进行检测，同时进行实时车辆的抓拍，然后对获取的信息进行预处理，通过传输通道传输到监控中心；传输通道主要的功

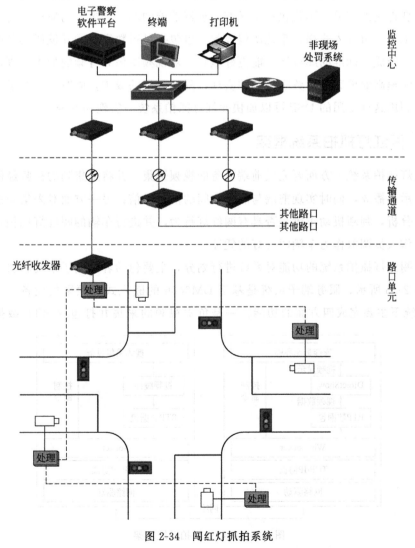

图 2-34 闯红灯抓拍系统

能是不但将前端路口单元车辆的违法信息传输到交警数据中心，而且提供操作人员在交警数据中心利用远程管理软件通过该网络对路口单元的设备进行远程管理及设备参数的设置；监控中心主要实现数据的存储、记录、人机交互等功能。

闯红灯抓拍系统的开发不是一项简单的项目工程，它需要花费很大人力和财力。工作人员对多媒体技术的熟悉是一项漫长的过程，中间要花费很长的时间去了解各方面的知识，主要是多媒体的通信和图像处理的硬件实现，还有自动控制的技术标准，而由于技术标准的不断变化使得这些标准也产生了变化。对于基于数字视频的开发和应用，例如闯红灯抓拍系统的实现需要特有的硬件平台和操作系统相结合，并在其平台之上进行应用程序的开发。实现各种各样功能的需求，需要开发人员进行一步一步的编程，这是十分烦琐和低效的，如何高效地完成基于数字视频系统的部署成为实现闯红灯抓拍系统的需求。

为了满足市场的这种需要，TI公司在原有SP基础之上提出专门用于数字视频处理领域内的DSP，由于把处理器和具有特殊功能的器件和编程合并在一起，它使得应用程序的开发变得更加容易，不但包括了具有处理器功能的芯片和老式的应用支持，而且是基于开发工具，由嵌入式操作系统所组成的，也包括进行数字视频开发所具备的相应软件，还有已经成为标准的库程序，能更好地完成对视频图像和音频的加工处理，加大开发人员更快速高效地完成对数字视频的实现，降低开发的成本，同时也缩短了开发的时间。所以利用这种专用的DSP可以加快闯红灯抓拍系统的实现和部署。

2.6.2 闯红灯抓拍系统框架

闯红灯抓拍系统一方面要完成前端设备的视频采集，并将采集到的视频经网络传输到后端显示与播放，同时实现前端与后端之间的信息通信；另一方面对采集到的视频进行处理与分析，判断机动车辆是否具有闯红灯行为，并进行车辆的闯红灯抓拍，保存下来以备工作人员调取作为车辆闯红灯的凭证。

根据闯红灯抓拍系统的功能对系统进行划分，主要包括客户端子系统和服务端子系统。如图 2-35 所示，服务端子系统是基于 DM6446 的嵌入式视频采集设备。在嵌入式 Linux 系统下主要完成四方面的功能：一是负责视频的采集并打包成 RTP 数据包供数

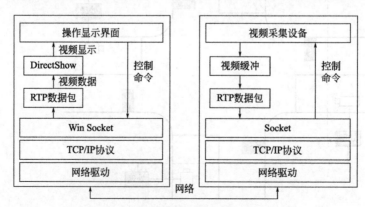

图 2-35 闯红灯抓拍系统框架

据传输模块发送；二是把采集到的视频进行处理与分析，实现车辆的检测抓拍功能；三是完成视频的 H.264 压缩编码，以减少需传输的数据量大小；四是将编码后的视频利用 TCP/IP 协议通过网络发送到客户端，同时完成客户端对远程服务端的控制。

客户端子系统主要完成对服务端设备采集视频的监控和抓拍车辆的车牌号提取功能，同时实现客户端对服务端的控制功能。通过 DirectShow 技术完成对采集到的视频实现播放、暂停、停止等功能，车牌号提取模块主要完成对抓取到的车辆进行车牌号提取。在 Windows 系统下，基于 MFC 的应用程序可完成客户端界面，其功能主要有显示播放和控制命令的发送，另外可以实现对服务端的设置。

2.6.3 服务端子系统

(1) 服务端框架

闯红灯抓拍系统的服务端子系统不仅需要实时从摄像头采集到视频，以供客户端的播放和监控，而且需要实现对采集到的视频实时分析、编码和传输。为了实现服务端功能，则采集端的嵌入式设备需要满足各种数据输入输出和对外设响应的需求，同时又要实现采集视频图像的多种图像分析和处理，以处理来自数字信号的请求。现有的 ARM 对于响应外设的能力很强，但却对数字信号处理能力较差，而一般的 DSP 能很好地完成数字信号的处理，然而对外设响应较差，两者都不能单独地胜任服务端的工作。

TI 公司以 ARM 和 DSP 为基础设计的达·芬奇双核系统，专门用于满足多媒体通信与处理的需求，其中 DM6446 是达·芬奇家族中的一员，具有很好的性价比，因此采用以达·芬奇 DM6446 为基础的嵌入式采集设备，以满足服务端对硬件设备的需求。

服务端是以 DM6446 为基础设计的，需要实现的功能有四大模块。如图 2-36 所示，需要完成对视频的采集，它主要利用嵌入式 Linux 系统的 V4L2 驱动模型完成对摄像头的视频采集，将采集到的视频提交给视频分析模块，以达到对视频处理分析的目的。视频分析模块的主要功能是，首先根据采集到的视频识别出交通信号状态，然后根据判别出的红灯信号时间对车辆进

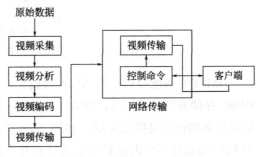

图 2-36　服务端子系统框架

行检测抓拍，如果有机动车辆闯红灯，自动抓拍保存图片信息，并通过视频传输模块告知客户端有闯红灯事件，并且把抓拍的图片传输到客户端，客户端根据告知的闯红灯事件对视频进行录像保存起来，供交警取证执法。将视频分析模块处理后的视频图像采用 H.264 压缩编码算法进行编码处理，通过压缩编码降低传输数据量的大小，以减少占用网络的带宽，同样经过 H.264 压缩的视频在客户端进行播放时，能呈现出高质量的画面。最终通过视频传输模块把视频数据打包为 RTP 包经网络协议 TCP/IP 传输到客户端，视频传输主要功能是完成视频的传输和接收客户端发送的命令。

(2) 硬件结构及软件模块

TI 公司的 DM6446 具有 2 片 64MB 的 DDR2 内存、16MB 非易失 NorFlash、电源

模块、复位模块、1 路 SD 卡接口、1 路 USB 接口、标准 JTAG 仿真接口、板载实时时钟以及 10/100MB/s 以太网接口,其中外围电路主要包括 TVP5050 视频 A/D 转换模块、核心板的接口、视频输入接口和 I/O 接口。

如图 2-37 所示,其主要思想是首先利用 PAL 制式的 CCD 摄像机采集模拟信号,然后经过 TVP5050 完成 A/D 转换、色度亮度处理等相应的处理后转换为带行场同步信号的 YUV4:2:2 的数字视频信号,再将视频处理信号传入视频处理前端(VPFE)进行预处理,处理的数字视频信号存入外部扩展的 DDR2 中作为以后处理的数据来源。从 DDR2 中读取的数据再由 DM6446 对存储的数据进行视频分析处理,最后经过视频处理后端(VPBE)的 VENE 对复合信号进行编码,对编码的信号通过以太网传输到客户端,以供客户端解码、显示与播放。如果未编码的视频信号直接可以通过液晶显示器显示,也可以通过 D/A 转换成 NTSC 制式的模拟信号输出。

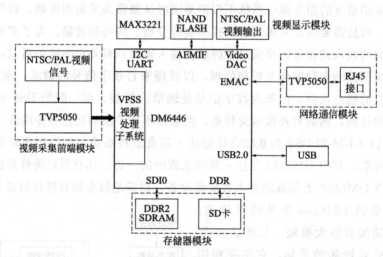

图 2-37 服务端硬件结构

DM6446 系统架构,将 ARM 看成客户端,DSP 当成服务端,它们是通过链路通路 DDR2 存储器进行通信的,DDR2 为 ARM 和 DSP 之间共享,此链路是以 DSPLink 软件协议为基础进行通信交互的。如图 2-38 所示的 Codec Engine 框架示意图,其中 ARM 和 DSP 是通过共享内存 DDR2 进行相互通信的,利用 DDR2 完成数据的互换。达·芬奇的双处理器框架通过 DSPLink 软件协议通信,Codec Engine 框架中制定了标准的 API 供研发人员调用,便于 ARM 和 DSP 之间的通信和 ARM 端应用程序的开发。引擎功能层主要完成对算法对象的实例进行管理,上面一层是 VISA 层,主要完成对下一层的接口,其功能是根据 XDM(XDAIS 的扩展,多媒体应用)标准对需要的算法进行定义创建和删除等操作。通过 Codec Engine 框架,符合 VISA 标准的 ARM 端的应用程序可以通过相应命令操作 DSP 服务端,进而控制 DSP 端的 XDM 算法,其实 VISA 层就是 XDM 的接口层,实现框架的主要功能。

DM6446 端应用程序的开发主要包括以下四个步骤。

首先,需要基于 DSP,通过 CCS 工具完成符合自己需求的算法工程,根据要求生成一个编解码算法的库文件 *.lib(也就是相当于 Linux 环境下的 *.a64P,可以修改

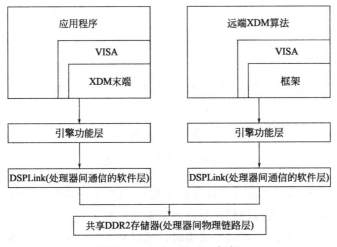

图 2-38　Codec Engine 框架

文件后缀名）。为了使该算法能被 ARM 端应用程序调用，因此使编写的算法符合 XDM 标准，从而得到需要的 Codec 包。

其次，将 Codec 包集成到 Codec Engine 中，可以将现存并且符合 XDM 的或者自己设计开发的 Codec 包集成到 Codec Engine 工程里。完成此操作需要对两个脚本文件进行配置：一个是 .tcf 的配置，其作用是分配服务端的算法需要的内存；另一个是 .cfg，其作用是对包使用的配置信息。完成以上步骤之后，采用 Linux 下的 Make 命令生成一个文件，这一步便完成了服务端 Codec Server 的开发。

再次，为了满足 ARM 端的应用程序调用服务端 DSP 算法的需要，实现对 ARM 端的配置，先在 Linux 下完成对音视频应用程序的开发，主要实现供用户操作的界面，同时实现对视频分析算法的调用，在 ARM 端调用时，需要应用程序自身实现一个 .cfg 的配置文件，主要是显示应用程序对 DSP 端算法调用的情况。应用程序工程需要实现的内容包括工程名字和主要 Codec 包，设定 Codec 包在本地运行还是在服务端运行，假如在服务端运行，那么需要对 Codec Server 进行再一次的配置。

最后，ARM 端的应用程序开发工程师利用 Codec Engine 的编程接口创建和删除配置好的引擎实例，进而创建、删除和控制编解码器。ARM 端的应用程序开发工程师从算法开发工程师得到大量的编解码器软件包（*.lib），从服务集成工程师得到一个可以在 DSP 上运行的 Codec Server 二进制文件，一般为 .x64P 文件，另外从引擎集成工程师得到一个引擎配置文件，一般为 .cfg 文件。ARM 端的应用程序开发工程师将得到的不同的 Codec 包、DSP Server 和 Engine 配置文件 *.cfg，一起陪同自身编写的应用程序，通过编译、链接后，最终生成 ARM 端可执行代码。

以服务端的功能需求为出发点，对服务端软件进行了详细设计，如图 2-39 所示，是整个软件的设计框架。根据需要对服务端进行了功能划分，分别包括服务端的视频采集、视频分析、视频编码和传输模块。

服务端的软件根据 Linux 下的多线程进行设计，主要包括主线程的设计，其功能是对系统参数进行初始化和其他线程的创建，创建的线程包括视频采集线程（完成视频的

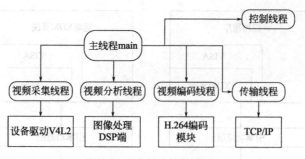

图 2-39 服务端软件模块

采集功能)、视频分析线程(完成处理分析功能)、视频编码线程和传输线程总共 4 个子线程,主线程完成这些子线程的创建后将自动退化成控制线程。在进行模块的具体设计时,其中视频采集模块在对视频进行采集时,采用基于 Linux 系统下的 V4L2 设备驱动框架来实现视频的采集。视频分析模块的功能主要是实现车辆的检测抓拍。根据采集到的视频,先设置预先的背景模型,再利用积累差异背景更新算法实时更新背景,对提取到背景的差值图像阈值二值化分割运动目标车辆,从而完成对运动目标车辆的实时检测抓拍。视频的编码模块对处理分析后的视频进行 H.264 的压缩编码,通过对 TI 提供的 H.264 的 Codec 包进行配置完成视频的压缩,达到在复杂的网络环境下实现优质的画面传输效果。视频传输模块是将编码后的数据打成 RTP 包经 TCP/IP 协议传输到客户端,供客户端的工作人员监控和进一步地分析处理。

(3)视频采集模块

TI 的 DM6446 提供了 Linux2.6 内核版本 Monta Vista Linux,Monta Vista Linux 系统可以通过 V4L2 驱动模型完成视频的采集,V4L2 这套规范给驱动程序开发提供了清晰的模型和接口。V4L2 的驱动模型位于应用程序与硬件之间,应用程序处于上层,硬件设备处于下层,V4L2 驱动模型处于中间层。利用 V4L2 可以快速有效地完成视频采集的功能,因此采用基于 V4L2 驱动模型实现摄像头的视频采集。

Linux 系统中,通常把外部设备当作设备文件。对于设备文件的访问就相当于对一般文件的操作。因此对外设的访问就犹如访问普通文件一样,利用 open、read 等函数可以完成对视频的采集。

V4L2 驱动模型中,视频图像的采集主要包括两种方式,一种是直接读取的方式,直接读取方式就是采用 read、write 等函数。这种视频采集的方式实现起来简单,但是这种方式会使 Linux 系统在用户空间和内核空间不断地拷贝视频数据,同时在用户空间和内核空间占用了大量内存,占用系统资源较多,造成这种方式的采集效果不好。另一种方式是通过内存映射进行访问的,将外部 Linux 中的内存映射到应用程序中的内存空间中,通过用户空间直接访问外部设备,完成对外部设备的操作。内存映射法是一种有效的访问方式,通过这种方式用户程序可以直接对内核空间的视频数据进行操作,占用系统资源较少,效率较高,同时采集到的视频易于后续分析处理。因此,视频采集的实现采用内存映射的方式进行采集。

V4L2 提供了很多访问接口,根据具体需要选择相对应的操作流程。基于 V4L2 视频采集的流程如图 2-40 所示。具体描述如下。

① 打开采集视频设备，使用 open 函数，其中 O_NONBLOCK 代表的是以非阻塞方式进行采集，关联的设备文件在 Linux 下的/dev/目录下。

open 函数的返回值 fp 等于-1 表示打开设备文件失败。
```
fp= open(V4L2,O_RDWR | O_NONBLOCK,0);
if(fp= = -1)
{
ERR("不能打开设备(% s)\n",V4L2,strerror(errno));
return FAILURE;
}
```

② 打开视频设备后，选择视频的输入方式，查询视频的属性，根据视频的属性自动检测是 NTSC 还是 PAL 格式，采用的视频采集是 PAL 格式，然后设置视频帧格式。

```
if(Video_Input= = TRUE){
INPUT= TVP5050_AMUX_SVIDEO;
}
else{
INPUT= TVP5050_AMUX_COMPOSITE;
}
if(ioctl(fp,VIDIOC_S_INPUT,&input)= = -1)//选择视频输入方式
std= VPFE_STD_AUTO;
if(ioctl(fp,VIDIOC_S_STD,&std)= = -1)//自动检测视频标准
CLEAR(fmt)://设置视频帧格式
```

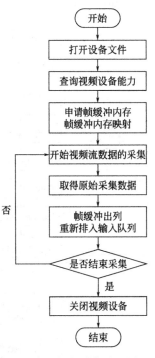

图 2-40　视频采集流程图

③ 设置好采集方式和视频的属性后对视频捕获后的视频进行内存分配，申请需要缓存的内存空间，这里申请两个视频帧缓存，要进行视频图像的采集，必须有存放图像的地方，因此，应申请足够大的内核态内存作为图像数据缓存，并将其映射到用户态空间。这样，用户态空间的图像处理程序就可以使用 mmap () 函数，直接读写 Linux 内核帧缓冲区，减少了额外开销。

```
Bufs[numBufs].start= mmap(NULL,buf.length,PROT_READ,
PROT_WRITE,MAP_SHARED,fp,buf.m.offset)+ topOffset://映射内存大小
```

④ 设置视频帧格式和申请内存空间后开始视频的采集。
```
if(ioctl(fp,stream_on,&TYPE)= = -1)//视频采集
```

⑤ 采集结束后，首先停止对视频的采集，然后关闭相应的采集设备，最后利用 munmap 函数解除内核空间和用户空间的映射并释放内存。
```
if(ioctl(fp,stream_off,&TYPE)= = -1)//停止视频采集
if(close(fp)= = -1)//关闭采集设备
if(munmap(Buf[i].START-TOPOFFSET,Buf[i].LENGTH)= = -1)//取消申请的内存映射 free(Bufs)://释放缓存
```

（4）视频分析模块

视频分析模块主要对采集到的视频先进行车辆检测，再根据交通信号灯识别为红灯

时判断该车辆是否具有闯红灯行为,并对闯红灯违法行为自动抓拍保存。

如图 2-41 所示,视频分析模块的具体过程是,首先完成视频分析线程参数的初始化,初始化之后创建视频分析线程,然后通过采集线程获得当前帧,通过图像的灰度化预处理,利用累积差异背景法实时地背景更新,进而实时提取到背景差值图像,对获得的差值图像经过一系列的处理,得到运动目标车辆的二值化信息,通过统计二值图像中虚拟线圈区域内 255 像素值的百分比和面积比判断有无车辆通过,最后根据对当前帧图像的交通信号灯状态进行识别,当识别为红灯信号时,利用车辆抓拍算法分析该车辆是否具有闯红灯行为,将抓拍到车辆的连续 3 张图像保存下来,以供服务端传输给客户端。

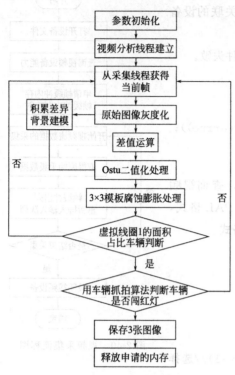

图 2-41 视频分析流程图

视频分析线程创建之前首先完成参数的初始化,主要指内存申请、视频分析线程与主线程进行通信、与其他线程同步需要的参数,通过采集到的视频进行背景模型更新、运动目标车辆的检测抓拍,这样一直循环下去直到接收到控制线程告知退出命令。

视频分析模块的实现主要包括两部分,需要分别对 DSP 端和 ARM 端进行实现。根据通常的 DSP 软件设计,首先完成对视频进行处理的算法,实现车辆的检测抓拍功能,该算法一定要以 XDM 的 API 函数为基础设计,生成的一个库文件为 process.lib,完成后把相应的 Codec 包生成一个在 DSP 上运行的 DSP Server,即是图 2-42 中可执行程序 process.x64p。另外 process.cfg 是实现对服务端的内存配置。对于 ARM 端应用程序的设计,只需要实现符合 Codec Engine 框架,以实现对服务端 DSP Server 的调用。

(5) 视频编码模块

H.264 也被称为 MPEG-4 的高级视频编码,是一种比较先进的视频压缩技术,与其他的视频压缩技术相比具有很高的压缩比。H.264 技术有很多优点,首先通过对帧内的视频进行预测编码实现空间上的冗余,然后通过对视频的运动进行预估实现时间上的冗余,为了降低压缩编码中的错误,在频域内实现对视频的编码,还有在 H.264 技术中加入了熵编码,通过可变字长无损编码技术进一步地降低视频信号的冗余度。相比 MPEG-4 标准 H.264 是其压缩的 2 倍,在高压缩率的情况下也可以实现视频的高质量播放,当在复杂拥堵的网络情况下,通过 H.264 技术进行视频的压缩可以应用于各种各样的系统中。

由于 H.264 编解码标准具有低码率、高质量的图像、容错能力强和优良的网络扩展性能的优点,所以视频编码采用 H.264 进行编码,而且为了便于 H.264 编码技术的

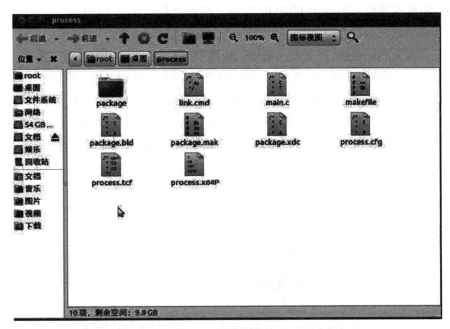

图 2-42　服务端集成

实现，快速地部署到应用程序的开发中，TI 的 DM6446 的软件开发包中为客户提供了成熟的编码标准实现机制，只要对其实施相应的配置和设置，就能将其融入到系统中。提供的编码标准包括 H.264 编码和 mpeg4 编码，设置如下：

```
static char* videoEncodeAlgNames[NUM_VIDEO_ENCODERS]= {
"h264enc"
};
```

然后利用 void * videoThrFxn（void * arg）函数创造编码线程，在创造编码线程之前需完成视频参数的设置：

```
dynamicParams.size= sizeof(VIDENC_DynamicParams);
dynamicParams.inputHeight= height;
dynamicParams.inputWidth= width;
dynamicParams.targetBitRate= bitrate< 0? 0:bitrate;
dynamicParams.intraFrameInterval= 30;
dynamicParams.generateHeader= XDM_ENCODE_AU;
dynamicParams.tureWidth= 0;
dynamicParams.forceIFrame= 0;
```

（6）视频传输模块设计

视频传输模块一方面实现对编码后的视频进行传输，另一方面满足客户端与服务端的交互与控制功能。采用应用最广泛的 TCP/IP 协议对数据进行传输，基于 Socket 编程实现对网络的传输。

设计基于 TCP 和 UDP 两种协议的 Socket 编程，TCP 能实现可靠性的传输，是面向连接的，而 UDP 是面向无连接的传输协议，提供的服务是不可靠的。为保证客户端与服务端的控制数据的交互和参数设置的正确性，采用的是基于 TCP 的 Socket 编程，对编码后视频的传输采用基于 UDP 的 Socket 编程通信，在经 UDP 传输之前，实现对 H.264 编码后的视频进行 RTP 打包处理。

为了实现 RTP 打包功能的应用程序，选用 JRTPLIB 开源库，利用交叉编译器 arm_v5t_le-g++编译 JRTPLIB 库生成 jthread 和 jrtplib 交叉编译库，将生成的库复制到 lib 中，以供应用程序调用。RTP 打包流程见图 2-43，首先创建 RTP 会话，设置恰当的时间戳单元，然后获得接收端的 IP 地址和端口号，根据获得的 IP 地址完成 RTP 会话参数设置，一般保持默认值，最后通过发送函数 sess.SendPacket 将视频数据发送。

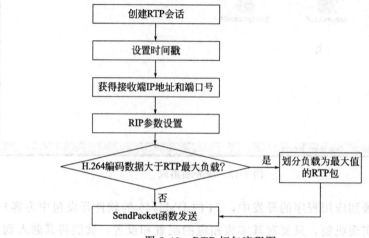

图 2-43　RTP 打包流程图

2.6.4　客户端子系统

客户端子系统运行在本地，工作人员能通过该系统的友好界面完成信息的交互。客户端子系统的实现主要包括两方面的功能，一方面对服务端采集到的视频接收和解码与显示播放，另一方面实现客户端对服务端采集设备的控制和抓拍车辆的车牌号提取。

闯红灯抓拍系统的客户端子系统，运行在本地 PC 机上，如图 2-44 所示。客户端主要完成的功能包括采集视频接收、控制命令发送、视频解码显示和车牌号提取。

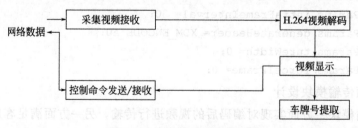

图 2-44　客户端子系统框架

客户端子系统的功能实现主要由两方面组成。一方面实现控制命令的发送，主要是客户端对服务端采集视频的播放、暂停和停止等操作的控制以及服务端初始化的参数设置，控制功能主要是接收服务端的报警功能，当服务端判断出某车辆具有闯红灯行为时，给客户端发送报警信息，同时将抓拍车辆的图片发给客户端，然后客户端自动对抓取到的车辆进行车牌号提取处理,将提取到的车辆车牌号和该车辆闯红灯时刻的前后 1min 录下来的视频一并保存起来,为后续的交警执法提供有效的证据。另一方面是对 RTP 包采集视频的接收,主要是接收服务端传输的视频信息,然后将接收到的信息进行组帧,组帧后通过视频解码功能进行 H.264 编码的解码,为视频的播放和显示提供视频数据,最后,经过解码后的视频数据利用微软提供的 DirectShow 多媒体技术显示与播放,以实现对服务端的视频监控功能。

2.6.5 车牌号提取

车牌号提取的功能主要是实现对抓拍到的车辆进行分析处理,从而提取到有效的车牌号。对于车牌号提取一般包括车牌定位、车牌分割和车牌识别3部分。其中车牌定位是整个车牌号提取的基础,因此车牌定位的好坏直接影响到车牌号提取的效果。图 2-45 是车牌号提取流程。

如图 2-45 所示,整个车牌号提取的过程是,首先实现车辆车牌的定位,对于车牌的定位,利用灰度化处理方法对抓拍到的车辆图像进行处理,以提取到图像的灰度信息,然后对灰度图片进行中值滤波和 Sobel 边缘提取,以得到图片中物体的边缘信息,再通过改进的最大类间方差(Ostu)进行阈值二值化分割。在实际应用中当阈值低于一定值时,根据经验预先设定阈值,阈值二值化分割后,一方面根据腐蚀膨胀对阈值分割结果进行形态学处理,以使车牌位置形成连通的区域,减少空洞出现,从而排除较小的区域得到车牌候选区域;另一方面根据得到的车牌候选区域,采用扫描行列的跳变次数对候选区域进行筛选以提取到精确的车牌位置。图 2-46 是车牌号提取的结果。提取到车牌位置后,根据垂直投影的方法对车牌进行字符分割从中分割到车牌号,结果如图 2-46(d)所示。最后采用常用的模板匹配法得到如图 2-46(e)所示的车牌信息。

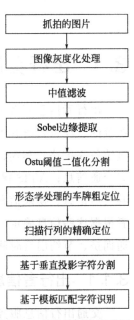

图 2-45　车牌号提取流程图

(a) 车辆图像

(b) 车牌定位

(c) 车牌二值化

(d) 车牌分割

(e) 车牌识别

图 2-46　车牌号提取结果(本图中车辆号后两位已进行模糊处理)

第3章 出行者信息服务系统

3.1 出行者信息服务系统概述

出行者信息服务系统（advanced traveler information system，ATIS）是智能交通系统的一项重要研究内容。ATIS 是建立在完善的信息网络基础上的，交通信息中心通过装备在道路、车辆、换乘站、停车场以及气象中心等处的传感器和传输设备，获取实时交通信息；ATIS 得到这些信息并进行处理后，实时向出行者提供道路交通信息、公共交通信息、换乘信息、交通气象信息、停车场信息以及与出行相关的其他信息；出行者根据这些信息确定出行方式、选择路线，从而达到规划出行、选择最优路线、避免交通拥挤、节约出行时间的目的。

3.1.1 出行者信息服务系统的特点

交通出行信息服务依托道路信息资源系统和客运站场管理信息系统的信息资源，通过互联网、呼叫中心、手机等移动终端、交通广播、图文电视、车载终端等显示装置，为出行者提供准确、及时、充分的较为完善的出行信息服务。交通出行者采取最佳的交通出行方式，将会降低出行成本、提高交通设施的利用效率，产生改善交通的作用。

随着信息采集、处理、传输等技术的不断进步，出行者信息服务系统对信息的处理和发布的实时性越来越高。当前的出行者信息服务（发布）系统具备以下几个特点。

① 用户范围更广，要求更高。以前的出行者信息服务系统实际是路径诱导系统，为驾驶员提供实时的路况信息和诱导信息。随着计算机和通信技术的发展，出行者信息服务系统的用户群逐步扩大，不仅包含了交通管理者、在途用户，而且要为计划出行的用户提供出行前的路线选择、出行方式的选择、换乘选择及停车诱导等。

② 信息发布形式越来越丰富。除了利用传统的无线电广播、电话咨询等技术发布语音交通信息外，还普遍运用了网络技术、通信技术、交互电视、车载单元显示屏及各

种移动终端为出行者提供信息。

③ 实时性增强。随着信息采集、处理、传输等技术的不断进步，出行者信息服务系统对信息的处理和发布的实时性越来越高。

④ 信息的复杂程度日益增强。由于 GIS、GYS 和移动通信技术等的应用，出行者信息服务系统所能提供的信息越来越复杂，对整个运输系统产生的影响也越来越大。不仅能提供交通流信息、紧急事件信息、交通诱导信息，同时也能提供个性化的出行线路规划、公交查询、停车诱导等信息。

3.1.2 出行者信息服务系统构成

出行者信息服务系统主要由智能交通信息平台中心、信息传输系统以及信息发布终端 3 部分组成，系统结构图如图 3-1 所示。

（1）智能交通信息平台中心

智能交通信息平台中心是整个智能交通系统的信息中心，它对交通信息的接收和处理后的交通信息提供接口，以便与其他系统共享数据。它包括对各种交通道路数据的采集、筛选过滤、分析处理。

交通信息的采集可以分为静态交通信息的采集和动态交通信息的采集。静态的交通信息可以通过测量人员使用专业的测量仪器获得。动态的交通信息又可分为移动型和固定型两大类。前者主要有使用 GPS 和 GIS 相结合的浮动车信息采集以及利用 RFID（radio frequency identification）电子标签的交通信息采集，其中浮动车的信息基本由出租车公司提供；后者则有通过地感线圈、测速摄像头等设备由国家相关部门所采集的信息。

信息采集之后就要对其进行筛选过滤，因为从各个系统得到的交通信息往往呈现多元性、异构性以及复杂性，所以必须对其进行处理。通过确定交通信息数据的存取方式以及每种数据的存储规格标准之后，就可以对数据进行抽取和格式化，进一步获得方便处理的交通信息。对于静态的交通信息的处理，对其进行分类统计处理，对动态的交通信息的处理，通过对其进行分析，找出其规律性。

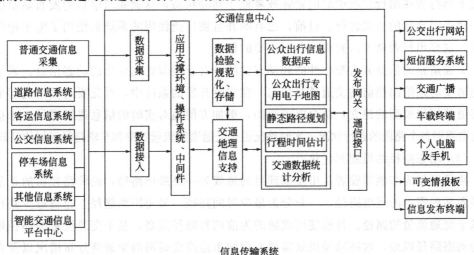

图 3-1 出行者信息服务系统结构图

(2) 信息传输系统

信息传输系统是指信息采集设备和智能交通信息平台中心之间以及信息发布终端和智能交通信息平台中心之间通过有线和无线通信方式进行信息传输的系统。

(3) 信息发布终端

信息发布终端主要为出行者提供各式各样的交通信息服务，可以使用的信息发布方式比较多，可以分为信息显示屏、交通广播、电子牌、移动电视等被动接收信息的方式和车载终端、个人手持终端、信息服务平台、互联网等主动查询信息的方式。目前无论是无线通信（包括 GPRS、CDMA、GSM）还是各种交通广播、电视等均能实现有效覆盖。随着手机和 PDA 用户的普及，移动通信终端已成为交通信息发布的重要补充方式之一。

3.1.3 出行者信息服务系统关键技术

出行者信息服务系统为使用人员提供完善的交通信息服务，系统通过各种交通设备对交通数据进行实时的采集，并上传到智能交通信息平台中心进行分析和处理，过滤得到对交通管理人员和出行者有价值的信息，并将信息及时地进行发布。系统的关键技术为道路交通流量的预测和交通信息的发布显示。其中驾车路线规划是智能交通信息服务系统的最关键的技术，如何通过对道路交通流量的分析获得当前道路交通网的实时路况和最佳路径是系统实现的关键。

(1) 交通道路流量预测

交通道路流量预测主要分为两部分的预测，一部分是对道路交通网中以往的历史数据进行规律性的总结，另一部分是对当前交通流量进行监测。通过这以上两部分的数据，可以汇总未来一段时间的交通道路的流量分布及对各路段通行能力做评估，为路径规划提供依据。

(2) 交通信息发布显示

智能交通信息平台的信息经过一系列处理后，就要进行发布显示。系统要按照出行者的出行需求来提供交通信息发布的方式，确定信息显示的内容以及服务的对象。一般情况下出行者在出行过程中时间紧张或者处于驾驶状态，这就要求信息的发布显示能够以一种直观高效的方式进行。目前，已有的并且被广泛使用的系统都使用了电子地图的方式，这样出行者就可以直观地获取需要的信息。

交通道路的信息分为静态性的和动态性的，对于随着时间变化的动态信息，系统就要能够实时地给出当前的交通道路信息。在实际开发的系统中，首先要对城市交通道路进行道路网络模型的建立，结合电子地图，更加方便地对实时的信息进行展示，来描述当前道路网各个路段的通行状况。实时路况也是交通道路流量预测和车辆路径规划的基础。

(3) 动态路径的规划和优化

路径规划为车辆驾驶者从出发地到目的地规划一条最佳路径，最佳路径指的是基于驾驶者某种需求的理想路径，一般分为最少时间路径、最短距离路径、花费最少路径以及基于交通流量的路径。目前使用成熟的为前两种路径规划，基于交通流量的路径规划则为动态路径规划，这种路径规划需要考虑城市道路交通网的交通流分布情况以及在畅通、拥堵、阻塞三种状态路段权值的计算。另外，由于车辆在行驶过程中交通道路网的交通流量也在不断变化,原先规划的路径可能已经不适合当前的路况,系统就对当前的路径进行优化,如果新的路径能够比原来的路径更加节省时间,则需要使用新的路径。

目前,在国内的地图服务系统中,均提供了实时交通道路流量的监测及预测,比如百度地图和谷歌地图这些路况数据都是由专门做路况服务的第三方应用商所提供的。在实时路况方面,百度地图实时路况的使用简单,功能的加载时间短。用户打开实时路况后,百度地图会以"彩色蚯蚓"的形式,分色、分级清晰呈现路况信息。用户在出行前,查询起终点之间的线路状况,也可以查看常走区域、道路的路况。但是,百度地图实时路况服务目前仅支持部分特大城市,对其他大城市及中小城市不提供实时路况服务。在驾车路线规划方面,百度地图服务提供几种不同的出行策略让出行者进行选择,但是这些策略都是静态的,没有提供基于当前城市道路交通流量的路线规划。因此,将重点研究如何对道路交通流进行分析并获取道路交通网的实时路况以及基于当前实时路况的动态路径规划。

3.1.4 出行信息及信息服务系统分类

(1) 出行信息分类

交通信息需要满足交通运输活动及其参与者的要求,这些信息从需求及信息本身特征来分析归类。在实际中,信息都有一个采集和处理的过程,根据信息的来源和信息的变化频率,可以将其分为静态信息和动态信息。其中,静态信息相对稳定,变化频率低,变化周期一般大于 24h;而动态信息会在较短的时间内发生变化,其变化周期在分秒之间,交通信息的具体分类见表 3-1 所列内容。

表 3-1 交通信息的具体分类

信息分类	描述对象	具体内容
静态信息	道路基本信息	道路车道数、线形、里程、通行能力(设计车速和交通量)
	特殊构造物	位置、长度、使用年限、限宽、限高、限重、运输物品限制
	通行限制	限宽、限高、限重、限车型
	辅助信息	能源补充:能源种类、价格 车辆维修:服务类别、价格、联系电话 购物:商品种类、价格 餐饮:餐饮品种、价格
	历史交通流	交通量、平均车速、交通密度
	历史交通事件	类型、规模、位置、原因、处理时间
	历史气象	气温、风速、气象类型和等级
	救援信息	救援类别、救援电话
动态信息	路况	结冰、积水、积雪、养护
	交通流	交通量、平均车速、交通密度
	气象	能见度、持续时间
	事件	位置、类型、规模、原因、状态、预期结束时间
	应对措施	延误时间、绕行线路

(2) 信息服务系统分类

根据不同的分类标准，可以把智能交通信息服务系统分为不同的类型，如图3-2所示。

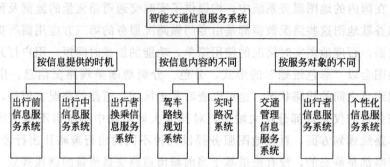

图3-2　智能交通信息服务系统分类图

① 按照向出行者提供信息服务的时机分类

a. 出行前信息服务系统　出行前信息服务系统为出行者在准备出发前就能够提供交通信息服务，这种服务信息一般为静态的，不随时间更改的。出行者出发前可以通过自身携带的计算机、手机等终端设备连接网络查询，也可以在公共交通站点的信息显示屏上获取。根据出行者的实际需求获取合适自己的出行方式、出行路径、出行时间等出行信息，为出行提供辅助参考。

b. 出行中信息服务系统　出行中信息服务系统为出行者在出发过程中提供各种交通信息服务。这种信息一般涉及部门单位，包括消防、医院、公安等，也包括基础服务机构，包括酒店、停车场等。

此类信息可以是静态的，也可以是动态的。出行者由于天气原因或者交通道路临时突发的状况等需要改变原先出行计划，就需要该系统来提供服务。系统通过语音或视频的方式向车辆驾驶者发布当前行驶地点的交通道路状况信息以及提供出行路线规划服务，让出行者在系统的指导下完成出行。

c. 出行者换乘信息服务系统　该系统主要对乘坐公交、汽车、火车、飞机等公共交通工具的出行者提供换乘信息服务。出行者可以在公共交通服务站点通过广播、信息显示屏等获取交通换乘信息服务，也可以通过互联网对公共交通工具的各种服务信息进行更加详细的查询，更快捷地获取换乘信息，从而提高乘坐公共交通的出行效率。

② 按照信息服务系统所提供的信息内容分类

a. 驾车路线规划系统　驾车路线规划系统通过对智能交通平台的交通信息进行分析处理，为车辆驾驶者提供完善的交通信息服务，为其规划符合当前交通状况的最佳行驶路线，避免其在交通道路遭遇拥堵和阻塞，从而使交通更加通畅。

b. 实时路况系统　实时路况系统是通过智能交通信息平台实时获取交通道路各种信息采集设备发送的信息，并对信息进行分析获取当前交通道路网的交通流分布情况，从而再对交通流量重新引导进行更加科学的分布，提高交通道路利用率的一种系统。此系统可以向交通管理部门和社会公众提供交通信息服务，交通管理部门通过实时路况系统对道路进行有效的管理，避免交通阻塞，社会公众可以通过当前的交通流量状况制订自己的出行路线，躲避拥堵的道路。实时路况系统能够及时地反馈交通道路实时信息，让交通道路网更加畅通。

③ 按照信息服务系统服务的对象分类

a. 交通管理信息服务系统　交通管理信息服务系统主要为交通管理部门提供交通信息服务，该系统基于智能交通平台对交通信息数据进行处理，为管理人员提供详细的路况信息，能够提供实时的城市交通道路流量，及时地发现交通拥堵及阻塞，为道路交通网的监测提供辅助。

b. 出行者信息服务系统　出行者信息服务系统的主要服务对象是公众出行者，包括自驾车出行者和乘坐公共交通工具出行者。该系统能提供完善的出行交通信息，为自驾车出行者提供最佳的出行路线，为使用公共交通工具的出行者提供换乘信息。

c. 个性化信息服务系统　此类系统主要针对有个性化需求的出行者。出行者在出行过程中如果需要获取相关的信息（如服务机构，包括酒店、停车场等）服务，可以通过访问个性化信息服务系统，及时获取需要的信息。

3.1.5　出行信息发布的技术策略

随着互联网的发展和传播模式的改变，信息可以在很短的时间内进行大规模的传播，每个人都处在信息的包围之中，信息图形顺应时代的发展，其价值在于它能够传达其他代码很难传达的信息。

对于各类交通出行信息，都有恰当的描述方式，描述信息的媒介可以分为文字、图形、音频和视频。通过对交通参与者的调查分析，对各类信息的表达效果进行比较分析后的结果见表 3-2。

表 3-2　交通出行信息的表达效果比较分析

描述对象	表达媒介			
	文字	图形	音频	视频
道路基本信息	★	★★	×	×
特殊构造物	★	★★	×	×
通行限制	×	★★	×	×
辅助信息	×	★★	×	×
历史交通流	★	★★	×	★
历史交通事件	★	★	×	★★
历史气象	★	★★	×	×
救援信息	★	★	×	×
路况	★	★	★	★
交通流	★	★★	×	★
气象	×	★★	★	×
事件	★★	★	★	×
应对措施	★★	×	★★	×

注：★表示可以采用；★★表示比较好；×表示效果不好。

图形是终端用户比较感兴趣的信息提供媒介，对于能够提供图形信息的发布终端，更容易为终端用户所接受。

交通信息图形化是一种将交通动态信息、静态数据视觉化的方法。以图形方式表现出来的交通信息可以被更高效、清晰地传递，缩短交通出行者接收交通信息的时间和提高信息接收准确性。

3.1.6 出行信息发布的方式

随着科学的发展和社会的进步，人们的通信手段日新月异，获取信息的途径也多种多样，互联网、手机、电话、广播等成为人们常用的信息工具，所以系统提供基于 Internet/呼叫中心、Internet/RSS、Web Services＞短信的相应服务，使公众能够多渠道、全方位地获取出行相关信息。

目前流行的信息发布方式，比较有代表性的有 Web 方式发布、RSS 服务方式、移动终端方式、呼叫中心服务方式、交通广播方式、视频方式、电子显示屏方式和触摸屏方式。

（1）Web 方式发布

出行者可以通过计算机获取各种交通信息，这些信息可以是文本、图片、音频或视频。出行者能以与服务系统互动的方式，获取交通信息，也可以订制各种个性化的服务。与出行者相关的所有静态信息，以及大部分动态信息都可以通过网站发布，在个人计算机上浏览。

通过网站提供的交通电子地图服务，出行者可以获取路径建议服务，以获得出行所需的行走路线。公众出行网站还提供供出行者使用的 BBS 系统，通过该系统出行者可以主动发布一些交通方面的信息，如换乘信息、车票转让信息、自助出行信息等。

Web 发布的实现主要依赖一些网络编程技术，如 HTML、Javascript、CSS、Ajax、XML 以及.Net 或者 JAVA 等高级程序语言，这些技术决定了最终 Web 站点的页面风格和所有功能。

（2）RSS 服务方式

RSS 是站点用来和其他站点之间共享内容的一种简易方式（也叫聚合内容），通常被用于新闻和其他按顺序排列的网站，例如 Blog。

一段项目的介绍可能包含新闻的全部介绍等，或者仅仅是额外的内容或者简短的介绍。这些项目的链接通常都能链接到全部的内容。网络用户可以在客户端借助于支持 RSS 的新闻聚合工具软件（例如 SharpReader、NewzCrawler、FeedDemon），在不打开网站内容页面的情况下阅读支持 RSS 输出的网站内容。网站提供 RSS 输出，有利于让用户发现网站内容的更新。

（3）移动终端方式

通过移动终端，用户几乎可以在任何无线信号覆盖的地点获取交通信息服务，而不受地域的限制。这些信息可以是文本的、图片的、声音的，既可以是以互动的方式获取服务，也可以是热线电话或订制的个性化服务。

采用移动终端技术，需要与服务运营商合作，以开发一个双向的服务系统，实现既能发送实时信息，又能对用户的信息进行反应，执行相关操作，回复相关信息。

（4）呼叫中心服务方式

用户如果在野外需要了解出行信息，又不方便上网，此时，用户可以通过拨打指定电话到呼叫中心，了解路况、气象、费用、票务等服务信息。在遇紧急情况时，可获取实时的交通救援信息。

建设呼叫中心时，由于用户在电话中等待，因此其应用的平台实时性要求高，且功能需求以常用为主，所以，需要对现有系统进行二次开发，以建立快捷、高效的子系统。

（5）交通广播方式

通过广播电台，交通部门可以把一些交通的路况信息、交通事故信息及时告知正在路上的司机，使他们了解道路通行状况，尽早地选择行驶路线，或者提醒过往的司机注意安全等。

（6）视频方式

通过这种方式，交通部门可以将重要路段、服务区、收费站等视频图像信息实时播放给出行者观看，以便他们决定出行方式。

（7）电子显示屏方式

电子显示屏主要分布在各类公共场所，例如公路、客运大厅、加油站、高速公路及航道两侧等，通过有线或无线的方式接入到信息服务部门。它可以动态地显示交通服务信息。这些服务信息可以是文字、图片、音频或视频等。通过这种方式，交通部门可以将交通信息发送到电子显示屏，路上驾车的司机可以及时地看到前面的路况信息。以公共方式出行者可以浏览票务中心提供的票务信息等。

（8）触摸屏方式

触摸屏主要分布在各类公共场所，例如车站大厅、加油站等。通过该设备，出行者可以通过交互的方式查询出行所需的交通信息。例如，出行者可以根据出行目的地和出发地查询该车站提供的车次、票价等信息。

以上8种发布方式各有优缺点，出行者可通过对比各种发布方式的优劣并结合各种交通信息、路况信息和气象信息的特点，获取所需的出行信息。移动互联网环境下的出行信息发布系统主要采用移动终端发布方式发布交通和路况等信息。

3.2 出行者信息服务系统设计开发

在此，结合实例介绍出行者信息服务系统设计开发方法，实例主要是构建一个基于B/S模式的洛阳市智能交通信息服务Web应用程序。

3.2.1 系统需求分析

（1）系统使用对象分析

交通信息服务系统根据使用对象的不同分为两类：交通道路出行者和交通道路管理者。

① 交通道路出行者　交通道路出行者可按其出行使用的交通工具分为使用公共交通车辆的出行者和自驾车的出行者以及具有特殊工作的出行者。以下对这三种出行对象在行程前和行程中的服务需求进行分析。

a. 使用公共交通车辆的出行者　在行程前，出行者需要了解公交车辆的详细信息，例如公交车辆的行驶路线、运营时间、车票费用、行驶时间等，其最终需求是查找到能到达目的地的一条最佳路线。若出行者在出行中需要进行中转换乘，则必须对其他换乘的交通信息进行了解。

在行程中，出行者需要确认当前车辆行驶路线是否正确，预计到达目的地的时间。要考虑若有突发情况是否更改原定行驶路线。若要在中途换乘，则需要车辆的换乘提示服务。

b. 自驾车的出行者　对于自驾车的出行者，需要考虑各种交通因素，以应付突发情况，所以需要大量的交通信息作为支撑，才能使整个出行过程顺利且省时。

在行程前，出行者需要了解出行路线所经过的道路交叉口以及道路交通网的状况（包括道路车辆分布情况，是否发生拥堵和交通事故等路况信息），还需要关注气象信息，以及高速公路是否关闭及其收费信息等。

在行程中，出行者需要知道到达目的地的一条最优路径或者其他备选路径，出行者可以根据自己的需求选择最优路径为最少时间或者最短距离。出行者还需要了解交通道路网的状况，所经路段是否有交通拥堵或者交通事故以及对本次出行的行程时间的预测等信息，另外在需要的情况下，还能够了解到行车路径附近的加油站、餐饮及临时休息等服务中心信息，在紧急情况下，还可以联系车辆维修公司、医院、公安等部门。

c. 具有特殊工作的出行者

ⅰ. 客货运输公司　客货运输公司一般会将运输成本作为首要的考虑因素，所以需要根据实际的运输情况对路径进行规划，通常采用最短运输距离、最少运输时间、最少运输花费以及高速公路路径等。另外路线的道路状况、应急设施也应考虑在内。

ⅱ. 应急部门　某些部门如消防、救护、安全等，在发生紧急事件时，往往需要在第一时间内赶到事发地点，如何能快速到达是应急部门首要的考虑因素。

② 交通道路管理者　交通道路管理者主要是交通管理部门以及运输管理机构，他们通过对交通道路网的交通流分布进行监测，从而能够及时对道路流量进行控制分流，避免道路发生拥堵和阻塞，从而提高道路利用率，让公众出行更加畅通和高效。

(2) 系统交通信息分析

目前随着交通出行工具的多样性，出行者对出行方式的选择除了考虑出行方式本身的方便性和高效性之外，对交通道路服务信息的丰富性和及时性也特别关注。因此，对交通道路的各种信息的有效收集和发布也变得十分重要。

公众出行的交通信息可分为 3 种：一种是静态交通信息；另一种是动态交通信息，这种信息一般变化较快；最后一种是与交通有关联的信息。

① 静态交通信息　静态交通信息是相对固定的信息，是在一段时间内变化频率较小的交通信息。

这些信息一般为路政信息，主要包括城市道路地理信息、城市道路网基础信息以及车辆保有量信息等。这些信息一般可以通过相关部门获取，如住建部、国土部、交通管理部门等，这些数据可以直接一次性上传到交通信息平台的数据库，如果实际交通道路发生状况时，再对数据库的交通信息进行更改。

② 动态交通信息　动态交通信息一般指随着时间不断动态变化的交通数据信息，主要包括规律性的动态交通信息，如某主干道路在某一时刻的车流量等道路监测工具实时监测的信息，以及具有突发性质的动态交通信息，如交通事故信息以及道路临时管制信息。

③ 关联信息　关联信息是指不与交通有直接联系但与出行者出行密切相关的其他信息，主要有节假日外出旅游、购物中心、娱乐休闲、停车场信息以及天气状况信息。

(3) 系统功能分析

交通信息服务系统用来为人们的交通出行服务，因此它的功能的构建也应该以使用对象为首要考虑因素，通过对出行者的出行行为的分析，对系统功能的建设提供基础，主要从以下 3 个方面分析系统的功能需求。

① 系统功能使用的便捷性　系统的服务对象是广大的出行者，所以其提供的功能操作应该方便、快捷、简单，让使用者不必花太多的时间去获取信息。由于目前移动互联网技术的成熟，个人以及公共服务机构使用终端设备的广泛性，所以系统要尽可能采用移动端或浏览器端进行开发。

② 系统功能的丰富性　随着现在交通出行越来越便捷，出行方式也多种多样，系统单一的功能已经远远不能满足出行者对丰富交通信息服务的需求。因此，交通信息服务系统在提供基本的交通信息的基础上，还要考虑为出行者提供一些其他功能，如出行路径规划、当前位置定位等功能。

③ 系统的个性化　对于一些有特殊需求的群体，可以有针对性地为其提供具有个性化的功能，方便其出行。如公众可以向服务部门请求订制其所需要的信息，服务部门根据其要求提供信息服务。

3.2.2　系统开发相关技术

(1) ASP.NET MVC 框架

使用微软公司的 Visual Stduio 工具开发 Web 应用程序主要有以下 2 种方式：一种是通过 ASP.NET Web Forms，另一种就是通过 ASP.NET MVC。

ASP.NET MVC 是微软公司提供的一种开发模式，开发者可以使用其开发 ASP.NET 应用程序。如图 3-3 所示。

Model：数据访问模型，包含应用程序信息。

View：视图层，供用户直接浏览。

Controller：各种动作的执行，执行后台代码。

使用 ASP.NET MVC 开发应用程序的优点：

① 更易操作 HTML 标记；

② 更方便地与 jQuery 整合，实现 Ajax 技术；

③ 创建 SEO 友好的 URLS；
④ 驱动式开发更容易。

(2) jQuery EasyUI

jQuery EasyUI 是一组基于 jQuery 的 UI 插件集合，研发 jQuery EasyUI 的目标是帮助 Web 开发者更轻松地打造出功能丰富并且美观的 UI 界面。开发者不需要编写复杂的 javascript，也不需要对 css 样式有深入的了解。

jQuery EasyUI 为网页开发提供了许多常用的 UI 组件，包括菜单、对话框、布局、表格、表单等常用的组件。

jQuery EasyUI 是在 jQuery 的基础上编写的 UI 界面插件，Web 程序开发者可以根据其提供的接口快速地制作出功能实用且美观的页面。在 jQuery EasyUI 的帮助下，开发者不需要对网页开发语言和开发工具有深入的了解，也能够快速实现相关的功能。

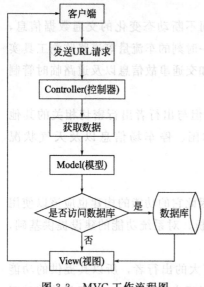

图 3-3 MVC 工作流程图

目前，jQuery EasyUI 的最新版本已更新为 1.3.5，Web 程序开发者可以登录其官方网站下载使用。

3.2.3 总体设计

交通信息服务系统的设计从总体上分为 3 个阶段：信息采集阶段、信息处理阶段以及信息发布阶段。其总体结构如图 3-4 所示。在设计过程中应考虑到以下几点。

① 交通信息服务系统作为智能交通的一部分，既要考虑系统的整体性，又要考虑其各个功能的独立性。

② 系统在设计时就考虑其使用群体，尽可能使其系统易操作，系统界面简单直观，系统功能稳定。

③ 系统还应考虑与其他相关系统的兼容性。目前，技术的更新周期短，为了能够让系统使用更长的时间，必须考虑系统的可扩展性以及与其他系统的互联性，只有这样才能使系统更加灵活。

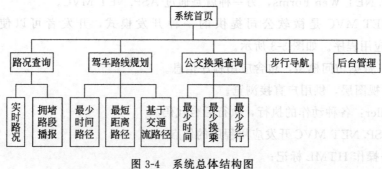

图 3-4 系统总体结构图

3.2.4 系统功能模块设计

（1）路况查询

路况查询主要实现实时路况功能和拥堵路段播报功能，实时路况通过获取城市主干道路的交通流数据，对路况的拥堵程度以不同颜色的线条进行表示。

其中路况信息每隔一段时间自动进行更新一次。路况查询流程图如图 3-5 所示。

拥堵路段播报功能在实时路况的基础上，对路段拥堵严重的道路，特别是发生阻塞的道路以滚动板的形式对其道路信息进行播报。通过对道路的名称、行驶方向以及日期时间等关键信息的显示，让出行者能够直观地了解当前的拥堵路段。

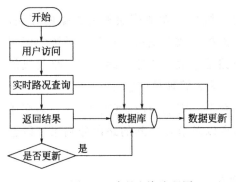

图 3-5　路况查询流程图

（2）驾车路线规划

对于自驾车的出行者，由于对出行的需求不一样，因此系统中驾车路线规划提供了 3 种出行策略，即出发地和目的地两点之间的花费时间最少的路径、距离最短的路径以及结合当前交通实时流量的路径。

对于最少时间路径和最短距离路径，使用百度 API 提供的服务接口，通过用户在查询框中分别输入"出发点"和"目标点"，系统根据用户的输入列出相近的搜索结果，用户设置好就可以查询驾车路线。

对于结合当前交通实时流量的路径，它的设计主要是依据交通道路网络模型中各路段权值的变化，应用动态路径算法计算，此路径的设计是整个系统模块的核心内容。驾车路线规划图如图 3-6 所示。

（3）公交换乘查询

公交是城市公众出行的重要交通工具，出行者主要关心从出发站到目标站的乘车方案。基于出行者的不同需求，系统提供了按不同策略的公交换乘查询，如花费最少时间、最少换乘以及最少步行等。

（4）步行导航

对于步行的出行者，不需要考虑交通流量的影响，系统提供了合适的路线，可能会包含支路以及穿过公园等情况。

（5）后台管理

系统管理员可以通过后台管理登录，查看整个道路交通的信息数据，并可以对其进行增加、删除、更新等。若道路有临时突发情况，如临时

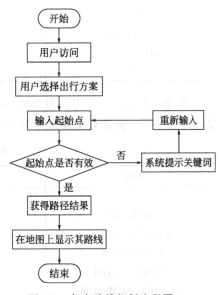

图 3-6　驾车路线规划流程图

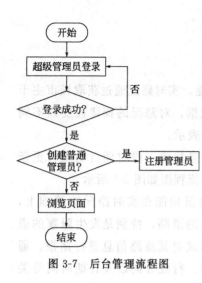

图 3-7 后台管理流程图

的道路限行以及交通事故，管理员可以通过后台系统对相关的道路交通数据进行更改。如图 3-7 所示为后台管理流程图。

3.2.5 系统数据库设计

数据库负责系统各个功能模块相关数据的存储，为系统的各种功能提供数据支持与保障。系统中用到的数据库表有道路信息表、道路经纬度表、路段权值表、道路节点信息表、管理员信息表。

在道路信息表 3-3 和道路经纬度表 3-4 中，对交通道路网络中的节点以及节点之间的路段分别用字段进行了表示。

表 3-3 道路信息表

列名	数据类型	备注
ID	int	序号（主键）
ROAD_ID	int	道路序号
ROAD_NAME	varchar(50)	道路名称
ROAD_DIR	char(1)	行驶方向
SPEED	int	平均行驶速度
ROAD_INFO	varchar(255)	道路信息

表 3-4 道路经纬度表

列名	数据类型	备注
ID	int	序号（主键）
ROAD_ID	int	道路序号
CROSS1_LONG	float	路口一经度
CROSS1_LAT	float	路口一纬度
CROSS2_LONG	float	路口二经度
CROSS2_LAT	float	路口二纬度

在路段权值表 3-5 中，对交通道路网络图中各个节点间的路段的权值进行了表示。表 3-6 和表 3-7 分别对交通道路的节点信息和节点的权值信息进行了描述。

表 3-5 路段权值表

列名	数据类型	备注
ID	int	序号（主键）
ROAD_ID	int	道路序号
ROAD_DISTANCE	float	路段距离
ROAD_SPEED	float	路段正常行驶速度
TRAFFIC_NUM	int	路段交通量
TRAFFIC_NUM_SUM	int	路段实际承载交通量

表 3-6　道路节点信息表

列名	数据类型	备注
ID	int	序号（主键）
CROSS_ID	int	道路交叉口序号
CROSS_NAME	varchar(50)	道路交叉口名称
CROSS_LONG	float	交叉口经度
CROSS_LAT	float	交叉口纬度
CROSS_GCX	varchar(10)	交叉口横坐标
CROSS_GCY	varchar(10)	交叉口纵坐标
CROSS_INFO	varchar(255)	备注信息

表 3-7　道路节点权值信息表

列名	数据类型	备注
ID	int	序号（主键）
CROSS_ID	int	道路交叉口序号
CROSS_RIGHT	float	交叉口右权值
CROSS_UP	float	交叉口上权值
CROSS_LEFT	float	交叉口左权值
CROSS_DOWN	float	交叉口下权值
CROSS_INFO	varchar(255)	备注信息

在管理员信息表 3-8 中，不同的管理员对各个功能页面的访问和操作权限不同，因此需要在数据表中记录对数据库访问的权限。管理员信息表主要包括用户名信息、权限信息、注册及登录信息等。为了保证系统的安全性，普通管理员的权限只有浏览和查询系统提供的信息，只有超级管理员才能对系统后台进行其他操作。

表 3-8　管理员信息表

列名	数据类型	备注
ID	int	序号（主键）
USER_ID	int	用户序号
USER_NAME	varchar(20)	用户名
USER_PWD	varchar(20)	密码
USER_TYPE	varchar(20)	用户权限
USER_ADDTIME	datetime	管理员注册时间
USER_LOGIN_TIME	datetime	管理员上次登录时间
USER_INFO	varchar(255)	管理员备注

3.2.6　系统实现

（1）搭建系统开发环境

操作系统：Windows 7

开发平台：.NET Framework 4.0

开发工具：VS2010

数据库：SQL Server 2008

Web 应用服务器：IIS 7.5

（2）系统功能实现

① 系统前端 UI 框架　系统前端页面的框架采用了基于 jQuery 实现的 Web UI 框架，即 jQuery EasyUI，使用版本为 jQuery EasyUI 1.3.5。默认的框架图如图 3-8 所示，在使用其框架之前，必须把其核心类引入，具体代码如下：

< script src = "../../Content/Easyui/jquery-1.8.0.min.js" type = "text/javascript">

< /script>

< script src= "../../Content/Easyui/jquery.easyui.min.js" type= "text/javascript">

< /script>

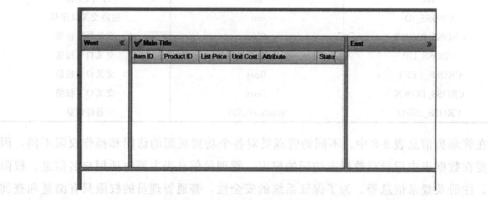

图 3-8　EasyUI 的默认框架图

② 路况查询功能的实现　主要代码如下：

```
var latlng= new Array();
latlng[0]= new BMap.Point(content.cross1_long,content.cross1_lat);
latlng[1]= new BMap.Point(content.cross2_long,content.cross2_lat);
var newlatlng= new Array(latlng[0],latlng[1]);
var polyline = new BMap.Polyline(newlatlng,{ strokeColor: col[j],
strokeWeight:2,strokeOpacity:1});
map1.addOverlay(polyline);
```

③ 驾车路线规划功能实现

a. 基于交通流的路径的实现　系统功能的实现采用 C# 语言，具体类图如图 3-9 所示。

该功能的主要类如下。

Public class AStarNode：该类用于保存当前节点的各个值及其父节点。

Public interface ICostGetter：定义一个接口，用于获取从当前节点向某个方向移动时的代价。

Public class SimpleCostGetter：实现 ICostGetter 接口，对路段权值初始化。

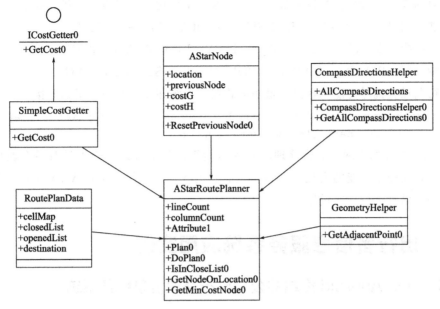

图 3-9 基于交通流的路径实现算法类图

Public class RoutePlanData：该类用于保存一次路径规划中的路径信息。

Public class AstarRoutePlanner：该类是核心类，用于执行 A*算法，生成路径。

Public static class CompassDirectionHelper：该静态类用来保存并获取节点周围所有的方向。

Public static class GeometryHelper：该静态类用于获取某个方向上的相邻节点。

b. 最短距离路径和最少时间路径的实现　两者的实现方式基本相同，以最短距离为例，创建信息窗口实例，用于选择路径规划的出发点和目的点。根据输入的起点和终点创建两个搜索实例，让用户在地图中确定准确的位置，最后进行路线的规划。

主要代码如下：

```
var startInfowin = new BMap.InfoWindow("< p class= 't-c'> < input value = '选为起点' type= 'button' onclick= 'startDeter();' /> < /p> ");
var endInfowin = new BMap.InfoWindow("< p class= 't-c'> < input value= '选为终点' type= 'button' onclick= 'endDeter();' /> < /p> ");
var startSearch = new BMap.LocalSearch(map,startOption);
var endSearch = new BMap.LocalSearch(map,endOption);
function mDriving2() {
driving2.setPolicy(BMAP_DRIVING_POLICY_LEAST_DISTANCE);
var startPlace2 = document.getElementById("startInput2").value;
var endPlace2 = document.getElementById("endInput2").value;
startSearch2.search(startPlace2);
endSearch2.search(endPlace2);
document.getElementById("box2").style.display = "block";}
```

c. 公交换乘查询和步行路径查询的实现　公交换乘查询分为三种策略出行，分别为花费时间最少、最少换乘以及最少步行。系统中使用了接口服务,代码如下。

花费时间最少:BMAP_TRANSIT_POLICY_LEAST_TIME
最少换乘:BMAP_TRANSIT_POLICY_LEAST_TRANSFER
最少步行:BMAP_TRANSIT_POLICY_LEAST_WALKING

步行路径查询尽可能选择路径最短的路线,系统在实现时采用了如下接口服务:
var walking = new BMap.WalkingRoute(map,{renderOptions:{map: map, autoViewport:true,panel:"drivingPanel_walk"}});

d. 后台管理的实现　后台管理的实现包括管理员的登录和管理员对后台数据的浏览及操作,在登录功能的实现上,为防止恶意的攻击,系统在前端 Web 页面对登录信息通过脚本语言进行一次过滤。

3.3　出行者信息服务系统应用实例

3.3.1　基于 Android 终端的公众出行交通信息服务系统

先进的出行者服务系统(advanced traveler information system,ATIS)的核心功能是实时向交通参与者提供道路信息、停车场信息以及其他的出行相关信息。出行者根据这些信息可以合理地确定出行方式以及出行路线,进而减少交通拥堵情况,防止交通堵塞的发生,最终提高人们的出行效率。Android 作为市场占有率最高的移动终端操作系统,与人们的工作、生活息息相关。有效利用 Android 移动终端将实时的动态的交通信息呈现给用户,对为人们提供交通信息服务从而优化交通资源配置尤为重要。

(1) 系统架构

系统采用 B/S 与 C/S 混合结构进行数据交换,由 Android 客户端发起请求,通过无线网络将请求数据发送到服务器端,服务器端响应客户端请求从数据库服务器提取相应数据,再经过一系列业务处理将请求的数据返回给客户端,因此本系统的物理网络架构主要由三部分组成:

① 与客户端进行数据交互的远程服务器,包括业务处理服务器以及数据库服务器;
② 作为客户端与服务器数据传输介质的无线网络服务;
③ 安装在 Android 移动终端的系统客户端。

具体的系统架构示意图如图 3-10 所示。

(2) 系统的功能

系统的主要功能包括以下几个方面:用户登录注册、实况导航、交通指数、周边路况、关注道路、行车记录、停车位查询以及地图服务功能。图 3-11 是系统的功能结构示意图。

① 用户登录注册模块　该模块主要分为用户登录、用户注册两个子功能。用户输入手机号进行账号注册,注册成功即可登录系统;注册时,使用手机注册的用户需核对验证码,验证码正确后输入密码即可注册成功。其中客户端与服务器间的数据传递采用了 MD5 加密算法,MD5 加密后的数据会产生一个 32 位的摘要串。登录模块流程图如图 3-12 所示。

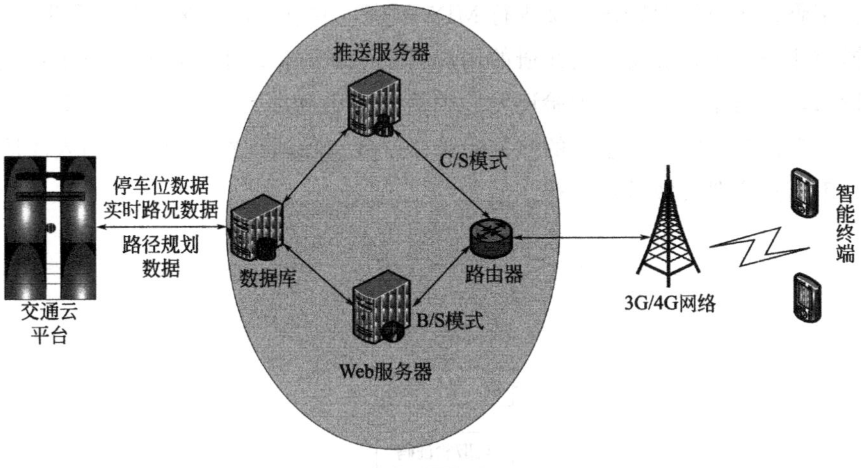

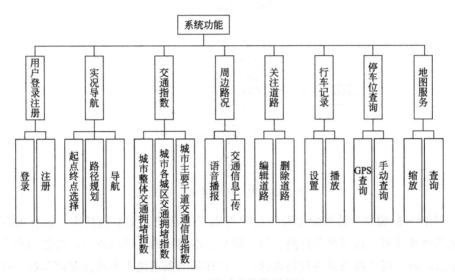

图 3-10 系统网络架构

图 3-11 系统功能结构示意图

由图 3-12 的用户登录流程图可以看出，用户登录包括以下步骤：打开用户登录界面，在文本框中输入用户名和密码；系统对消息传送采用 MD5 加密的方式进行，因此客户端对密码以加密方式传送到后台服务器，服务器根据用户名对比用户信息表中的用户名存储的用户密码（MD5加密后的密码）进行验证；验证通过进入主界面，验证失败可以重新输入用户名和密码。

注册实现流程如图 3-13 所示，其包括以下步骤：进入用户注册界面，在文本框中输入手机号码；点击获取验证码；输入

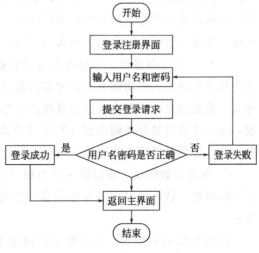

图 3-12 用户登录流程图

验证码、密码；客户端对密码明文进行 MD5 加密，并且将用户名、验证码生成 MD5 摘要串；提交注册请求，提交当前注册的用户名、注册的密码密文以及摘要串；服务器端接收到请求，根据用户名检索到验证码，根据用户名和验证码运用 MD5 算法加密生成相应的摘要串；对比客户端上传的摘要串是否一致，相同则在用户表中插入注册用户名及密码，不同则注册失败重新注册。

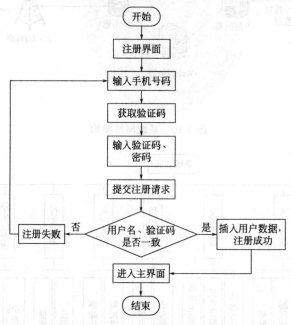

图 3-13　用户注册模块流程图

② 实况导航模块　该模块主要为用户提供导航功能，主要包括用户选择起点和终点、请求路径规划、选择规划道路、语音播报。本模块的主要特点是，根据用户发起的路径请求，给出用户两条道路规划选择，并且在每一条道路上都将路况信息在手机地图上描绘展示，以"红、黄、绿" 3 种颜色分别表示道路的"拥堵、繁忙、畅通"状态，用户可以直观地看到道路拥堵情况，从而灵活地选择最佳出行路线，同时用户在导航过程中会有语音动态播报周边道路交通情况，在用户偏离导航路线时系统会重新规划导航路线。实况导航模块流程图如图 3-14 所示。

由图 3-14 可以看出，实况导航流程包括：进入实况导航界面，设置需要导航的路线的起点和终点，该功能共有两种方式来完成起点和终点的设置，即手动选择输入起点终点、地图选点；判断输入的起点终点是否存在，不存在则生成规划路线失败，结束导航，起点终点信息存在则经过计算生成 2 条规划路线；选择已生成的规划路线进行导航，并且提供语音播报功能。

③ 交通指数模块　该模块主要为用户提供城市整体交通拥堵指数、城市各城区交通拥堵指数、城市主要干道交通信息指数等交通信息。交通指数模块流程图如图 3-15 所示。

由图 3-15 可以看出，交通指数模块的主要流程如下：用户登录，输入正确的用户登录信息；客户端获取用户所在位置的 GPS 信息；客户端将用户信息以及 GPS 定位信息提交给后台服务器；服务器根据用户提供的数据进行信息验证，验证通过服务器将计算后的交通指数信息返回给客户端，验证失败用户可以重新提交用户信息；客户端将服务器返回的数据以图表形式展示给用户。

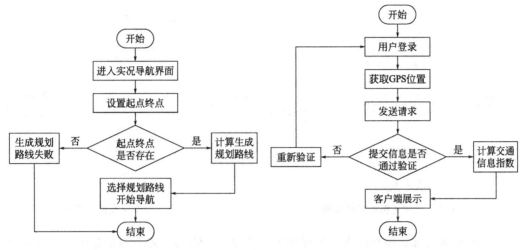

图 3-14 实况导航模块流程图　　　　图 3-15 交通指数模块流程图

④ 周边路况模块　该模块主要用于播报用户位置周边的路况信息，包括周边指数和周边道路状态，主要采用 C/S 模式进行数据的交换，客户端与服务器通过 Socket 通信，采用长连接和推送服务器进行数据交互。周边路况模块流程图如图 3-16 所示，周边路况模块主要流程如下：获取用户当前 GPS 数据；客户端将当前用户名、密码以及 GPS 数据参数通过客户端的 so 向推送服务器发送请求；推送服务器通过 Socket 接收到客户端的请求后，首先对用户的有效性进行验证，用

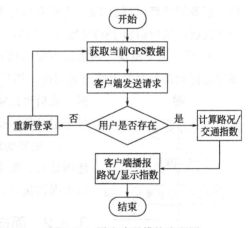

图 3-16 周边路况模块流程图

户验证通过后，服务器根据客户端上传的信息进行路况数据查询并返回给客户端。

⑤ 关注道路模块　该模块主要为用户提供个性化道路信息服务，用户通过各自需求关注不同的道路信息，对选择道路进行编辑、删除等操作。用户还可以通过该模块查看天气、交通拥堵情况、道路限行等基本出行信息。关注道路模块的流程如图 3-17 所示。

由图 3-17 可知，关注道路模块的流程如下：进入关注道路界面，对登录用户进行判断，未登录用户重新登录；登录的用户可以查看自己添加过的道路路况信息，并且可以对关注道路进行编辑、删除等工作；系统将关注道路的实时路况信息以文字的形式显示在客户端。

⑥ 停车位查询模块　该模块分为 GPS 查询和手动输入地址查询两种方式，GPS 查询方式可直接查询周边停车位信息，输入地址查询方式需手动输入需要查询的地址，两

种查询方式系统都会显示附近 1km 的停车位空余数、收费标准等信息并提供路径导航的功能。停车位查询模块流程图如图 3-18 所示。

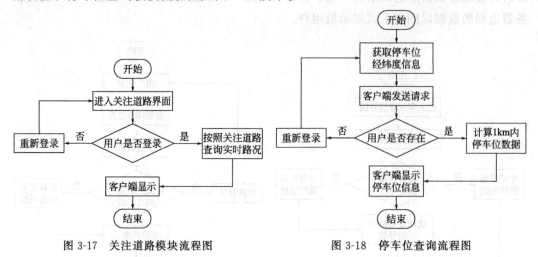

图 3-17　关注道路模块流程图　　　　图 3-18　停车位查询流程图

由图 3-18 可知，停车位查询流程如下：获取用户查询的停车位信息的经纬度；客户端将当前用户名、密码以及经纬度数据参数向服务器发送请求；用户信息验证通过后，服务器计算出周边 1km 内所有的停车位数据并且以 JSON 格式返回给客户端；客户端获取数据后解析 JSON 数据，把停车位实时数据罗列并显示在地图上。

⑦ 行车记录模块　该模块主要为用户提供出行信息视频记录功能，用户可以通过该功能记录出行时的道路交通情况，用户还可以对视频拍摄时间、拍摄画面质量进行设置，最后可以将拍摄的视频进行保存或者删除已保存的视频。行车记录仪活动图如图 3-19 所示。

⑧ 主界面地图服务功能模块　该模块为用户提供基本的地图放大、缩小、查看卫星地图以及 GPS 定位功能，由高德地图提供接口，方便用户完成地图的基本操作。

3.3.2　面向出行者的综合信息服务系统

（1）综合信息服务系统的体系结构

出行者综合信息服务系统由城市信息模块组成。城市信息模块（city all-round transportation information module，CTIM）是一个城市管辖区域内的综合交通信息、天气资讯、旅游娱乐、货物供求等出行需求信息的集成系统，既自成一体独立运作，又可与其他城市信息模块连接组成区域出行者信息系统。各城市信息模块通过交通服务总线按地理位置以地图的模式相互连接，其信息出入口为进出各城市的公路、铁路和航线（飞机和轮船），查询跨区域交通线由相同的信息出入口相连接。

城市信息模块兼有信息集成和信息发布的功能，是整合

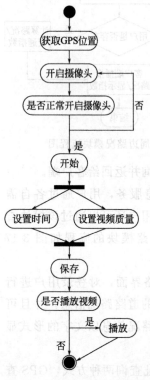

图 3-19　行车记录仪活动图

城市异构交通信息资源、研究多模式交通数据采集与融合、信息检索与发布、综合出行规划的关键技术,通过互联网、电话、车载信息终端、广播电视等多种媒体手段提供个性化的出行服务,出行前充当出行者的智能顾问,帮助出行者选择出行和换乘方案;出行中,为出行者提供电子向导、动态实时信息服务,构建一个面向各种出行者的综合性城市交通信息服务系统,及时准确地提供各种交通及出行信息,满足社会对交通信息服务的需求。

城市信息模块按照数据中心、运营中心职能分立的原则进行建设和运营,其体系结构如图3-20所示。这种分立模式可以使系统兼顾不同规模的运营需要、不同商业模式的需求,使系统在运营管理、商业运作上有充分的弹性。

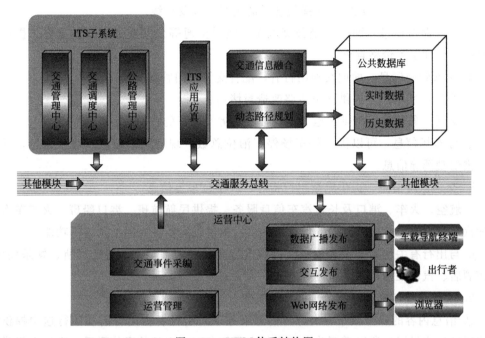

图 3-20　CTIM 体系结构图

数据中心负责交通信息的采集、融合和管理,提供高性能计算能力,支持海量数据管理、交通状态预测、动态路径规划。数据中心是整个系统的基础,包括从智能交通各个子系统采集的共享公共数据,例如城市基础地理信息、静态交通数据、动态交通数据、图形数据、统计数据等,这些数据用于支持信息发布。数据中心主要包括公共数据库、交通信息融合、动态路径规划、ITS 应用仿真共 4 个子系统。

运营中心为日常运营业务提供支撑,面向广播电视媒体、移动终端、普通出行者提供出行信息和广告服务。运营中心主要包括 Web 网络发布、数据广播发布、交互发布、交通事件采编、运营管理共 5 个子系统,是主要的信息发布中心,主要有地图、实时路况、路况预测、历史路况查询、最短时间出行方案、公交线路查询、公共设施查询及其他信息服务等。

两个中心之间通过交通服务总线实现数据交换。外部的 ITS 子系统,例如交通管理、公交调度等都通过交通服务总线实现与本系统的相互连通。

(2) 出行者信息服务的内容及功能

① 信息服务的内容　ATIS 采用单元式模块化建设，各个城市建立各自的城市信息模块，然后组织连接成区域性系统。城市信息模块必须提供以下内容，根据不同城市特点各城市还可以设城市专栏。

a. 交通路况信息　通过互联网、无线通信网、广播电视、信息显示终端，以图像、语音、文字的形式实时发送给出行者，帮助他们选择出行路线；涵盖互联网用户、手机用户、广播听众、电视观众、公共场所公众等。

b. 城市地图信息　面向不熟悉交通路线的公众和城市外来者，提供电子地图、公共交通路线地图和卫星地图信息，公共交通路线地图要明确显示要查询的公交、地铁全程路线图，方便出行者观察，选择最合适的出行方式及路线。

c. 公交路线信息　面向乘坐公交汽车、轨道交通等公共交通工具的乘客，提供公交路线站点和票务价格查询。

d. 交通管制信息　面向交通出行者，配合交管部门管理交通。

e. 交通路网信息　提供城市道路改造封堵信息。

f. 交通气象信息　提供本地天气预报及恶劣气候下的交通应急措施信息。

g. 停车场信息　可以提供停车场停车泊位总数、现空闲泊位数及收费信息，并能够提供驾驶诱导信息。

h. 交通旅游信息　提供旅游出行指导、旅游包车等信息。

i. 航空、火车、港口及长途汽车信息服务　提供民航航班、港口船班、火车车次及长途汽车车次的票价、时刻表等信息，并可以提供货运业务及网上预订等功能。

j. 与出行有关的服务设施信息　提供出行者关心的加油站、购物场所、娱乐场所、宾馆酒店、汽车维修、紧急救援等信息。

k. 城市专栏　城市特色交通引导等信息。

② 信息内容的媒介发布　出行者信息服务以向出行者在出行前和出行途中提供实时交通信息为目标，所以需要建立用户与交通信息中心之间的通信联系，由后者提供实时交通信息。信息内容的媒介发布系统可分成如下五类：

a. Internet 主页、电子邮件，即向 Internet 的访问者提供交通信息服务；

b. 区域性的广播系统，如各地的交通广播电台、有线电视频道、交通数据传呼、交通数据广播；

c. 双向的无线通信系统，如基于蜂窝技术的 GSM；

d. 局部的路边传输系统，如可变信息板；

e. 路边电话亭、专线电话或信息台，即利用电话系统向出行者提供信息咨询、交通诱导及紧急救助服务等。

③ 出行者信息服务系统功能设计　出行者信息服务系统组成及功能如图 3-21 所示。

a. 公共数据库系统　公共数据库负责对 ATIS 各子系统的共用数据组织结构和传输形式进行统一规范，并形成一个对共用数据进行组织、存储、查询、通信等管理服务的数据库系统。公共数据库包含动态数据和静态数据，负责完成数据的汇集、融合、归档，提供海量数据搜索能力；提供数据管理工具，完成备份、恢复、监视等功能。

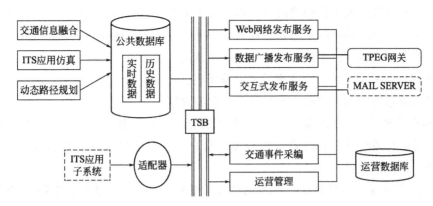

图 3-21　ATIS 系统组成及功能示意图

b. 交通服务总线　数据中心与运营中心、ITS 子系统的数据交换通过交通服务总线（transport service bus，TSB）来完成。

运营中心、ITS 子系统通过 JMS、Socket、Web Service、FTP 等接口方式向数据中心提交交通数据，保存到公共数据库中。运营中心系统也可以通过该接口进行交通信息订阅和查询，统一对外进行交通信息发布。

运营中心采用消息队列机制向数据中心订阅各种实时交通数据，根据出行者的订阅情况和数据广播内容，数据中心系统一旦接收到新的交通数据立即向运营中心系统转发，运营中心系统一旦接收到新的交通数据自动以各种方式发送给数据消费者（车载终端、外部系统等）。

c. 交通信息融合系统　为了提供出行信息服务，系统必须能采集到道路状况、交通状况和气象信息。交通状况信息包括交通流量、占有率、车速、行程时间等交通特性、交通事件和拥挤程度信息。除了交通事件、拥挤程度可由人工辅助外，其他信息都需要通过交通检测器自动采集。

通过以下多种方式结合，实现交通数据采集：
- 交叉口和路段断面检测，主要通过检测器实现；
- 有条件时利用浮动车数据；
- 集成其他已建成系统的数据，进行二次数据融合处理；
- 配合人工坐席，通过热线电话或视频监控采集交通数据并录入。

这些数据通过交通服务总线，按照标准的数据格式汇集到公共数据库。采集的数据被进行融合处理，形成信息服务所需要的数据。

d. ITS 应用仿真系统　ITS 应用仿真系统按照标准的异构系统集成接口，完整实现各异构系统与公共数据库的交互行为，为验证交通系统集成和数据共享提供方便。

e. 动态路径规划系统　动态路径规划系统通过建立路段行程时间预测模型，为用户提供出行路径指导。根据出行者的出发地和目的地，提供所有路径搭配规划方案，并推荐一个最快方案和一个最经济方案供出行者参考。

动态路径规划系统按城市信息模块的方式单元化制作，同城动态路径规划在排列组合和运筹计算的基础上综合考虑交通管制、道路封堵、城市规章制度、天气、节假日等影响因素。在保证高效出行的情况下，本着分散平均的原则制订规划方案，避免使路径规划过于集中。城际和省际动态路径规划遵循直达原则，主要规划城间起点和目的地之间的国道、省道、城市主干道、高速公路、铁路和航线等。

　　f. 交通事件采编系统　　交通事件采编系统提供道路状况、交通状况、交通事件、天气相关资讯信息的录入、修改、删除以及信息的管理。

　　g. 运营管理系统　　完成运营中心内系统的管理，根据数据中心提供的信息实时更新和发布最新交通信息，并删除过期的无效信息。运营管理包括用户管理、监播、计费、结算、统计等内容。

　　h. Web 网络发布服务系统　　Web 网络发布服务系统是一个基于浏览器/服务器结构的网站式应用系统。随着网络技术的飞速发展，越来越多的人选择网上购物查询信息。Web 网络发布随之成为交通信息发布最主要的方式，也是出行者主动获取交通信息的主要方式。网络发布信息量大，涵盖的信息面广，形式多种多样，可以通过图形示意、文字说明、语音通话的方式向出行者传递信息。出行者通过网络访问设备登录 ATIS 信息发布网站，或通过手机制式 3G 移动网络登录 ATIS 网站，在线订制、查阅、搜索和交流出行信息。ATIS 网站提供一站式服务来满足用户的所有应用程序功能需求。网站通过启用基于更改界面外观的首选项、权限和丰富选项向出行者提供个性化和可订制的体验。

　　• 会员订制服务　　出行者可以注册成为网站会员。会员可以修改自己的会员信息，设置交通相关信息的订阅方式以及信息发送时间和周期，并可订阅最新交通资讯、实时路况信息、天气资讯、交通事件等内容。在会员设定的时间点通过预定的订阅方式将信息发布给会员，让会员不管身处何时何地，都能方便实时地获取信息。

　　• 交通资讯查询　　ATIS 网站提供城市地图、旅游指导等静态信息和最新道路交通状况、交通事件、路况信息、天气资讯等动态信息。出行者可在城市电子地图中查找加油站、汽车维修厂站、医院、旅馆及购物场所、娱乐场所等。需要乘坐公交工具的出行者可以在公交线路地图中查找需要的交通方式和线路。卫星地图呈现给出行者真实的地理环境现场。另外出行者在出行前及出行中都可以查询实时交通动态信息，及时调整出行计划。

　　• 出行线路管理　　出行者根据自己经常活动的出行线路，设置出行线路所经过的主要道路（出入口），同时设置提醒时间和周期性（如周一、周二、周四）以及提醒手段（电子邮件、电话、移动便携设备等），系统根据记录订制出行线路，定期把该出行线路相关道路的路况信息、交通事件信息以及天气信息等实时以预定的方式通知用户。这样出行者可以在出行前或出行中及时获取交通相关信息，遇到交通拥堵等事件出行者及时调整出行线路或出行时间，规避交通延误风险，提高出行效率。

　　• 公共交通信息　　ATIS 网站提供公交参数列表，包括公交车线路站点与车票价格、地铁线路站点与车票价格、轮渡开行方向时间与价格。针对城际和省际出行者，网站提供长途汽车、铁路、轮船和飞机的查询链接。

　　• 出行导航　　ATIS 网站为出行者提供一个出行导航查询工具，能够查询从城市一个地点到另一个地点之间的行程规划，也可查询城际和省际出行路径规划。网站提供多种规划方案，根据实时交通信息自动规避不可执行方案，推荐最快方案和最经济方案，并显示规划方案的额外费用（路桥收费和高速费用），为自驾车和客货运输司机提供参考。

- 实时道路交通状况　以城市地图为平面，根据当前城市各道路的通行状况，以不同颜色标注区域内各道路实时交通状况。根据当前区域内主要道路的交通状况，以表格方式显示各主要道路的通行参数，如平均时速、最高时速、通行延迟等信息，并可以实时显示各交通路口（安装视频监控设备的路口）路况图片。

- 历史交通信息查询　提供城市道路最近交通状况、道路状况、交通时间信息的查询功能，并提示历史交通事故多发地点。

- 城市交通状况分析　以道路平均通行速度或道路通行能力参数综合评价城市各道路的通行性能，引导交通管理部门的管理决策、交通指挥、交通疏导等日常管理并提供数据支持，引导出行者有效地规划出行线路从而提高出行效率。

- 在线交流　ATIS 网站为用户提供在线交流平台，分为同城交流、省内交流和省际交流平台。用户可以在平台内咨询区发布配货信息、定向包车信息和拼车等出行需求信息。用户也可以在交流区在线会话、询问、讨论交通咨询等信息，以扩大信息触角，弥补网络资源的限制缺陷。

- 网站管理　网站管理系统主要负责 ATIS 网站信息的日常维护、信息录入与发布、信息查询和分析、RSS 资讯制作、信息订阅管理等，并删除过期无效信息以免对出行者产生误导。

i. 数据广播发布服务系统　将交通信息以无线数据广播（DAB、DVB 等）的方式发送到各种类型的移动、便携设备和车载接收机上，提供出行前、出行中服务。这主要包括实时道路拥堵情况、交叉路口压车情况、道路检修施工情况、高速公路封闭情况和服务站配给等信息。

j. 交互式发布服务系统　将交通信息以互联网、短信、声讯等方式发送给用户，用户可以与系统交互，订阅或取消自己需要的信息。

(3) 关键技术论证

① 系统的关键技术　系统采用的关键技术如图 3-22 所示。

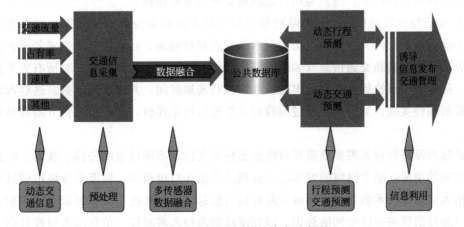

图 3-22　ATIS 系统关键技术示意图

a. 交通信息采集与数据融合技术　交通信息采集与数据融合技术可以收集实时交通数据，实时响应交通流量变化，预测交通堵塞，检测并传送交通事故信息或给出交通诱导信息。

数据融合技术是协同、利用多源信息，以获得对同一事物或目标的更客观的信息综合处理技术。融合是指采集并集成各种信息源、多媒体和多格式信息，从而生成完整、准确、及时和有效的综合信息。它比直接从各信息源得到的信息更简洁、冗余更少、更有用。

对于静态基础数据（如路网结构数据等）的处理主要是进行格式处理后以数据库或数据仓库加以存储，并定期根据需求进行维护更新，按访问权限提供查询。数据融合处理主要针对实时动态数据。在实时动态数据的基础上形成交通流历史数据库，针对历史数据库，对交通发展态势等作出趋势分析，还可进一步实现高级数据融合（二次数据融合）。

b. 交通信息发布技术　实时交通信息的发布涉及信息的采集、处理、编码、管理以及传送。广泛利用互联网、广电、固定通信、移动通信系统等多种媒体发布手段，实现在手机、电话、车载终端、计算机等设备上的灵活多样发布。

交通信息发布将围绕普适计算的理念，最终实现交通信息的随时随地访问。需要建立满足普适计算要求的信息服务框架，建立信息标准，制定数据交换格式与通信标准。

随着无线通信技术的发展，DAB（digital audio broadcasting）、DVB（digital video broadcasting）、GSM/GPRS/CDMA 以及 Mobile Internet 都可以用来传输实时交通信息，交通信息服务发布技术的研究内容之一就是集成这些传输媒介来提供实时交通服务。通过研究无线数据广播发送机制，将形成无线数据广播标准。

c. 异构系统集成技术　首先必须要解决策略和安全问题。系统的各个参与节点需要公用的协议去执行预先制定的关于资源共享的规则和策略。参与者的角色和参与者之间的关系必须有明确的定义，因此还需要一个有效的跨节点的信任和权限管理系统来管理复杂的关系。另外，在软件方面，为了有效地共享动态并且异构的资源，软件模块必须是可移植的且可互相操作的，还需要一套标准的协议来支持模块与模块、节点与节点、用户与服务提供者、用户与用户之间的信息共享和协作。

d. 动态路径规划技术　动态路径规划技术基于排列组合理论和运筹规划算法编写出动态路径规划软件。根据用户出行请求的起点和目的地，经软件计算生成若干种路径规划方案。结合最新交通信息（如封闭路段、堵塞路段和禁行路段等）对所有方案进行修正，隔离出不可执行方案，给出缘由和可执行预期时间，并作实时调整。这些都需要用计算机编程实现，另外还要通过编程对方案进行技术评价，推荐出最快方案和最经济方案。

城际省际路径规划需要获得局域网数据传输支持。不同城市的公路、铁路、航线可能有相同的情况，整个网络的城市信息模块信息出入口也很多，需要获得城市信息模块信息出入口标识技术的支持而将域内所有城市信息出入口做统一编码标识予以区别。与出入口连接的模块对应相同的标识，以方便规划路径入城对接。信息出入口按公路、铁路、航空和船舶航线做必要的分类标识，对变数较小的铁路和航线标识视具体情况少做或不做标识。

e. **高性能计算技术** 需要利用海量数据存储与处理技术，支持路况预测、路线规划、信息检索等大规模计算。

② **技术创新点** 本着"适合我国国情，提供真正对我国公众有用的出行服务"这一原则，系统主要有如下技术创新点。

a. **智能化出行需求获取技术** 研究交互式语音对话，自动辨识出行者的出行意图，准确、快速地自动捕捉出行需求，给出行者建议。

b. **实现面向个性化需求的多种交通方式下的综合诱导策略** 实时交通信息预测方法解决了无检测器路段交通量预测和交通趋势预测问题，建立路段行程时间预测模型，实现面向个性化需求的多种交通方式下的综合诱导策略。这可以为自驾车出行提供时间最短、距离最短、最经济的诱导策略以供选择，为乘坐公共交通工具的出行者提供多种换乘模式。现代城市交通系统中，多种交通工具线路混合并存，各种换乘站繁多，出行者很容易迷失在各种令人眼花缭乱的交通指示牌中。这种情况下，人们很难选择一条"最省时间"或"最经济"的出行线路。ATIS 系统的实施为多类型交通系统提供了最佳路径选择的方法。

c. **交通服务总线技术及异构系统互联标准** 交通服务总线通过公共的数据标准和服务标准，将各种交通应用系统无缝地集成在一起，是公共数据库的技术基础。

数据中心的交通信息来源于运营中心及其他智能交通（ITS）子系统，同时各子系统需要订阅和查询数据中心的交通信息。考虑到各子系统的接口多样化以及数据采集和发布的性能和稳定性，需要一个提供多种接口的交通服务总线（transport service bus, TSB）平台来将数据中心和智能交通各个子系统无缝地结合在一起，为数据采集和发布提供高可靠性和高性能的平台支持。TSB 平台提供数据的统一接入、可靠消息传递、路由转发及数据有效性验证和转换，主要包含信息服务中间件、流程处理引擎、数据路由和转换服务、多种访问接口等部分，并提供多种访问接口来连接外部系统，访问接口包括 JMS、Web Service、Socket、FTP、Mail 等。

d. **出行者信息服务技术标准** 信息服务中心与信息终端对出行信息的理解基于一套统一的信息编码方案，根据此方案，信息服务中心对出行信息进行量化处理，然后将数字化的信息传送到信息终端。终端软件按照同样的编码方案对接收到的出行信息进行解码，提取实时交通信息。技术标准如图 3-23 所示。

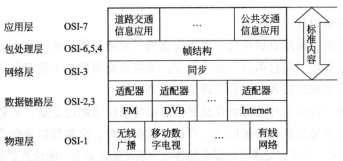

图 3-23　ATIS 技术标准

ATIS 将结合最新的多媒体数据广播技术，形成支持各种信息发布媒介的出行者信息服务技术标准：

- 建立出行者信息数据字典、消息集规范；
- 建立支持国家数字电视地面传输、数字音频广播标准的无线数据广播标准，同时支持 DAB、DTV 等多种广播数据标准。

(4) 小结

ATIS 的空间搭建模式以城市信息模块（CTIM）为单元，通过交通服务总线的连接，使 CTIM 扩展成区域性甚至全国的 ATIS 系统。

城市信息模块的微型控制器概念化使数据中心和运营中心职能分明、结构清晰。交通信息融合技术、动态路径规划技术、异构系统融合技术等的综合运用以及 ITS 子系统的协助增强了信息收集系统的功能。

在多种信息发布渠道中，互联网和 3G 移动网络技术的应用使人们更加方便全面地运用 ATIS。

3.3.3 面向出行者的辽宁省交通信息系统

交通运输作为国民经济和社会发展的基础性产业和服务性行业，必须充分发挥信息化对改造传统产业、发展现代交通运输业的支撑和保障作用，深化信息化在交通运输业的应用力度，提高政府决策管理效能和公众信息服务水平。

(1) 系统目标

优化、完善辽宁省交通厅门户网站出行服务栏目建设，实现集长途客运、城市公交、出租车、铁路、航班、水运等各种交通静态信息和实时动态信息于一体，支持出行换乘查询、出行线路规划、交通信息发布等功能，为公众提供一站式、全方位、交互式交通信息服务。

在政策、技术上探索出利用社会资源建设公众出行服务系统的方式和方法。解决内网政务地图与出行服务地图转换、私有云与公有云之间的数据传输问题。推动长途客运、城市公交、出租车企业信息化发展，并从中获取企业相关数据。

完善智能手机 APP 交通信息服务系统，利用移动互联网技术和智能手机技术，实现利用智能手机推送长途客运、城市公交、出租、铁路、航班、水运等各种交通静态信息和实时动态综合信息，让公众在出行前、旅途中都可得到全方位、交互式的综合交通信息服务。

(2) 系统总体设计

目前，辽宁省交通厅直属单位、各市交通局、交通运输企业拥有大量的交通数据和信息，上述信息仍以"信息孤岛"方式存在。为实现交通信息为民服务的价值，辽宁省交通厅需要建立面向出行者的综合交通信息服务系统。

辽宁省交通厅面向出行者的综合交通信息服务系统功能定位是：从各业务局应用系统中提取需要的交通信息，并运用统计分析、数据挖掘、多源数据融合等技术对信息进行综合处理、存储，为综合交通出行服务的各应用系统提供全方位的信息交换和共享服务。

辽宁省交通厅面向出行者的综合交通信息服务系统的组成如图 3-24 所示。

(3) 系统功能及构成

综合交通信息服务系统的主要功能如下。

① 信息采集 辽宁省交通厅面向出行者的综合交通信息服务系统从各业务局和百度公司云平台中提取各类相关信息，用于后续的信息处理和信息服务。从各业务局提取的信息主要包括道路状况信息、道路的基本信息、道路路面自然信息、联网票务信息、浮动车信息以及相应的历史数据等，所提取的信息通常不是各应用系统的原始信息，而是经过各系统处理后的二次信息。这样不仅能减少平台信息处理的工作量，而且能节省信息存储空间。

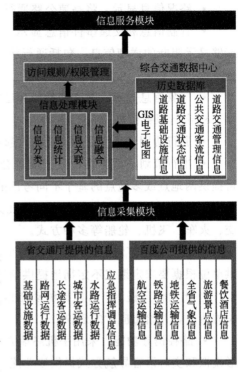

图 3-24 综合交通信息服务系统的组成

② 信息处理和存储 采用分类、统计、关联、序列分析、融合等方法，将从各应用系统提取的信息进行处理和标准化，生成满足信息发布系统需要的特定格式的信息。

对各类交通信息按照一定的规则和组织方式进行保存，便于数据的查询、更新和维护。信息存储的形式可采用传统的关系型数据库方式，也可以采用数据仓库方式。另外，由于交通信息大多与地理属性有关，因此，利用 GIS 技术对部分数据进行组织、存储和显示，可以提高数据管理的效率。

③ 信息服务 综合交通出行服务信息共享应用平台的最终目的是为公众出行提供其所需要的信息。主要实现如下功能。

a. 静态信息显示

- 线路信息显示。可以在地图上显示某条公路的地理信息，包括名称、道路等级、长度等信息。
- 服务区信息显示。在地图上以图标的形式显示服务区地理信息，点击后能够显示服务区的详细信息，包括餐厅、超市、宾馆、加油站、停车场、卫生间等信息。
- 收费站信息显示。在地图上以图标的形式显示收费站地理信息，点击后能够显示收费站的详细信息，包括入口车道数、入口 ETC 车道数、出口车道数、出口 ETC 车道数等。
- 出入口信息显示。在地图上以图标的形式显示出入口地理信息，点击后能够显示出入口的详细信息，包括下道后地名、景点名称等。
- 客运线路信息显示。在地图上能够显示客运路网信息。
- 客运站信息显示。在地图上以图标的形式显示客运站地理信息，点击后能够显示客运站的详细信息，包括联系电话等详细信息。
- 票价信息显示。在地图上能够按照客运出行方式进行出行规划，并且能够计算出出行费用。

b. 动态信息显示

- 路况信息显示。将高速公路通行状况（畅通、慢行、拥堵）信息在地图上展示。
- 管制信息和交通事件信息显示。在地图上以图标的形式显示阻断信息，点击后能够显示阻断的详细信息，包括通行状态、预计恢复时间、涉及路段、处理措施、详细信息等。
- 气象信息显示。结合气象局和辽宁省气象站的气象数据得到公路气象信息。

c. 出行服务信息

- 通行费用计算。在地图上输入起点和终点能够根据不同车型计算出通行费用。
- 出行策划。需要在地图上实现公共交通、驾车和步行等多种出行方式的策划，可提供两地点或多地点的基于不同考虑的最优路径，如距离最短路径、旅行时间最短路径、资费最低路径，同时还可以提供几条次优路径以供备选，其中，公共交通包括公交、火车、飞机、轮船等多种方式。
- 出行信息订制。公众出行者可向服务提供单位请求订制其所需的信息，服务提供单位根据要求定期或不定期地提供信息服务。
- 出行信息提示。可以提供动态信息，例如发生特殊情况时，通知公众出行者相关的情报，并给出应对的建议。
- 路径诱导功能。采用手机终端方式，需要 GPS 定位装置确定目前位置，采用图形模拟和实时语音导航方式提供该功能。
- 根据位置信息，搜索最近处的驾校、检测站，显示驾校、检测站的详细信息。
- 结合街景图或三维图实现互通立交通行示意。现有"路书"工具可以实现在起点和终点之间沿路线的 marker 运动。
- 全景地图。在地图上能够显示指定地点的全景地图。
- 景点查询。在地图上能够显示景点的详细信息。
- 应急救助功能。在发生紧急情况时（如事故时），可以向服务提供单位发出求助请求，服务单位根据情况提供应急服务。

(4) 关键技术

① 基于大数据的出行行为分析技术 基于海量用户位置信息的用户行为分析，能够更准确地描绘用户属性，为用户提供更加精准的信息服务，同时也能够从群体行为中学习知识，提供更为智能的交通信息服务。

该技术主要有以下关键技术点。

a. 停留点/常驻点识别 通过用户大量轨迹点识别停留点与常驻点，并根据周边 POI 等信息赋予语义信息。

b. 用户轨迹还原与分类 通过用户较为稀疏的轨迹点，还原出用户的真实运动轨迹，并根据特征值识别用户的出行模式。

c. 基于大数据的用户兴趣偏好挖掘 通过海量用户的出行与停留等信息，结合用户其他互联网行为（搜索等），挖掘用户兴趣偏好。

d. 基于大数据的交通路况信息挖掘 通过海量用户出行轨迹和位置信息，结合路网中布设的传感器数据等信息挖掘当前的道路交通状况，并提供短时间内的交通信息预测服务。

　　e. 基于大数据的出行到达时间估计　　通过学习大量用户轨迹到达时间与时空环境等因素的关系，更加准确地估计用户出行的到达时间。

　　f. 基于大数据的智能出行规划　　通过学习大量用户的出行经验，结合当前或短时间内的道路交通状况，提供更加智能的出行路径规划。

　　② 驾车出行路径规划技术　　导航服务目前利用对地图基础数据的抽象建模，提供给用户从 A 到 B 的路线，解决用户出行"怎么去"的问题，并在形成过程中提供实时引导信息。

　　该技术主要有以下关键技术点。

　　a. 全自动化的数据上线　　利用综合数据运营整合平台、高效的数据处理平台，整个导航数据上线时间小于 1 天，目前关键道路更新较快。

　　b. 领先的 CH 规划算法　　摆脱对数据的属性依赖，解决路径规划绕路、失败及不合理等问题。

　　c. 大数据应用　　通过对大数据的挖掘，解决对道路通行能力的合理评估问题，大大提升路线时间估计的准确率。

　　d. 合理的路线检索架构　　通过对召回、rank 策略上的剥离，更合理地满足用户个性化的需求。

　　③ 基于位置推送的信息服务技术　　基于位置的推送服务和定位服务配合使用，支持长连接方式回传位置和信息推送，用最低的成本为用户提供最好的推送体验。

　　该技术主要有以下关键技术点。

　　a. 长连接推送　　采用 TCP/IP 长连接进行消息推送。比起 http 协议，可省 90% 的流量，同时可以实时向客户端推送消息。

　　b. 全异步架构　　系统设计从客户端状态到 Linux 网络层，再到后端逻辑层，全采用异步架构，实现超高并发，单台服务器可以提供超过 100 万的终端在线。

　　c. 在线、离线功能分离　　在线位置回传、推送逻辑与离线索引构建、数据传输、统计等相分离。

　　④ 交通出行资源数据评估技术　　交通出行资源数据评估，是对交通数据是否有用、对提升服务是否有帮助的评估。目前，在对实时公交、浮动车等数据的评估基础上，逐步建立起对交通出行资源数据评估的体系，对于交通出行数据，能够在较快的时间内评估其是否可用，其价值如何。

　　该技术主要有以下关键技术点。

　　a. 宏观评估　　对获取的交通出行数据，从数据规模、数据精度、覆盖地域大小、地域大小对数据的要求几个角度，从宏观层面来评估数据的价值，评估其对于出行是否有贡献。

　　b. 微观评估　　对获取的交通出行数据，从应用层面分析，结合数据具体情况，评估其对产品提升是否有帮助。若有帮助，可在具体哪些方面对城市、城际的交通出行提供帮助。

　　c. 小流量灰度发布评估　　把基于异源数据的服务、基于新源数据的服务，小流量投放到指定范围,根据用户使用量的变化,评估数据质量,这样做不影响全局用户的体验。

⑤ 多源交通数据质量管理技术　多源交通数据质量管理技术是针对采集得到的交通流数据进行属性分析,就其中的错误、不规则时间点和丢失信息进行修正和补齐,并且融合多源信息,尽可能提高数据的准确程度。本示范工程在交通流数据的采集和管理过程中,通过定性手段来预先保障交通流数据的质量,制定交通流数据质量控制工作的实施策略,从而在数据采集端预先解决数据质量问题。通过技术、体制和政策3个层面,从操作角度提出有助于数据质量管理工作开展的实施策略,作为实现交通流数据质量管理的辅助手段,更有利于从源头上根本解决数据质量问题。

3.3.4　江西永武高速公路西海服务区出行者交通信息服务系统

根据《庐山西海高速公路安全绿色交通科技示范工程实施方案》中提出的"绿色交通科技示范与宣传基地和公路旅游景点建设"实施内容及要求,充分利用现有高速公路多媒体交通出行信息服务系统的技术,针对江西永武高速公路西海服务区的出行特点,设计并实现服务区自助式(触摸屏)出行信息服务系统。其主要目的是为社会公众出行提供自助式的出行信息服务,为出行人员提供路况信息、出行路线、交通天气、办事指南、政策法规、经营服务等服务信息,有效解决出行人员特别是在出行途中的司乘人员的出行困难,有效疏导出行车辆,缓解因交通事故等原因而造成的大量旅客滞留,方便出行人员办理高速公路各项业务,提升服务区经营服务效率,全面提升庐山西海高速公路的公众出行服务水平。

(1) 系统概况

① 系统功能　永武高速公路全长 104.487km,途经九江市的永修、武宁2个县13个乡(镇、场)。全线按双向4车道高速公路标准设计,设计行车速度80km/h,路基宽度24.5m;全线路基土石方数量 $1700.62\times10^4m^3$,共有桥梁18918m(95座),其中大桥14859m(49座)、中桥576m(9座)、分离立交3483m(37座),涵洞通道518道;全线共设置互通立交7处,其中枢纽互通2处,服务区互通1处;全线共设中心服务区1处、匝道收费站及管理所5处、监控管理分中心1处、养护工区1处。

根据《庐山西海高速公路安全绿色交通科技示范工程实施方案》中的各项智能交通创新技术,在统一的三维GIS展示平台上进行集成开发,围绕数据采集、路网管理与应急处置、信息发布3个方面展开。江西永武高速公路西海服务区基于触摸屏的出行者交通信息服务系统与科技示范成果、旅游资源管理、三维地理信息系统高效集成。鉴于出行行为多样性,交通出行者需要了解当地旅游资源、实时路况,必要时出行者需要同相关部门进行一些互动,使庐山西海高速公路成为一条安全绿色交通科技示范路。系统的主要设计功能如图 3-25 所示。

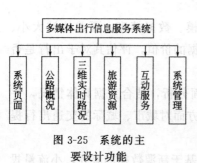

图 3-25　系统的主要设计功能

a. 系统页面　首页显示庐山西海多媒体出行交通信息服务系统,以动态按钮形式显示公路概况、三维实时路况、旅游资源等信息,点击按钮进入各功能模块进行信息服务显示。

b. 公路概况　基于三维地理信息系统的公路概况展示，查询工程概况及重点路段如西海服务区、科技示范技术实施路段的三维模型及实景照片、影像等。

c. 三维实时路况　实时路况信息发布，服务区提供实时路况、道路阻断管制等与出行者密切相关的服务内容，用绿色、黄色和红色3种颜色来表征路段的通行状态，为出行者制订或修改出行计划提供及时准确的诱导信息。

d. 旅游资源　旅游资源介绍及查询，游客服务中心的电话和简介，旅游景点基本情况介绍、地理位置、门票价格、开放时间、旅游交通解决方案（包括可选的出行方式，各出行方式的出行线路、建议、出行时间参考、价格参考）、景点周围设施信息以及与旅游网站的链接。

e. 互动服务　96122互动服务，服务区智能查询触摸屏计算机配置语音卡，连接交通专网内线电话链路，实现计算机控制拨通96122服务功能。

② 系统总体设计　按照要求，触摸屏多媒体出行信息服务系统采用B/S结构连接高速公路服务器管理中心，触摸屏通过浏览器内网访问后台服务器，进行各种应用服务，实现服务器集中部署统一维护。由于该出行服务信息系统中实时路况是以三维的方式显示，为了和现有三维地理信息系统中的实时路况保持一致，因此该实时路况功能模块是一个封装后的exe程序，当运行后该程序访问高速公路管理中心三维地理信息系统所在的路况信息数据库显示当前路况信息，如图3-26所示。

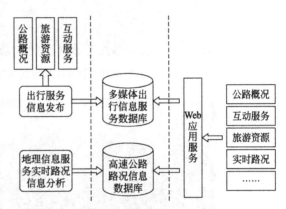

图3-26　多媒体出行信息服务系统软件结构图

多媒体出行信息服务系统由信息发布和出行服务两大部分组成，其主要的数据来源为高速公路实时路况分析平台数据库和出行信息服务发布功能提供的信息。多媒体出行信息发布模块，面向高速公路后台信息发布和管理人员，出行服务主要针对高速公路实时路况分析平台提供的实时路况数据进行提取处理，旅游资源信息包括景区、景点信息发布等内容。

(2) 多媒体系统运行环境

江西永武高速公路西海服务区基于触摸屏的出行者交通信息服务系统采用TOMCAT6.0作为Web运行服务器；SQLSERVER2008作为时空信息和属性信息数据库；将Windows系列＋IE6.0以上作为系统客户端服务平台。采用集中式的B/S模式具有投资少、便于系统升级维护、功能扩展性强等特点。按照系统软件结构图以及系统部署的相关要求，拟订了系统网络部署结构图。

通过部署在上高高速公路管理中心的一台服务器对高速公路视频数据进行处理，分析该路段的交通状态，并预测没有部署摄像机路段的交通状态，并将整条道路的交通运行状态数据在庐山西海高速公路管理三维系统中进行展示，通过数据压缩包发送至江西永武高速公路西海服务区基于触摸屏的出行者交通信息服务系统，用户通过自助式触摸屏就可以实时获取高速公路各个路段的行车速度，为其驾车出行提供了必要的帮助。

多媒体出行信息服务系统采用管理中心集中式的模式，通过在西海服务区的多媒体出行信息系统，触摸屏信息发布终端通过 Web 的方式连接到管理中心部署在内网的服务器的多媒体出行信息服务系统。图 3-27、图 3-28 是江西永武高速公路西海服务区基于触摸屏的出行者交通信息服务系统的图形界面。

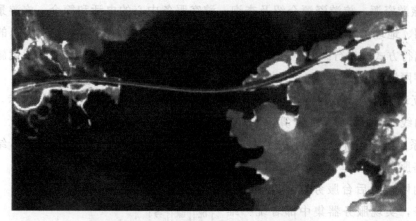

图 3-27　触摸屏显示的永武高速公路交通状态

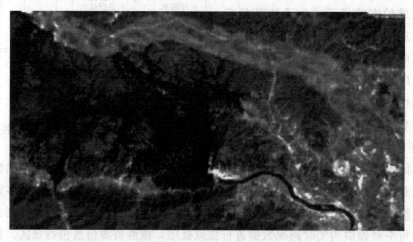

图 3-28　触摸屏显示的永武高速公路遥感示意

利用西海服务器的触摸屏可查询示范工程概况及重点路段如西海服务区、科技示范技术实施路段的三维模型及实景照片、影像等。

（3）小结

江西永武高速公路西海服务区基于触摸屏的出行者交通信息服务系统经过测试和试运行，达到了项目预期效果。通过将热线电话内嵌入本项目开发的基于触摸屏的出行者交通信息服务系统，实现了热线电话 96122 的直播，并实现了永武高速公路动态交通信息的实时查询和动态展示，给出行人员、游客查询出行信息提供较大的帮助及服务。

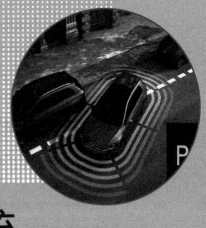

第4章
智能城市公共交通系统

随着城市车辆的日益增多,城市交通问题层出不穷,公交系统作为城市交通系统的重要组成部分面临的问题尤为突出,智能化公交系统,改善乘客用户体验迫在眉睫。现有公交系统存在以下问题:公交站牌只提供固定的静态的停靠信息,乘客无法通过站牌信息有效规划自己的行程;现有公交系统提供的信息有限,乘客无法及时得到计划乘坐的公交车目前的位置信息和车内乘车环境信息,这样容易造成乘客盲目的等待;公交管理部门和公交调度中心也无法高效地管理和调度公交车辆,无法实时掌握公交车辆运营的具体状况,无法在必要时根据车辆运行情况进行调度,这也使得管理者不能及时对公交系统进行优化。城市公交系统的功能亟待进一步完善。

为了解决以上问题,国内外已经有许多解决方案被提出,如基于无线传输技术和GPRS 技术的智能公交系统;基于 GPS/北斗卫星导航系统和 GPRS 技术的智能公交系统。按所采用的控制器,现有智能公交系统可分为基于单片机的智能公交系统和基于ARM 的智能公交系统。

4.1 先进的公共交通系统

先进的公共交通系统(advanced public transportation systems,APTS),就是在公交网络分配、公交调度等关键基础理论研究的前提下,利用系统工程的理论和方法,将现代通信、信息、电子、控制、计算机、网络、GPS、GIS 等高新科技集成应用于公共交通系统,并通过建立公共交通智能化调度系统、公共交通信息服务系统、公交电子收费系统等,实现公共交通调度、运营、管理的信息化、现代化和智能化,为出行者提供更加安全、舒适、便捷的公共交通服务,从而吸引公交出行,缓解城市交通拥挤,有效解决城市交通问题,创造更大的社会和经济效益。

作为 ITS 研究的一项重要内容,APTS 主要以出行者和公交车辆为服务对象。对于出行者而言,APTS 通过采集与处理动态(例如客流量、交通流量、车辆位置、紧急事件的地点等)和静态交通信息(例如交通法规、道路管制措施、大型公交出行生成地的位置等),通过多种媒体为出行者提供动态和静态公共交通信息(例如发车时刻表、换乘路线、出行最佳路径等),从而达到规划出行、最优路线选择、避免交通拥挤、节约出行时间的目的。对于公交车辆而言,APTS主要实现对其动态监控、实时调度、科学管理等功能,从而达到提高公交服务水平的目的。

4.1.1 先进的公共交通系统体系结构

结合国内外APTS的研究现状,对城市公交智能化调度和系统优化设计应包括以下内容。

(1) 城市公交系统优化与设计

对公交线网布局、线路公交方式配置、站点布置、发车间隔确定、票价的制订等进行优化和设计,从规划方面提高公交服务水平。

(2) 城市公交自动化调度系统研究

包括公交车辆定位系统、电子站牌和主控中心的监视与通信系统,其主要功能是实现公交车辆的自动调度和指挥,保证车辆的准点运行,并使出行者能够通过电子站牌了解车辆的到达时刻,从而节约出行者的等车时间。

(3) 城市公交信息服务系统

通过媒体(如可变信息牌、信息台、互联网等)将公交信息(如出行线路、换乘点、票价、车型等)发布出去,使公交出行者可以很方便地获得这些信息,从而吸引公共交通出行。

(4) 城市公交服务水平评价

建立一套科学评价公交系统服务水平的指标体系。这套指标体系既是公交系统的评价标准,又是公交系统建设的依据。利用它对公交系统的经济效益、社会效益、服务质量等方面进行评价。

通过以上技术的研发,可构成如图4-1所示的APTS体系结构。

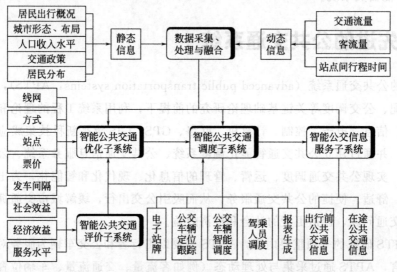

图4-1 先进的公共交通系统(APTS)体系结构

4.1.2 先进的公共交通系统应用的典型技术

先进的公共交通系统应用了以下关键技术。

(1) 自动乘客计数器

自动乘客计数器是一种完善的自动采集手段，用来采集乘客上下车的时间和位置数据。但是，只有少数车辆使用此设备。自动乘客计数系统由三部分构成：计数方法、定位技术和数据管理。两种最常见的计数器是踏板垫和红外线。

自动乘客计数器的数据有许多功能，包括实时的和延迟的。这些功能主要指：及时调整调度人员的决策、为实时乘客信息系统提供数据、生成未来时刻表、为乘客提供下班车位置以及车队计划。

可以预计自动乘客计数器能够带来如下好处：降低数据采集的成本、增加可利用的数据类型、减少数据处理的时间和工作量、有助于生成更好的服务计划而提高整个运营系统的效率。

第一代的自动乘客计数器早在 1973 年之前就已经开始使用，其中的一些系统现在仍在使用，只是设备已经更新。20 世纪 90 年代在使用自动乘客计数器的时候，通常将其融入自动车辆定位系统。无论使用者是否采集实时数据，定位和数据传输技术还是使自动乘客计数器系统的成本大大降低，增加其经济可行性。

(2) 公交运营软件

公交运营软件能够使许多公交功能和模式实现自动化并有序整合在一起。计算机应用诸如计算机辅助调度、服务监视监控、数据获取、包括提供数据的 AFG 技术，能够提高运营调度、时刻表制订、作业计划、顾客服务等功能的执行效率。

① 固定线路的公共汽车　固定线路的公共汽车运营软件发展迅速，包括从传统的运行划分、运营者命令处理、时间记录、调度软件到综合车队管理应用。由于使用全球定位系统技术，设计这样的软件有助于做出实时的运营决策和满足其他运输决策的需要。

与自动车辆定位相配合的计算机辅助设计软件，还有助于对车队中每一辆车的实时状态进行跟踪，不仅运营商和调度人员能够在实时状态的及时更新中受益，而且顾客也能够通过信息系统从中得到便利。计算机辅助设计系统还能够提供历史运营数据的档案存储和目标恢复。

② 轨道交通　轨道交通系统的运营软件通常依赖于已有的或更新的监控数据采集系统（supervisory control and data acquistion systems，SCADA），其中包括可以切换信号显示和互锁的路边监视器、基于电子和机械子系统的路边传感器和可以处理显示数据的软件。这些功能部件使监控数据采集系统和其他控制系统整合在一起，诸如自动车辆控制、自动车辆辨识、交通信号环形检测器（用于平面交叉口的轻轨信号优先）和自动车辆调度。

轨道交通系统的运营软件在不断更新，和运营控制中心的建设与改进密切相关。其中，调度控制台和大屏幕显示墙的建造使调度员、管理员、紧急事件处理人员以及其他相关人员能够看到车辆的实时位置并了解机械电子子系统的状态。

③ 合乘　美国鼓励实施合乘运营软件系统，包括时刻表制订和调度软件，以提高合乘模式下车辆响应需求的性能和乘客运载能力。顾客可以通过按键电话、个人计算机、国际互联网和电子邮件等各种设备和途径来进行预约或检查所预约车辆的状态，获得时刻信息。

高端系统已经综合运用 AVL、GPS 和先进通信系统形成自动时刻表和调度软件，因此，调度员的作用只局限于某些特殊情况，如顾客取消预约或车辆取消运行。系统本身能够自动地通过电话接受预约、安排车辆运行时刻并将时刻表通知给驾驶员。某些系统还能够处理固定线路服务任务。

在一些系统中，顾客还可以通过电话、互联网和电子邮件与调度员通话或进行信息查询。

他们不仅能够进行预约，还能够查询出行费用和车辆到达时刻并有权取消预约。

（3）交通信号优先策略

交通信号优先策略技术是指交通信号绿灯延长或比预定方案启动提前，以便某些特定车辆迅速通过交叉口。对于处理紧急事件的车辆，这种技术已经使用很多年。对于公共交通来说，给予公共汽车和轻轨信号优先有助于它们按时运行和避免拥堵。

公共交通信号优先策略有其自己特定的内容，有许多交通运输专家关注街道交叉口的堵塞问题，在 20 世纪 70 年代，曾经在公共交通领域尝试过很多优先策略。在 90 年代，该技术进展迅速，现代交通信号优先策略通常作为自动车辆定位系统的一部分。这样就可以进行有选择的信号优先，只给那些晚点的公交车辆以信号优先。

4.1.3　智能化调度系统

（1）公交车辆调度概况

目前，我国绝大部分城市公共交通调度工作还是采用传统的调度方法。一般模式是：首先根据客流调查基础数据、时间、季节等因素，凭借调度人员的经验，划定客流高峰、平峰和低峰期，在各个时间段内，采用定点发车的方法调度车辆；每天每辆车有一份小路单，车辆在始发站和终点站由调度人员人工签单，记录发车、到达、晚点、驾乘人员、维修等数据；当天营运结束后，由统计员统计成大路单交给车队。这种模式主要凭借调度人员的经验进行调度，不仅工作任务繁重，而且由于没有充分考虑实时客流情况，经常出现乘客等车时间过长（发车间隔过大）或车辆满载率过低（发车间隔过小）等情况，从而造成公交服务水平低下，客流日益减少。仔细分析传统的调度方法，造成这种状态的根本原因就是信息不畅。公交车辆（主要指地面公交车辆，如公共汽车、小公共汽车、无轨电车等）与调度部门之间没有必要的信息沟通，一旦车辆从始发站发出，便与调度部门失去联系，调度员也无法知道车辆在道路上的运行信息（如车辆位置、承载情况等），如果想考察车辆的正点率，只能在主要站点派驻记录人员，按照车辆在始发站的发车时间和车辆到达主要站点的既定时间进行计算，在规定的误差范围内，就认为是正点运行。这样做不仅要花费大量的人力、物力，而且记录结果难免有主观因素在内，很难保证其准确性。如果车辆在行驶过程中出现如交通阻塞、事故、交通需求突然增加等紧急情况时，无法与调度部门取得联系，致使某些公交车辆超员行驶，某些车辆利用率不足,这都会造成正点率下降。因而,没有实时的交通信息,实时调度也就无从谈起。智能化调度系统公交车辆调度是公交企业最基础、最重要的运营工作,包括公交线路的发车间隔和发车方式。

公共交通智能化调度系统就是利用先进的技术手段,动态地获取实时交通信息,实现对车辆的实时监控和调度,它是公交车辆调度的发展模式,是公共交通实现科学化、现代化、智能化管理的重要标志。

公共交通智能化调度系统是智能公共交通系统的核心子系统。它是在对公交车辆实时调度理论和方法研究的基础上,综合运用通信、信息、控制、计算机网络、CPS/GIS等现代高新技术,根据实时的客流信息、车辆位置信息、交通状态信息等,通过对公交车辆的实时监控、调度指挥,实现对公交车辆的智能化管理,并通过电子站牌及时准确地向乘客提供下班车的预计到达时间,从而使公交车辆运行有序、平稳、高效、协调,提高公交系统总体服务水平,实现资源的合理配置,提高公交企业的经济效益和社会效益。

(2) 系统构成

公交智能化调度系统主要由公交调度中心、分调度中心、车载移动站和电子站牌等几部分构成。

① 公交调度中心 公交调度中心主要由信息服务系统、地理信息系统、大屏幕显示系统、协调调度系统和紧急情况处理系统组成。信息服务系统负责向用户提供公交信息,如出行前乘车信息、换乘信息、行车时刻表信息、票价信息。地理信息系统接收定位数据,完成车辆信息的地图映射。其功能包括地理信息和数据信息的输入输出、地图的显示与编辑、车辆道路等信息查询、数据库维护、GPS 数据的接收与处理、GPS 数据的地图匹配、车辆状态信息的处理显示、车辆运行数据的保存及管理等。大屏幕显示系统主要是实时显示车辆运行状态。当出现紧急情况时,协调调度系统向分调度中心发出指令,合理调配车辆。紧急情况处理系统接收到分调度中心发来的紧急情况信息时,及时与交通管控中心和紧急救援中心联系,完成紧急情况处理任务。系统组成如图 4-2 所示。

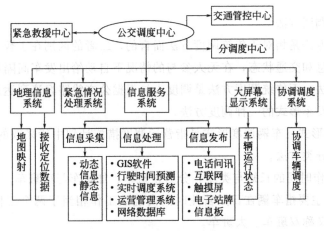

图 4-2 公交调度中心系统组成

② 分调度中心　分调度中心由车辆定位与调度系统、地理信息系统两部分组成。车辆定位与调度系统负责完成本调度中心所辖车辆的定位与监控、与车辆双向通信、向车辆发送调度指令、向电子站牌发送数据等功能。地理信息系统与调度中心中地理信息系统功能相同，只是范围要小些。系统框图如图 4-3 所示。

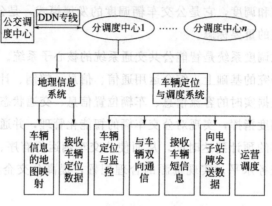

图 4-3　分调度中心系统框图

③ 车载移动站　采用差分 GPS 技术进行定位。车载移动站（包括 GPS 接收机、单片机、无线 MODEM、数据语音通信电台等设备，如图 4-4 所示）安装于移动的公交车辆上，可以在无人干预的情况下自动完成运动车辆的定位和定位信息的回传。必要时，可以向分调度中心提供短信息。如果需要可以留出接口用于外接车载显示设备。

④ 电子站牌　电子站牌负责接收和显示下班车到站信息和服务信息，由 1 套 MODEM/电台、单片机、电子显示站牌组成，如图 4-5 所示。单片机的作用是接收信息，将其处理后送到电子站牌上显示。电子站牌采用滚动信息工作方式，除了可以显示车辆运行信息外，还可以显示其他信息，如日期与时间、气象预报以及广告等。

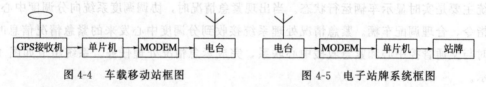

图 4-4　车载移动站框图　　　　　　图 4-5　电子站牌系统框图

(3) 智能化调度方法

智能化调度方法是相对于传统调度方法而言的，二者的区别在于智能化调度方法是根据实时客流信息和交通状态，在无人参与的情况下自动给出发车间隔和调度形式的一种全新的调度方法。而传统调度方法是调度人员根据公交线路客流到达规律，凭借经验确定发车间隔和发车形式的一种调度方法。

① 车辆调度形式　车辆调度形式是指营运调度措施计划中所采取的运输组织形式，基本上可有两种分类方法。

a. 按车辆工作时间的长短与类型，分为正班车、加班车与夜班车。

• 正班车：主要指车辆在日间营业时间内连续工作相当于两个工作班的一种基本调度形式，所以又称双班车、大班车。

• 加班车：指车辆仅在某段营业时间内（如客流早晚高峰时间）上线工作，并且一日内累计工作时间相当于一个工作班的一种辅助调度形式，所以又称单班车。
- 夜班车：指车辆在夜间上线工作的一种调度形式，常与日间加班车相兼组织，夜班车连续工作时间相当于一个工作班。

b. 按车辆运行与停站方式，可分为全程车、区间车、快车、定班车、跨线车等。
- 全程车：指车辆从线路起点发车直到终点站为止，必须在沿线按固定停车站依次停靠，并驶满全程的一种基本调度形式，因此又称慢车。
- 区间车：指车辆仅行驶线路上某一客流量高的路段或区段的一种辅助调度形式。
- 快车：是为适应沿线长乘距乘车需要，采取的一种越站快速运行的调度形式，包括大站（快）车与直达（快）车两种形式，分别指车辆仅在沿线乘客集散量较大的站点停靠和在其间直接运行的调度形式。
- 定班车：是为接送有关单位职工上下班或学生上下学而组织的一种专线调度形式。车辆按规定时间、定路线、定班次和定站点的原则进行运行。
- 跨线车：是为平衡相邻线路之间客流负荷，减少乘客转乘而组织的一种车辆跨线运行的调度形式。

② 实时放车调度　实时放车调度问题（real-time deadheading problem，RTDP）是目前国际上调度理论方面研究的热点。实时放车调度问题是指车辆空车从始发站出发，经过数个公交站点后，开始按站点次序依次停车的调度形式。放车调度形式主要解决停靠车站的乘客拥挤问题。当一辆公交车被放车调度时，可以减少在停靠站点的发车间隔。前面介绍的快车调度形式也是越过一些站点，但快车可以在任意站点开始越站。而放车调度开始于终点站，当所有乘客都已下车，且在车辆离开始发站之前发布放车调度指令。这里始发站可以是全线路的始发站或是返程的始发站。采取放车调度形式的根本出发点就是减少停靠站点上候车乘客的等车时间，但放车调度形式延长了车辆所越过的站点上乘客的等车时间。同时，放车调度也损失了被越过路段上的客流量。因此，是否采取放车调度形式需要权衡利弊，这就需要建立实时放车调度模型的目标函数。实时放车调度就是在给定的时间内决定车辆是否应当放车调度，每辆空车应当越过多少站，使乘客所付费用极小化。

③ 紧急情况实时调度　当公交车在运营过程中遇到交通事故、重大事件等紧急情况时，会出现客流突然增加的情况，致使某班公交车出现拥挤而产生延误。如图 4-6 所示，第 i 辆公交车由于客流突然增加造成初始延误。在传统调度方式下，调度人员无法知道紧急情况的出现，其他车辆仍然按照固定的发车间隔运行。这样，一方面使得这班公交车出现晚点，特别是由于该车车内乘客明显多于其他车辆，到达后面站点的停靠时间也会多于其他车辆，这样到达终点站时，实际延误会更长。另一方面，由于这班公交车的晚点运行，使得整个车队运行不平稳，导致从第 i 个站点开始的剩余站点上的公交乘客平均等车时间延长。

面对这种情况，可以采取以下几种调度方案。

［方案 1］前车加大站点停靠时间法。当出现紧急情况时，调度中心会接收到延误车辆的信息。调度人员可以根据实际情况，调度前两班车加大站点停靠时间。这样不但可以解决后面站点乘客等车时间延长的问题，而且可以使整个车队运行趋于平稳。

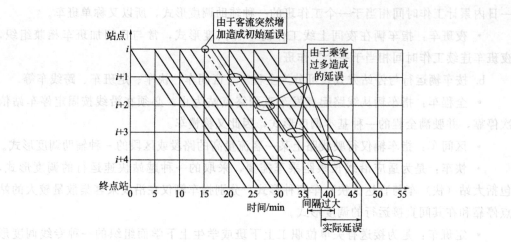

图 4-6 由于某站点客流突然增加造成延误的公交车运行图

[方案 2] 前车减速法。调度人员同样可以通知前几班车减速,这样也可以使后面站点乘客等车时间缩短,而且到达终点站时,间隔趋于平稳。

[方案 3] 后车加速法。与方案 2 效果相同。

[方案 4] 后车缩短站点停车时间法。与方案 1 效果相同。

[方案 5] 放车调度法。如果紧急事件发生地点与始发站距离很近,可以临时调度一班空车,直接行驶到事件发生地点,缓解客流拥挤的情况。

(4) 公交优先策略

大城市中交通拥挤、堵塞,乘车难、行车难等问题是普遍性的社会问题。随着我国经济和社会的发展以及城市化进程的加快,城市交通需求量急剧增长,交通需求结构在不断发展变化,交通供给的增长出现了滞后性。而传统的"车多修路,路多车多再修路"的解决办法已难以适应现代化的交通管理要求。采取公交优先策略,鼓励公交出行无疑是缓解一系列交通问题的有效方法。

世界各国政府实行优先发展公共交通的具体政策,主要有以下几个方面。

① 加大对公共交通的投资,改善公共交通设施,并且为公共交通企业提供经营亏损补贴。

② 公交企业的经营体制进行改革。我国广州市试行私人企业经营公共交通取得了良好的效果。

③ 公共汽车专用线,提高公共交通的服务水平及工作效率。这一措施被许多国家采用。

④ 公共交通企业开展多层次服务,按不同人的需要开展不同质量的服务。选用多种车型,既能为低收入者提供稳定、可靠而便宜的服务,又可以向高薪阶层提供舒适豪华的服务,从而增加公交出行方式的吸引力。

⑤ 实施切实可行而又有吸引力的票价政策,将其他方式的交通吸引到公共交通上来。

⑥ 修建换乘站或换乘枢纽,并在换乘枢纽修建自行车和轿车停车场,以便于自行

车、轿车、公共汽车、电车和地铁等不同交通方式间的换乘。

⑦ 改善公共交通的设施与管理，提高服务质量，例如提供完善的信息服务，为老人和伤残人士提供特殊服务等。

⑧ 改造城市不合理的结构布局，在城市规划中体现优先发展公共交通的思想。

4.2 城市智能公共交通系统应用实例

4.2.1 基于 GPRS 的智能公交管理系统

随着城市规模的扩大，越来越多的人选择公共交通进行日常出行。为了提高公交公司的业务服务能力、公共交通的运行效率、车辆智能调度和公交公司管理水平，将先进的无线通信技术、GPS 定位技术、智能处理、计算机信息技术和车辆远程监控调度引入到公交公司，建设实时、高效和准确的智能公交管理系统成为了必要手段。

（1）智能公交管理系统整体架构

智能公交管理系统由 3 部分组成。

① 智能车载终端　主要包括了电源模块、GPS 定位模块、LCD 液晶显示模块、IC 卡读写模块、语音提示模块、GPRS 无线数据传输模块和 ARM 微处理器。

② GPRS 网络　车载终端利用 GPRS 数据交互模块，通过 GPRS 网络实现与公交公司主站监控中心的实时数据交互。

③ 公交公司主站监控中心　远程监控车辆运行定位和实时车辆智能调度功能。

智能公交管理系统架构设计如图 4-7 所示。

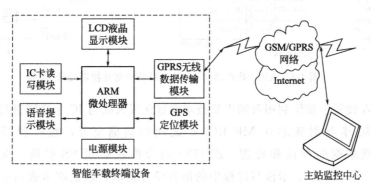

图 4-7　智能公交管理系统架构设计图

智能公交管理系统主要的功能包括 3 部分。

① IC 卡读写功能　用户上下车刷 IC 卡时，系统自动扣款并进行语音提示，包括刷卡成功或余额不足等提醒，并且消费信息和 IC 卡余额信息通过 LCD 屏进行显示。

② 车辆实时定位　公交系统通过 GPRS 网络实时将车辆的车速、地理位置等信息通过无线传输模块实时传送至主站监控中心，车辆导航终端显示车辆地理位置信息，主站监控中心也将车辆地理位置信息实时地显示在电子地图上。

③ 远程车辆调度　主站监控中心可以将车辆调度指令通过 GPRS 网络传输至车载导航终端，实现公交的远程实时调度。

(2) 智能公交管理硬件系统

① ARM 与 IC 卡读写模块　智能公交管理硬件系统的核心控制 ARM 芯片采用 LPC2103 作为中央处理器，IC 卡读写模块采用 ZLG500A 读写卡模块和 ZY1730 语音模块。ARM 处理器与 IC 卡读写模块交互控制设计如图 4-8 所示。

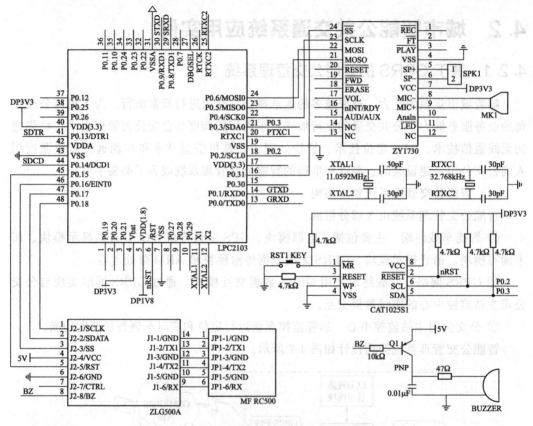

图 4-8　ARM 处理器与 IC 卡读写模块交互控制设计

ZLG500A 读写卡模块利用射频识别技术通过无线天线与 IC 卡之间进行无线数据传输，实现了 IC 卡与射频芯片 MF RC500 之间的数据交互，然后利用 ARM 芯片 LPC2103 实现数据的存储和处理。ZY1730 语音模块通过 SS 引脚、SCLK 引脚和 MOSI/MISO 引脚实现 IC 卡读写过程中的语音信号提醒，包括刷卡成功或刷卡异常的语音提示。

② GPS 定位模块　智能公交管理系统的 GPS 定位模块采用的是三星公司的 UT830 模块，GPS 定位模块硬件结构设计原理图如图 4-9 所示。

在 GT830 模块与 ARM 芯片 LPC2103 进行相连时，引脚 TXDA 和 RXDA 分别与 LPC2103 的 TXD0 和 RXD0 实现定位信息传递。引脚 UPIO0 与信号指示灯相连，引脚 V_BAT 作为电源系统的备份。

GT830 模块正常工作时，通过将实时地理位置信息（经度、纬度和时间等车辆信息）传送至主芯片 LPC2103 进行处理，这些数据是主控站实时远程车辆监控调度的重要参数来源。

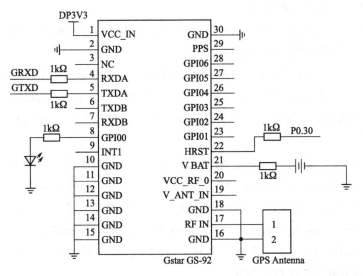

图 4-9　GPS 定位模块硬件结构设计原理图

③ GPRS 无线数据传输模块　GPRS 无线数据传输模块采用的是华为公司的 SIM300C，已能够提供无线传输接口，实现语音业务、短信业务和数据处理等处理传输功能，SIM300C 通过 UART1 接口实现与主控芯片 LPC2103 之间的数据传输功能。GPRS 无线数据传输模块的硬件设计原理图如图 4-10 所示。

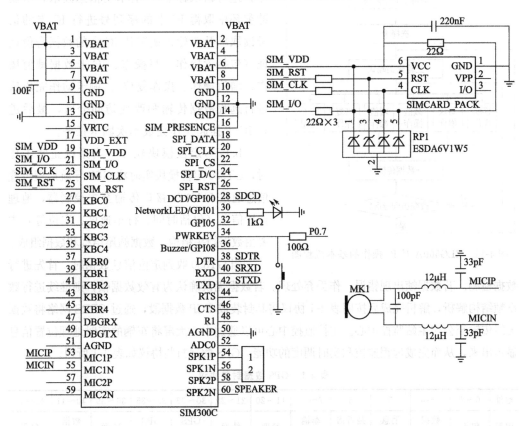

图 4-10　GPRS 硬件设计原理图

(3) 智能公交管理系统软件

智能公交管理系统的软件设计主要包括两方面内容：嵌入式 µC/OSII 操作系统的移植；智能公交管理系统的应用程序。

① µC/OSII 操作系统的移植　µC/OSII 的移植主要是对 ARM 芯片操作系统内的 3 个文件 AP_MOD.H、AP_MOD.C 和 AP_MOD_A.S 的重新设计。

a. AP_MOD.H 的设计　主要包括了参数类型、堆栈长度、堆栈扩展、程序中断和优先级切换。

b. AP_MOD.C 设计　主要是 AP IntCtxSw、AP StartHighRdy、AP MostDelHook、AP CtxSw、AP MostStatHook 和 AP TimeTickHook 6 个函数的编程。

c. AP_MOD_A.S 设计　主要是优先级切换函数 AP MostCreateHook、任务指挥调度 AP MostSwHook 和中断函数 AP MostStkInit 3 个函数的编写。

经过 µC/OSII 操作系统的移植，主控制器 LPC2103 实现了正常工作。

② 智能公交管理系统应用程序

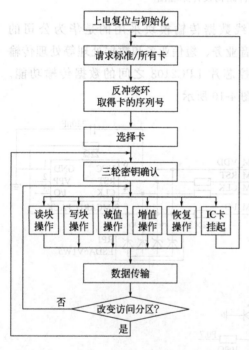

图 4-11　ZLG500A 对 IC 操作的基本流程图

a. 用户刷卡处理软件　当用户上车进行刷卡时，IC 卡与射频识别器 ZLG500A 之间的数据通信流程如图 4-11 所示。

首先进行上电程序复位与程序初始化处理，进行请求标准/所有卡的信息读取，从反冲突环中取得 IC 卡的序列号进行 IC 卡的信号读取以及三轮密钥确认 IC 卡的数据身份认证（包括读操作、写操作、IC 卡数据减值操作、增值操作、操作复位）。刷卡动作完成后进行远程数据传输和改变访问分区，最后进行 IC 卡挂起操作完成本次刷卡任务。

b. GPS 定位模块软件　当系统正常工作时，GT830 定位模块实时将 GPS 导航地理位置信息通过 UART1 接口传输至主控制器，地理位置信息（包括时间、行车速度、定位等）主要由数据帧头结构、数据帧尾结构和数据组成。

当 GT830 收到定位信息数据时，首先进行数据检测。若数据帧出现错误，作丢弃处理。若数据无误确认为有效数据帧，则继续进行数据帧结构解析，解析完成后按照表 4-1 协议将其封装成 TCP 数据段，通过 GPRS 网络将数据无线传输至公交主站监控中心。主控监控中心可以通过中心大屏将车辆的实时地理位置信息显示出来，从而完成远程监控和实时调度的功能。GPS 数据封装协议如表 4-1 所列。

表 4-1　GPS 数据封装协议

地址	0~2	3~4	5	6	7~10	11~20	21~29	30~32	33~35	36~39	40~41	43~45
内容	包头	数据长度	消息ID	是否需要回复	车辆编号	经度	纬度	GPS日期	GPS时间	速度	数据序列号	包尾

c. GPRS 无线数据传输模块软件　主控制器 LPC2103 利用 TK 指令控制 SIM300C 无线模块,从而建立主站控制中心与车辆智能终端之间的无线数据传输通信信道,无线数据传输的过程如下。

- TK+SIPGPRS=0,CERNET 网络连接方式设置为 GPRS。
- TK+NCPACK=UDP,1080 设置为 UDP 的 168 传输端口。
- K+NCPACK=TCP,1080 设置为 TCP 的 62 传输端口,主站的 IP 地址设置为 172.16.1.1,连接成功后返回连接成功确认 ACK。
- TK+CIPSEND="＞"后,表示主控制器 LPC2103 存储的数据将要传送至 GPRS 的 SIM300C 无线模块中,点击回车,数据即可通过 GPRS 网络传输至主站监控中心处。

基于 GPRS 的智能公交管理系统解决了公共交通无法实时定位、远程调度和管理水平低下的问题,提高了公交公司的运行效率和管理水平。

4.2.2 基于 ARM 的智能公交系统

将 GPS 定位系统的灵活性与 RFID 技术的精确性相结合,有效地将信息技术、无线通信技术、传感器技术、控制技术等结合起来,可形成基于高级精简指令集计算机(advanced risc machine,ARM)的智能公交管理系统。该系统是一种在大范围内、全方位发挥作用的、实时、准确、高效的综合交通运输管理系统。通过该系统,乘客可以通过智能公交系统的站牌终端机实时了解所要乘坐车辆的具体到站信息;可以规范公交车按照指定路线和指定范围行车和停靠;公交调度中心也可以获取车辆的运行信息,方便调度中心进行科学的车辆的调度,大幅度提高公交系统的效率和乘客的乘车体验。

(1) 智能公交系统整体方案

智能公交系统主要由 3 部分组成:站牌终端机、车载终端机和公交调度中心。车载终端机与站牌终端机通过蓝牙连接,负责站台与进站的数据传输,并将数据通过无线网络发送至控制中心。其中站牌终端机是整个系统的核心,它担负着识别 RFID 标签,并将车辆信息传递至公交调度中心的任务,另外,当站牌终端机接收到公交车的车辆信息时还要及时显示车辆的到站信息;车载终端机主要担任配置 RFID 标签、协助处理 RFID 的读写任务、结合获取的 GPS 坐标信息进行报站的功能;公交调度中心则担负着将车辆运行信息汇集,优化并调度公交的功能。智能公交系统的整体结构如图 4-12 所示。

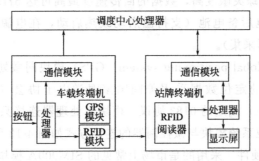

图 4-12　智能公交系统的整体结构

设计中使用车载终端机中的 GPS 模块获取公交位置信息,结合站点位置进行语音报站,并通过通信模块将车辆运行信息发送至调度中心。当公交车辆在站点前的规定停车位停车时,站点处安装的 RFID 读写器收到公交车上电子标签的信号,判定该公交按规定停车,并将判定信息发送至调度中心。调度中心将数据处理完后,再次通过通信模块将处理后的信息发送至相应的站牌,在站牌处的液晶显示屏上显示刷新后的信息内容。所设计的智能公交系统具有以下功能。

① 精准报站　在车载终端上使用 GPS 模块获取公交位置信息,将获取到的 GPS 坐标信息实时与已知站点的坐标信息进行比对,只要满足所规定的误差范围,控制器就控制语音芯片进行报站。

② 智能识别,防漏停功能　在车载终端上使用 RFID 电子标签,且只有当公交车在离站牌规定的距离内才能被识别。这样就可以防止有些公交车司机到站不停车以及乱停车的现象。由于电子标签具有唯一性,因此站牌终端可以准确识别每辆车的具体信息,并且将信息通过 GSM 模块发送至调度中心。

③ 显示实时信息　调度中心将数据处理完后,再次通过 GSM 模块将处理后的信息发送至相应的站牌,在站牌处的液晶显示屏上显示车辆的实时信息。

④ 紧急报警　在车载终端机上安装有紧急报警装置,当公交车上发生紧急情况时,司机或者乘客可以按下紧急报警按钮,控制器接收到报警信号之后马上通过通信模块将险情发送至公交调度中心。由此实现对公交运营车辆的集中监控、集中管理与调度、集中运营协调,以科学的手段统筹规划公交运行网络,达到最佳公交服务水平。

(2) 智能公交系统的硬件

① 嵌入式微控制器模块设计　智能公交系统中的控制器模块主要实现 2 个功能:一是对数据做适当的处理以配合外围芯片或器件的工作;二是对外围芯片做适当的配置。在本系统中,需合理选择一款微控制器芯片,所选取的微控制器应支持 UART 串口、多种中断、具备相应的处理性能等。在系统中采用了 STM32F103ZET6 这款微处理器。STM32F1 系列芯片是意法半导体(ST)公司出品的中低端的 32 位 ARM 微控制器,其内核是 Cortex-M3。芯片内集了 GPIO、SPI、UART 等多种外设,可以满足设计需求。在低功耗设计上具有睡眠、停机和待机 3 种模式,合理配置后极大降低了系统的功耗,在封装上则使用了 ECOPACK 封装,具有封装体积小、可靠性高的特点。

② GPS 定位模块硬件　在车载终端机中采用的 GPS 模块是 UBLOX 公司的 NEO-6M 芯片,该模块的追踪灵敏度高,数据的回传速度最高可达 5Hz,采用贴片的无源陶瓷天线,并自带可充电后备电池(支持温启动或热启动,在电源中断后依然可以保持 30min 左右的位置数据采集)。

全球定位系统(global positioning system,GPS)模块同微处理器之间的通信接口采用串口方式,输出的定位数据采用美国国家海洋电子协会(The National Marine Electronics Association)制定的 0183 协议。模块与处理器连接只需要 2 根信号线以及电源线即可,全球定位系统模块与微控制器的连接方式如图 4-13 所示。

③ 无线通信模块硬件　采用的是市场上常见的 SIM900A 模块,可以低功耗实现信息发送和接收的功能。采用 SIM 接口,利用通用的手机卡就可以进行远距离通信,由

于当前蜂窝网络覆盖率很高,可以保证数据传输的可靠性。SIM900A 模块同微处理器的连接可以采用 UART 和 RS232 两种方式,为了方便布线和提高兼容性,采用了使用范围更广的 UART(串口)连接方式。SIM900A 模块需要一个稳定的供电模块,在通信时所需要的电流较大,为了满足这个需求,选择一个线性稳压源来满足系统设计的需求。通过性能对比和系统需求,采用 SPX29302 来提供足够的发射电流,它具有精度高、电压可调、静态电流大、输入电压范围大的特点并且与 MIC29302 完全兼容。

④ RFID 模块硬件 选取了 HC-05 蓝牙模块作为 RFID 标签,它具有较宽的波特率,可以很好地兼容单片机系统。HC-05 蓝牙串口通信模块具有 2 种工作模式:命令工作模式和自动连接工作模式。在自动连接工作模式下可以将其设置为主机、从机和回环工作模式。当模块处于自动连接工作模式时,将自动按照在命令工作模式下对模块的配置进行工作;当需要对模块进行配置时,需要将模块切换至命令工作模式并使用 AT 指令对其进行配置。在实际设计中,要先在命令响应工作模式中将模块进行配置,包括工作模式和波特率等必要信息。然后利用模块的自动连接工作模式进行 RFID 标签的读写。RFID 模块与 STM32 的连接图如图 4-14 所示。

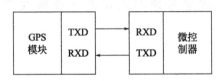 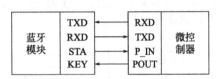

图 4-13 GPS 与微控制器的连接方式　　　图 4-14 RFID 模块与 STM32 的连接图

在本系统中,RFID 阅读器和电子标签分别是由蓝牙主机和蓝牙从机实现的。考虑到 RFID 的碰撞问题,需要定义蓝牙标签的连接规则。首先蓝牙主机获取周围处在连接范围内的所有蓝牙从机的蓝牙地址,然后按照预先设置好的优先级进行蓝牙通信。蓝牙主机与每个从机的通信时间设定为 100ms。由于公交车的移动速度有限,这样可以在短时间内将所有标签的信息读取完而不会造成遗漏。

⑤ LCD 液晶显示模块的硬件 为了达到良好的显示效果,选用了 LCD12864 液晶屏作为站牌终端机的显示模块。该模块成本低、显示效果良好。鉴于 STM32 丰富的接口资源和提高液晶屏的显示速度,采用了并行方式来驱动液晶屏。对 LCD12864 的所有操作概括起来有 4 种:读忙状态(同时读出指针地址内容),为了保证对 LCD 的操作不会干扰到模块的正常工作,在每次写指令前都要进行忙检测;写命令,向 LCD 驱动芯片写入命令,配置其工作模式和显示模式等;写数据,向动态随机存储器(dynamic random access memory,DRAM)写入数据;读数据,读取 DRAM 中的数据。

在使用液晶屏时,需要对液晶屏驱动芯片写入命令和写入数据。写命令操作和写数据操作分别用两个独立的函数来完成,函数内部唯一的区别就是液晶数据命令选择端的电平。当对 DRAM 中的某一个单元写入一个字符的编码时,该字符就在对应的位置显示出来。所以要显示的字符就必须把字符的编码写入 DRAM 中,也就是写入对应的字符产生存储器中。当进行读写数据时,需要先将地址写入然后才能将数据写入。在进行每项操作时,都要询问液晶屏驱动芯片是否忙碌,当返回忙碌位时,则要进行等待操作,直到忙碌位消失才能写入新数据。液晶屏与STM32的硬件连接如图4-15所示。

(3) 系统的软件

软件开发采用德国Keil公司开发的MDK开发套件,该开发套件是目前业界最受欢迎的ARM嵌入式处理器的软件开发工具,集成了业内最领先的技术。与ARM之前的工具包ADS等相比,编译器的最新版本可将性能改善超过20%。

① 车载终端机的软件　系统的软件部分包含系统运行主程序、报警中断程序,主程序流程如图4-16所示。

为了达到良好的报站以及预报站效果,需要充分利用收集数据,并将相关数据进行处理,处理的过程如图4-17所示。利用GPS实时的位置信息通过拟合得到公交车当前的位置,将实时的GPS信息与历史数据相结合,应用汽车实时速度模拟模型得到预到达的公交的到站时间,在实践运行中会受到诸多因素的干扰,因此在数据处理时运用修正因子进行修正,使得数据更加贴合于实际。实际测得客观修正因子对预测到站时间准确度提升23.7%。

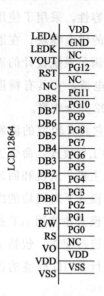

图4-15　液晶屏与STM32的硬件连接图

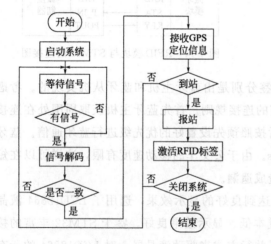

图4-16　车载终端机的软件流程

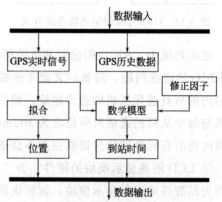

图4-17　数据处理过程图

② 站牌终端机的软件　车载程序分为主程序和中断服务程序两部分,软件流程如图4-18所示。

在这个过程中需要初始化LCD显示模块,激活RFID标签以及配置GSM模块,使他们处于正常的工作状态,特别是RFID模块,待系统初始化完成后便进入读写电子便签的主程序,为降低功耗和提高系统的识别率,对RFID的读写过程配置了中断系统。

(4) 智能公交系统的验证

在完成了硬件以及软件的设计后,需要对设计方案进行验证,为了使系统更好地运行,需要对软硬件进行协同调试,以获得良好的工作效果。为此组装了智能公交系统的车载终端机和站牌终端机样机。

在软件开发时，运用微处理对系统进行自测，并将测试结果通过调试串口打印出来。

结果表明 GPS、GSM、RFID 模块初始化正常。RFID 模块可以正常读取车辆的信息，SIM900 模块也可以正常读取和发送车辆的到站的信息。GPS 模块可以比较准确地获取 GPS 经纬度信息。

智能公交系统的测试采用如图 4-19 所示的方式，用车载终端机的移动来模拟公交车的运行。每隔一段距离设置 1 个站牌终端机，为了区分各个站点，将站点距离设定为 200m。通过模拟运行，发现各个系统可以正常工作，达到了预期效果。

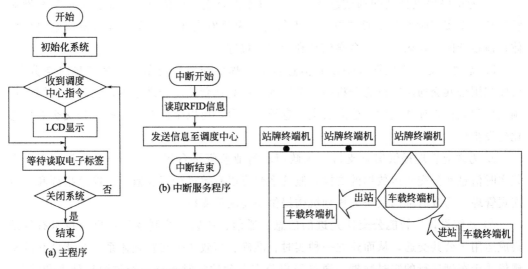

图 4-18　站牌终端机的软件流程　　　　图 4-19　站牌终端机的软件流程

（5）智能公交系统的性能测试

针对车载终端机的 GPS 定位系统，对多个不同的地点进行了测量，得到了如表 4-2 所示的信息。

表 4-2　GPS 定位精度测量结果

实际值		测量值		误差/m
经度	纬度	经度	纬度	
126.65833	45.72516	126.65829	45.72518	3.12
126.65652	45.72696	126.65642	45.72700	8.79
126.65670	45.72857	126.65680	45.72861	8.91
126.65693	45.73132	126.65669	45.73120	3.6

从测量的结果可以得出，车载终端机的 GPS 定位系统具有较高的精度，并且误差在 10m 之内。经过测试，该系统具有识别率高、传输速度快等优点，符合设计方案，可以达到实际应用的要求。

4.2.3　基于物联网的上海智能公共交通系统

上海市推进智慧城市建设行动计划提出了智能交通具体目标：建设公共交通信息服

务系统，实时采集轨道交通全网各类运行动态信息和客流数据，提升地面公交动态客流信息采集能力，逐步实现轨道交通与地面公交换乘信息发布；完善公交企业营运调度系统，试点推进公交站点车辆信息预报发布服务系统，提升公交车辆运营效率。

上海市交通委组织业内企业和科研单位结合公共交通的需求和现状，经过长期的深入调查研究，提出了"一站式"服务理念，研发出了基于物联网的智能公交系统，为公交信息化提供具有全局部署的健全的营运整体解决方案。

(1) 系统概况

① 总体目标　智能公交系统的总体目标如下。

a. 为市民提供公共交通信息服务　实时预报公交到达信息，发布公交最新线网调整信息，发布实时道路交通和市政施工信息；为政府发布公共安全等预警信息提供载体；播报新闻、娱乐节目、金融信息和天气预报等。

b. 提供公交信息化管理手段和信息咨询　提供交通路况信息、客流量时空分布、市民利用公共交通出行行为分析等相关咨询，提高运营调度管理水平，实现公交服务可预见性和运行管理智能化；建立公交信息统一平台，可以全面有效地推进公交企业信息化建设步伐。

c. 为政府管理提供信息支持　为政府和行业监管平台提供公交营运数据。有了车载实时信息和公交营运数据的支撑，监管平台可以有效进行行业监管、应急指挥和行业宏观管理，为政府部门及研究规划机构提供辅助决策支持。

② 系统设计　智能公交使先进的信息、通信、传感、控制及计算机等技术有效地集成运用于公共交通，从而建立一种实时、准确、高效的公交管理体系。智能公交的实现依赖于车辆运行的实时数据。通过采集公交车辆的实时数据，经过数据处理和计算，提供系统的各类服务，实现预定的目标。

公交车辆的实时数据采集由车载智能终端系统完成，数据处理和计算在公交信息平台完成，而数据的输出则包括实时的电子站亭的车辆到站时间预报、公交调度，以及提供公交管理和城市交通管理的大数据。

必须考虑的问题是，城市公共交通是一个复杂的系统，就上海市而言，投入运行的公交车辆有近万辆，归属于600多条线路；每条线路有各自的行驶路线、停靠站点、调度规划；有近5000个公交站点，每个站点有不同线路的停靠车辆。随着城市整体公共交通发展，公交线路和公交站点还会不断增加，每条线路也有可能根据运行情况进行调整。因此，城市智能公交系统整体的设计必须能够适应这种多终端、多管理模式、多服务对象的系统，是实时的、动态的、可扩展的、可升级的、标准化的。

物联网、移动互联网、大数据是智能公交实现的技术基础。在物联网中，物与物之间可以相互通信、交换信息，"物"可以自主感知环境、启动服务行为改变环境。支撑物联网发展的关键技术包括标识技术、通信技术、网络技术、网络定位和发现技术、软件和算法技术等。物联网的体系结构可分为感知层（数据采集）、传输层（异构网络互联和传输）、应用层（包括业务中间件和应用），以及包括信息安全、网络管理、数据库等其公共技术。

本系统的物联网模型见图4-20，系统组成见图4-21。

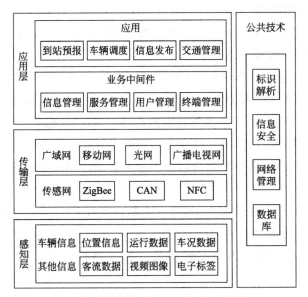

图 4-20　智能公交系统的物联网模型

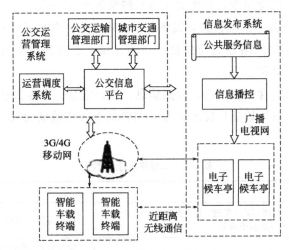

图 4-21　智能公交系统组成

智能车载终端采集公交车辆的各类动态信息，包括位置信息（经纬度、进站出站等）、车辆运行数据（速度、方向路程等）、客流信息、视频监控数据等，通过 3G/4G 移动网络上报公交信息平台。

公交信息平台运用实时数据动态评估、数据融合和挖掘、数据实时智能预测等技术，对智能车载终端和电子候车亭上传的车辆实时数据进行处理和计算，提供车辆到站预报、车队调度信息服务；数据接入公交运输管理部门、城市交通管理部门等上级管理部门的信息系统，进行交通综合管理、规划等。

信息发布系统包括前端播出控制系统和后端接收发布系统（公交站点候车亭）。前端播出控制系统通过数字电视频道发送图像和数据。主要发布车辆到站预报等实时公交信息，视频可播放政府宣传片、公益广告、生活短片、电视节目等，为市民乘车出行提供全新体验。

(2) 数据采集和信息发布

① 数据采集 智能车载终端承担车辆的数据采集并上报到信息平台。

智能车载终端系统主要实现以下功能。

a. 车辆定位 智能车载终端采用 GPS 定位,确定自身的地理位置经纬度、速度等,并通过内置地图计算车辆在线路中的位置、下一个停靠的车站、离下一车站的距离;

b. 自动报站 利用车辆定位系统获取的车辆位置,实现进站、出站自动报站、拐弯提醒、服务用语等,在 LED 显示屏上显示和语音播报;

c. 客流监测 图像识别监测前后门的上下客数据,以及读取智能投币机、公交一卡通 POS 机数据;

d. CAN 总线接口 与公交车 CAN 总线互联,读取车辆 CAN 总线数据(发动机转速、速度、油表、里程等);

e. 视频监控系统 车厢内和车辆前后方的 8 路视频监控摄像头拍摄并保存在 DVR 中;

f. 车辆调度 司机刷卡签到、签退,导入线路和站点信息、参数配置,异常状态报警,接收和显示后台调度命令,并将文字信息转换为声音提示;

g. 设备控制和管理 系统自检,设备程序远程升级,参数设置;

h. 通信 通过移动网络建立与信息平台的连接,上传终端读取的各类数据,接收中心传过来的各种信息和指令。

这些数据应主要包含车辆信息、线路信息、监控信息、乘客信息等。本系统依据上海公交巴士通智能车载终端通信技术标准《GPS 动态通信数据协议 v2.7》,主要的通信数据见表 4-3 和表 4-4。

表 4-3 车载终端上传数据

分类名称	内容	触发条件
周期位置信息	车辆经纬度、瞬时车速、上下行标识、下一站编号、距离下一站的距离等	按约定传输周期(默认 10s)自动发送
视频监控数据	图片或视频	定时发送、收到中心指令时发送、有报警触发时发送
车辆运营信息	公交车辆上下客的客流数据、POS 机刷卡数据等	定时发送、出站且取得相关数据后发送
外设自检信息	GPS、CAN、POS 机、投币机、DVR 等自检状态	定时发送
车辆运行状态	进站/出站、点火/熄火、车辆超速/偏离线路等非正常行驶等	事件触发上报
行驶记录数据	指定时间段的位置、车速等记录	收到中心指令时发送
司机操作信息	刷卡、手动切换线路号、按键	事件触发上报
车辆身份识别	包括线路号、车号、驾驶员 ID 等,标识该数据的来源	包含在智能车载终端每次向平台上传的数据包中

表 4-4 信息平台下传数据

名称	内容	触发条件
查询	要求提取行车记录、录像等	监控中心发出调度命令

续表

名称	内容	触发条件
发送调度数据	公交班次、设置公交线路号、加入/退出运营（线路、交通车、特约车）	监控中心发出调度命令
发送公交文本信息	如"9:20发车"	监控中心发出调度命令

② 信息发布　电子站牌信息服务系统是一个多媒体信息发布系统，视频与文字信息动静结合，提供车辆到站预报及换乘导航等实时公交信息，天气预报、新闻资讯等各类生活资讯，同时采用55寸大屏幕液晶屏播放电视节目、政府宣传片、娱乐节目、公益广告，让市民在候车的时间获得最好的体验。

公交信息电子站牌发布系统由前端播出控制系统和后端接收发布系统组成。前端播出控制系统由网络数据接收和数据打包2部分组成，将交通信息通过移动网络VPN隧道下发，其他资讯等数据和视频节目流打包成TS流复用，利用数字电视地面广播频道向全市电子信息候车亭广播。

采用数字电视广播的方式具有低延时、全覆盖、不受网络影响等优势，对于高带宽的视频内容播放可大大节省网络资源，对于突发事件时政府发布紧急告示更具有战略意义。

后端接收发布系统将通过移动网络接收到的交通信息实时播放，而对电视通道接收的内容在本地存储，并按预设的播单编排播放。后端接收发布系统具有自检功能，它检测工作状态、下载内容的完整性并上报给播控系统。

（3）公交到站预报

公交车辆到站预报是广大公交乘客迫切需要的一项服务，可以让乘客预知车辆到站的时间，从而更有效地规划出行路线、换乘方案，更有效地利用候、乘车时间，改善乘车体验。

公交到站预测的核心是车辆定位，综合考虑当前车速、路况等因素进行计算。

① 多信标公交车辆定位　车辆定位的准确和可靠是预报准确度的关键。目前，车辆定位的技术主要有以下几种方案。

a. GPS卫星定位　GPS卫星定位是非常成熟的技术，已经被广泛应用于车辆的定位。虽然GPS定位可使车辆持续获得精确的经纬度信息，但GPS在高架下或隧道中会产生数据中断，在高楼林立的城市商务区与住宅区会因"峡谷效应"产生定位漂移。另外，如果终端与中心的移动通信中断，中心也无法获取定位信息。

b. 路标定位　在车辆和站点分别安装短距离无线通信模块，当车辆进入通信距离时可以互相识别，车辆可以根据电子地图确定自身的位置，车站可以检测到进入车站的车辆，并将车辆位置信息上传至控制中心。

一种方案是在车辆与公交站点分别安装RFID信标和读卡器，当车辆进入车站时，信号可以被车辆检测到，读卡器读取车载信标信息来确定车辆的位置。

在没有路标的地方，车辆利用里程表计算出最近一次路标的距离，然后通过无线传输方式传回控制中心。

另外一种方案是利用ZigBee短距离无线通信技术，在车辆和车站分别安装ZigBee

通信模块。当车辆接近车站时双方建立通信，从而可以互相检测到。并且 ZigBee 可检测到信号的强弱变化，从而判断车辆是进入还是离开车站。

c. 推算定位　使用车辆上的里程表和罗盘计算车辆位置。车辆从一个已知的位置开始，系统计算距离和运行方向，然后与储存在车辆中的路线数据库比较，调节估计新的位置。为了修正累积的位置误差，它也在关键地方读取路标上的数据。

综合分析了以上几种方法，采用以 GPS 为主要信标，以公交车站 ZigBee（或 RFID）路标作为第二信标的多信标车辆定位系统。

在正常情况下，控制中心通过周期性获取车载终端上传的 GPS 定位数据即可准确得到车辆的位置。而当车站 ZigBee（或 RFID 读卡器）检测到车辆经过时发送数据到中心。中心可以将其与 GPS 数据进行比对，如果车载 GPS 信号发生漂移或缺失，中心可根据第二信标对其校正。

② 车辆到站时间预测　车辆到站时间预测是依据车辆的当前位置，计算与车站之间的距离，并根据车辆的行驶速度进行预测。

由于路况的原因，车辆瞬时车速会有较大的变动，仅仅依靠瞬时车速计算时间往往有较大的误差。这里影响的因素包括：时间段，工作日或节假日以及每天的上下班时段，娱乐、购物高峰时段；路段，路况差的路段，娱乐场所、商业街容易拥堵的路段。

对公交线路的历史数据，分析其历史到站时间的概率分布特点，可得到分日期、分时段绘制的到站时间曲线。图 4-22 是××路公交在工作日不同时段的上、下行行程时间和平均速度，图 4-23 是××站不同时间段的上下行站间行程时间。

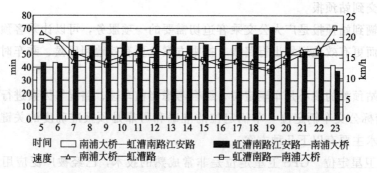

图 4-22　××路公交在工作日不同时段的上、下行行程时间

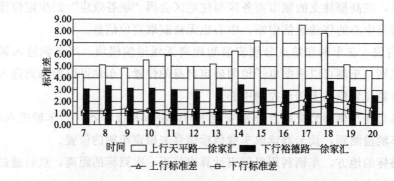

图 4-23　××站不同时段的上下行的站间行程时间

从图中可以看到，工作日上下班时间车速较慢，车辆全程行驶时间较长；而同一站点上下行的站间行程时间在不同的时间段也有较大差异。

考虑实际运行环境对车辆到站时间计算的影响，本系统加入后台数据库中历史数据对车辆实时数据进行修正，综合考虑瞬时速度和历史数据的影响因子，采用加权求和的方法预测到站时间。

$$T_{\text{pred}} = \alpha T_h + \beta T_r, \quad \alpha + \beta = 1$$

式中，T_{pred} 为预测到站时间；T_h 为历史到站时间曲线预测的公交车到站时间；T_r 为根据车辆实时位置计算的离站距离和当前速度求得的到站时间；α 为预测 T_h 过程的影响因子；β 为预测 T_r 过程的影响因子。

一般而言，车站与车辆的距离较远时，以 T_h 为主，反之，以 T_r 为主。

根据示范站点的统计，采用上述定位和计算方法，预报误差 1min 之内的达到近 90%，2~5min 的不到 4%，未发现超过 5% 的情况；以往用 GPS 单一定位模式预测车辆到站时间误差 2min 内的比例为 77%，在 2~5min 之间的所占比例为 15%，超过 5min 的 8%；本系统的预测准确率显著提高。

(4) 智能调度

① GIS 交通地理信息系统　GIS 是集计算机图形和数据库于一体，用来存储和处理空间信息的高新技术，它把地理位置和相关属性有机地结合起来，根据用户的需要将空间信息及其属性信息准确真实、图文并茂地输出给用户，满足用户对各种空间信息的要求，并借助其独有的空间分析功能和可视化表达功能，进行各种辅助决策。

结合 GPS 卫星定位系统和 GIS 地理信息系统，公交智能调度系统可以将电子地图、公交线路网络分别或同时、全部或局部显示在屏幕上，可以在地图上显示车辆的位置，可以在地图上选取车辆并显示此时车辆的运行状态、速度、方向、线路号、车牌号码、车型等信息，可根据现场的复杂多变的情况实时地调整车辆运行指标，提高运行计划的完成率，可同时记录实际行车轨迹及捕捉在道路上的轨迹。

特有 GPS 误差软件校正功能依行车方向、车速等信息自动匹配道路，提高系统精度。

车辆轨迹平滑显示"黑匣子"数据可查询，以满足网络盲区的调度需要。

GIS 应用示例如下。

a. 行车示意图　通过定位功能将在线营运车辆的运行情况及实际位置状态动态地显示在调度中心的调度界面上，实现对车辆运行情况的实时掌握。

b. 轨迹回放　结合 GIS 地理信息系统（电子地图），在系统运行过程中，自动记录营运车辆的行驶轨迹及各种异常情况，并将其保存在后台服务器中，以便随时查询。

c. 报警目标声光提示　提供报警目标声光提示、属性数据查询，可以指定任一或所有监控终端显示告警提示。可预先设定路线，偏航自动报警系统提供多态的符号，每一车辆符号可以有正常、激活、报警、求救等多种状态。事件发生后，电子地图弹出报警位置，并对接入的报警车辆进行确认，进行报警处理。

② 辅助决策　对企业的运行情况、运行质量等进行相关业务分析，从而为下一步公交线网优化调整、运力运能资源配置和辅助决策等提供直接的依据。

a. 智能车载终端　客流检测设备的统计数据形成于不同需求的客流报表，为客流分析、营运分析和行车作业计划、运调计划的形成提供必要的技术支持，对客流的时间、空间分布作出分析，为营运生产与调度提供决策支持。

b. 规划管理支持

• 需求管理和预测　从交通控制系统获取当前交通流数据，从公共交通信息系统获取当前使用水平数据，从营运系统获取客流量数据，从预测出行信息系统获取交通需求数据，对所有运输模式的交通需求和交通运输规划的历史数据进行统计存档并建立模型进行预测。

• 公交线网和站点评价　根据各种历史客流量数据，进行公交枢纽站等的评价，根据各种历史数据（交通流数据、公共设施使用水平数据、客流量数据、预测出行者的交通需求数据）进行公交线路优化布局分析，进行公交专用道、路口公交优先通行、单行线允许公交车通行等规划设计。

(5) 小结

上海市智能公交系统已投入运行，取得令人满意的预期效果。浦西的公交线路基本做到了全覆盖。约 8700 辆车（涉及 645 条公交线路）安装了智能车载终端，途经 4800 多个站点。车队调度人员坐在终点站调度室内通过电脑客户端就可以查看线路下每辆车的行驶情况以及准确位置，遇紧急情况可人工干预实施应急预案。

在面向公众的信息发布服务方面，已在市区 800 多个站点建设了候车亭信息发布屏，显示停靠该站的线路的下一班车到站时间，同时播出最新的资讯类电视节目、各种便民信息，提升了乘客的候车体验。除此之外，信息发布系统又增加了手机 APP 预报，大部分公交线路实现了移动终端发布的试运行，市民可以通过手机等移动终端实时获取各条线路各个站点的车辆到站预报信息，大大方便了市民出行规划。

新型立杆式电子站牌已经开始部署。在现有立杆式站牌安装太阳能电池板和 OLED 显示屏，可适用于缺乏场地条件和电力供应条件的任何公交站点，因此有望在不久的将来使电子信息发布覆盖到所有公交站点。

公交信息化建设作为智慧城市交通的重要组成部分必将大力继续推进。随着公交信息化系统进一步融入城市交通网，产生的大数据也将进一步为城市区域职能、道路建设规划提供依据。

4.2.4　智能公共交通物联网管控终端

随着科学技术的进步和公共交通规模的扩大，城市公共交通系统智能化已成为趋势。智能公共交通物联网集成了电子传感、数据通信以及计算机处理等技术，建立起一种实时、准确和高效的综合运输管理系统。射频自动识别（RFID）技术是智能公共交通物联网中的一项重要传感技术。RFID 标签中存储着车辆与用户信息，物联网管控终端通过 RFID 读卡器获取这些信息，并通过数据通信网络传输到后台服务器，实现物品的识别与信息的传递。

(1) 智能公共交通物联网总体方案

图 4-24 所示的智能公共交通物联网系统包括管控终端、中控网关以及后台服务器 3 个部分。通过对中控网关的合理部署，可以有效地采集周边各类公共交通工具的信息与

用户（乘客）信息。管控终端通过 RFID 读卡器，可以进行信息采集和用户卡扣费等工作，并将数据发送给中控网关。中控网关对各管控终端的数据进行汇总，组包后上传到后台服务器进行处理。用户（乘客）可以借助本系统，通过智能公交卡方便地搭乘各类公共交通工具或是租借公共自行车，实现"公交一卡通"，也可以通过互联网对用户卡信息进行查询，或是办理卡片业务。公共交通运营部门的管理员可以通过网络实时获取各管控终端的信息，并执行相应的车辆调度与控制策略。

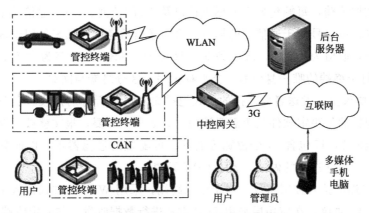

图 4-24 智能公共交通物联网系统框图

系统的实现需要考虑如下几个问题：系统各组成部分的功能要求；管控终端、中控网关以及后台服务器相互之间的接入控制协议；如何规划基于 RFID 的智能卡，实现安全可靠的"公交一卡通"。

① 管控终端的功能要求　管控终端是智能公共交通物联网系统中重要的组成部分，其主要功能要求包括信息采集与辅助管控 2 个部分，如图 4-25 所示。

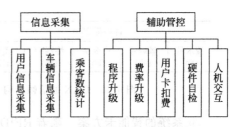

图 4-25 管控终端功能框图

管控终端采集的信息主要包括车辆信息以及用户（乘客）信息。其中车辆信息固定储存在车卡中，包括车辆编号、类型等内容，是车辆在系统中的身份标识，管控终端通过读取车卡来进行车辆识别。用户（乘客）信息存储在用户卡中，包括用户账号、身份、金额等信息，管控终端通过读取用户卡来获取用户（乘客）信息。对于公交、地铁、出租车系统，管控终端还可以进行车辆乘客数的辅助统计。由中控网关将各管控终端的数据添加上位置、时间等信息后发送到后台进行处理。

此外，管控终端具备远程升级程序/费率、用户卡扣费、硬件自检和人机交互等功能模块，可以有效地辅助公共交通系统运营者进行系统的管理与控制。系统管理员可以上传管控终端的应用程序和费率表，对系统进行远程升级。管控终端可以通过白名单进行用户卡有效性的验证，并根据费率进行扣费。管控终端可以自我检测各模块硬件是否存在故障。人机交互模块能够把交易信息有效地传达给用户/乘客，车载的管控终端还可以通过人机交互模块向司机传达由后台发布的信息。

② 管控终端的接入控制协议　为了使管控终端能够适用于不同的应用环境，提出

了两种通信连接方式：在各终端位置保持固定的应用环境下，以 CAN 总线的方式与中控网关相连，可以实现低成本、长距离、高速率的可靠通信，这类固定终端可以应用于公共自行车系统中的自行车锁止器；在终端可以移动，且不固定接入一个中控网关的应用环境下，采用 WiFi 无线连接方式可以有效地实现数据传输，这类移动终端可以应用于各类车辆信息采集系统。

a. 固定终端的接入控制协议　系统的 CAN 总线中采用 CAN2.0B 协议中的扩展数据帧来进行数据传输，每帧包含 29b 标识符以及 8B 的数据。CAN 通信帧结构如图 4-26 所示。在图中，流水号用于通信帧的标号，每次通信后递增。帧编号用于区分同一条命令下的不同帧，取值为 0~15，故 1 条命令最长为 128B。命令字为命令的标识。终端 ID 用于表示每个终端的唯一身份号。类型标识用于区分终端与网关。

在 CAN 协议里，发送者以广播的形式把报文发送给所有的接收者。节点在接收报文时根据标识符的值决定软件是否需要该报文，如果不需要，报文就被丢弃且无须软件的干预。终端的 MCU 包含 14 个位宽可变的、可配置的过滤器组，以便只接收那些软件需要的报文，硬件过滤的做法节省了 CPU 开销。

b. 移动终端的接入控制协议　对于移动终端，采用 WiFi 的方式接入中控网关，采用 IEEE802.11g 协议，在应用层采用 TCP 方式进行数据收发。与固定终端采用的 CAN 协议兼容，在数据段的前 4B 存放标识符。不同于固定终端，每次移动终端接入系统需要一个认证过程，由中控进行动态的 ID 分配，接入流程如图 4-27 所示。

标识符(29b)					数据段
流水号 (8b)	帧编号 (4b)	命令字 (8b)	终端ID (8b)	类型 (1b)	数据 (8B)

图 4-26　CAN 通信帧结构

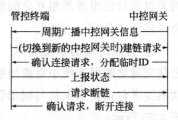

图 4-27　移动终端的接入流程

③ 系统的智能卡方案　随着 RFID 技术的发展与普及，为实现安全可靠的"公交一卡通"，目前市面上广泛使用的非接触式逻辑加密卡，其安全问题日益暴露，已经难以满足更高的安全性和更复杂的多应用的需求。本系统采用的 3 种卡片简要说明如下。

a. 逻辑加密卡　主要由 EEPROM 存储单元阵列和密码控制逻辑单元构成。采用密码控制逻辑来控制对 EEPROM 存储器的访问和改写。

b. CPU 卡　也称智能卡，卡内的集成电路中带有微处理器 CPU、存储单元（包括随机存储器 RAM、程序存储器 ROM、用户数据存储器 EEPROM）以及芯片操作系统 COS。任何对卡片数据的访问都要通过卡内的 CPU 来执行，安全性能大大提升。

c. PSAM 卡　一种特殊的 CPU 卡，主要用于商用 POS 和网点终端等设备上，具有安全控制管理功能，支持多级发卡机制，适用于多应用的环境。任何对 CPU 卡的访问都必须借助 PSAM 来进行认证，从而识别仿冒的卡片；反之，用户 CPU 卡也可以对终端传来的 PSAM 模块信息进行认证，从而识别仿冒的终端读卡器。

本系统将传统的逻辑加密卡作为车辆信息卡，用于存储车辆基本信息，将安全性更高的 CPU 卡作为用户卡，通过特定的 PSAM 卡来生成卡片的密钥。每个系统具有一个系统级密钥，这个密钥存放在指定类型的 PSAM 卡中，并且不能直接进行访问。每张用户卡具有唯一的卡片序列号，将序列号作为分散因子，通过对系统级密钥进行分散，使得每张用户卡都具有一个密钥。下面将简介卡片密钥的生成与验证过程。

记 $D(K)[X]$ 表示以 X 作为分散因子，K 作为密钥进行分散运算；$C(K)[X]$ 表示以 X 作为加密数据，K 作为密钥进行加密运算。设系统级密钥为 S，用户卡的唯一序列号为 U，则分散后写入用户卡的密钥 $K=D(S)[U]$。

对于逻辑加密卡，管控终端在获取了卡片序列号 U 后，直接进行分散运算得到密钥 K，就可以对卡片进行访问了。对于 CPU 卡，管控终端在获取了卡片序列号 U 后，还必须向卡片的 CPU 索取一个随机数 R，然后进行运算得到 $K=C(D(S)[U])[R]$，然后就可以用 K 对卡片进行访问。CPU 卡会根据卡内存储的密钥 $D(S)[U]$，以及输出的随机数 R 进行加密计算，并将计算结果与管控终端传输来的密钥 K 进行比对，从而判断是否对此次访问进行授权。可以看出，CPU 卡密钥的破解难度远大于逻辑加密卡，因此安全性大大提高。由于 CPU 卡以及 PSAM 卡都支持多应用，公共交通系统中的运营商可以在其中建立各自的应用文件，并采用统一的 COS（片内操作系统）命令进行充值和扣费操作，"公交一卡通"成为可能。

(2) 管控终端

① 管控终端硬件　管控终端的控制器采用 Cotex-M3 架构的 STM32 微控制器，外设包括 CAN 控制器、红外感应模块、RFID 读卡器模块、无线收发器设备与其他外设。红外感应模块用于感应用户的刷卡动作，用于唤醒系统。读卡器用于识别用户标签（管理员卡和用户卡等），从而进行信息的采集。管控终端采用 CAN 总线或 WiFi 方式接入中控网关，实现后台与管控终端之间的信息交互。其硬件功能框图如图 4-28 所示。

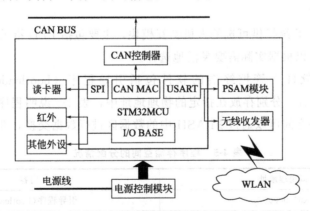

图 4-28　管控终端的硬件框图

a. RFID 读卡器模块　RFID 读卡器模块采用 NXP 公司的 RC522 芯片进行设计，可以支持与所有符合 ISO14443A 协议的 RFID 标签进行通信。同时 RC522 芯片可以关闭天线，进入掉电模式，大大降低了功耗。其天线电路采用 NXP 公司的参考设计，接口部分采用 SPI 总线与 MCU 进行连接。

b. 红外感应模块　与采用读卡器天线中断来唤醒系统相比，采用红外感应模块进行唤醒的方式大大降低了系统待机状态时的静态功耗。本系统中的红外感应模块采用脉冲宽度调制（PWM）方式来控制发射管，接收管先后通过一个有源高通滤波器与一个包络检波器，最后经过一个电压比较器后输出 TTL 电平，如图 4-29 所示。与一般的反射式红外传感器相比，这种红外电路通过脉冲宽度调制的方式，在不降低感应距离的条件下，大大降低了传感器的工作电流。同时，电路通过调制解调的方式大大降低了其他红外线的干扰，特别是避免了太阳光的干扰，使得系统可以在强光环境下稳定工作。

图 4-29　红外感应模块电路框图

c. PSAM 模块　由于 STM32 控制器内部自带了智能卡控制器，大大简化了设计，所以在外部只需要一个电平转换电路，进行 MCU 电平与 ISO7816 电平之间的转换。

d. CAN 控制器　CAN 控制器采用 TI 公司 SN65 HVD1040 芯片进行设计，支持最高 1Mb/s 的传输速率。这款芯片具有总线唤醒的功能，对系统整体功耗的降低起到了很大的作用。为实现稳定的通信功能，更好地对抗总线上的噪声，使用了磁耦隔离芯片消除了总线与系统的串扰。同时，总线上采用了防雷的设计，有效防止雷击对总线的电流浪涌冲击。

e. 无线收发器设备　管控终端可以通过多种方式接入中控网关，系统选择 WiFi 作为接入方式。收发器采用模块化设计，收发模块通过串口线与管控终端相连接。

f. 电源控制模块　系统采用 6～2V 直流电源进行供电，后级用 DC-DC 稳压电源芯片 NCP4629 和 TC1262 分别提供 5V 和 3.3V 的电源，具有转化效率高、输出纹波小的特点。为适应户外和车载环境，电源控制模块中还加入了滤波抑制电路，起到防雷和防止电流冲击的作用。

g. 其他外设　系统提供可选的人机交互模块，主要包括 LED 指示灯、LCD 显示器以及语音模块。可以根据实际需要灵活地选择。

② 管控终端软件　管控终端的软件包括引导程序（bootloader）与应用程序（application）2 部分，分别存放在指定的物理地址中，表 4-5 说明程序存储空间的分配情况。两部分程序之间可以通过 FLASH 中的数据区进行数据交换，并可相互跳转。

表 4-5　程序存储空间的分配情况

入口物理地址	内容
0x00000000	引导程序（bootloader）
0x00002800	应用程序（application）
0x00012800	数据存储区

引导程序是系统上电后最先开始执行的内容，其主要功能包括维护系统软件版本、远程升级以及校验应用程序等，其软件流程如图 4-30 所示。

应用程序软件设计采用分层设计模式，将整个系统的程序自上而下划分为应用层（application layer）、操作系统抽象层（operate system abstraction layer）以及硬件抽象层（hardware abstraction layer）3 个子层。

a. 硬件抽象层　该层作用是将操作系统的其余部分表示为抽象的硬件设备，设备能够以独立于机器的接口被调用，在该层中，将包括管控终端系统中全部的底层硬件驱动程序。

b. 操作系统抽象层　操作系统抽象层的软件流程如图 4-31 所示。

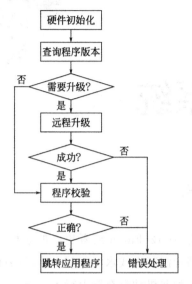

图 4-30　引导程序的软件流程

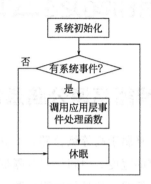

图 4-31　操作系统抽象层软件流程

该层是以实现多任务为核心的系统资源管理机制。与标准的操作系统不同，本系统中任务的执行都是顺序执行的。各个底层驱动模块的中断将触发相应的事件，由操作系统抽象层上报给应用层程序，并做相应的处理。因此，操作系统抽象层并不能称之为真正意义上的操作系统。

c. 应用层　该层是管控终端系统软件的核心部分，管控终端的全部功能都是在这里进行设计与实现的。应用层程序的核心是事件处理模块，该模块根据不同事件，调用相应的处理函数。各个事件的处理过程在其对应的功能子模块中。

（3）小结

测试表明，此系统可以有效地采集系统车辆与用户的信息，并且安全可靠地管理用户账户与卡片。用户可以通过一张 RFID 智能卡，便捷地进行充值和借还车。系统为车辆管理者和系统运营商提供大量有效信息，有助于提高资源使用率，可以向城市公交车、出租车和地铁等系统推广。

第5章 智能高速公路系统

5.1 智能高速公路系统概述

高速公路属于高等级公路。高速公路能适应 120km/h 或者更高的速度，路面有 4 个以上车道的宽度。中间设置分隔带，采用沥青混凝土或水泥混凝土高级路面，设有齐全的标志、标线、信号及照明装置；禁止行人和非机动车在路上行走，与其他线路采用立体交叉、行人跨线桥或地道通过。一般来讲高速公路应符合下列 4 个条件：①只供汽车高速行驶；②设有多车道、中央分隔带，将往返交通完全隔开；③设有立体交叉口；④全线封闭，出入口控制，只准汽车在规定的一些立体交叉口进出公路。

5.1.1 高速公路的智能化

高速公路智能化是指将先进的信息技术、数据通信技术、控制技术、传感器技术、运筹学、人工智能和系统综合技术有效地集成应用于高速公路的建设和管理，使其具有语言、数学逻辑推理、视觉模拟或替代人的肢体运动的能力，从而加强车辆、道路、使用者三者之间的联系，形成一种安全、高效的运输系统。

(1) 智能高速公路的基本要素

智能高速公路的发展途径是交通信息化，高速公路路网要发挥最大的社会效益，只能依靠交通信息化，以信息化促进智能化，达到人、车、路融为一体，和谐统一，以人为本，个人信息化，实现在任何时间、任何地点都能够与任何一方通信、获取任何信息。高速公路智能化的基本要素主要包括信息化和综合化。

① 能够实时地、全面地、完整地采集高速公路交通信息和其他信息，能够及时地、准确地为高速公路管理者和使用者提供各种交通信息等。

② 达到人、车、路的和谐统一，使交通管理者、交通参与者、交通工具以及道路基础设施等能够进行实时、高效的信息交换。

③ 高速公路系统由各个分散的子系统组成，高速公路智能化就是将分散的各个子

系统组织起来，成为一个互融共通的整体，大大提高交通路网的通行能力、交通系统的控制能力、运行效率和服务水平；降低交通对环境的负面影响；发展交通运输行业的组织管理水平、组织形式，革新交通运输的观念。

(2) 智能高速公路系统主要子系统

智能高速公路系统是伴随智能交通系统的发展而延伸出来的一个新的理念，它是高速公路建设和发展到一定阶段以后提出的新的发展方向。智能高速公路系统强调的是系统的融合性、信息交互性以及服务的广泛性。智能高速公路系统是智能交通系统的一个子系统，它的发展历程和智能交通系统很相似，也是由欧美等国家率先提出的。我们国家高速公路智能化发展起步较晚，但是发展迅速，经过几十年的发展，我国高速公路路网已经形成，开始朝着以信息化带动智能化发展方向前进。

① 高速公路收费系统　从 1999 年交通部开始推广高速公路联网收费以来，我国已经从各路段独立收费的状态步入了联网统一收费的时代，并且开始推行电子不停车收费系统。高速公路联网收费和电子收费系统不仅提高了高速公路运营的效率、降低了成本，同时还提高了高速公路通行能力。

ETC (electronic toll collection) 不停车收费系统是目前世界上最先进的路桥收费方式。通过安装在车辆挡风玻璃上的车载电子标签与在收费站 ETC 车道上的微波天线之间的微波专用短程通信，利用计算机联网技术与银行进行后台结算处理，从而达到车辆通过路桥收费站不需停车而能交纳路桥费的目的。ETC 是国际上正在努力开发并推广的一种用于公路、大桥和隧道的电子自动收费系统。该技术在国外已有较长的发展历史，美国、欧洲等许多国家和地区的电子收费系统已经局部联网并逐步形成规模效益。我国以 IC 卡、磁卡为介质，采用人工收费方式为主的公路联网收费方式无疑也受到这一潮流的影响。不停车收费技术特别适于在高速公路或交通繁忙的桥隧环境下采用。在传统采用车道隔离措施下的不停车收费系统通常称为单车道不停车收费系统，在无车道隔离情况下的自由交通流下的不停车收费系统通常称为自由流不停车收费系统。实施不停车收费，可以允许车辆高速通过（每小时几十至 100 多千米），故可大大提高公路的通行能力；公路收费走向电子化，可降低收费管理的成本，有利于提高车辆的营运效益；同时也可以大大降低收费口的噪声水平和废气排放。由于通行能力得到大幅度的提高，所以，可以缩小收费站的规模，节约基建费用和管理费用。另外，不停车收费系统对于城市来说，就不仅仅是一项先进的收费技术，它还是一种通过经济杠杆进行交通流调节的切实有效的交通管理手段。对于交通繁忙的大桥、隧道，不停车收费系统可以避免月票制度和人工收费的众多弱点，有效提高这些市政设施的资金回收能力。

② 高速公路交通信息服务系统　高速公路交通信息服务系统是智能高速公路系统的重要组成部分，其服务对象是交通管理部门、道路使用者、设施建设与管理部门、运输管理部门等各类相关团体。目前，在我国高速公路交通信息服务系统已经有所尝试，但是还面临着各类信息无法及时、全面采集的问题。

③ 高速公路紧急事故管理系统　高速公路具有交通流量大、运行速度快等特点，很容易发生交通事故，造成交通拥堵和人员伤亡。如何减少交通阻塞和各类交通事件产生的不良后果已经成为交通部门和研究单位重点考虑的内容。

5.1.2 智能高速公路的发展

随着社会汽车保有量激增（截至 2016 年底，全国机动车保有量达 2.85 亿辆，其中汽车 1.84 亿辆），各种交通问题和交通事故，如交通拥堵、道路事故和城市大气污染等问题亟须解决。

高速公路智能交通虽然经过十多年的发展取得不少的成果，但由于发展的局限性以及早期设计思路保守，目前移动互联、大数据等新技术新思路层出不穷，国家积极推进各行各业"互联网＋"发展。2016 年 8 月国家发展改革委联合交通运输部提出了《推进"互联网＋"便捷交通促进智能交通发展的实施方案》（发改基础 [2016] 1681 号），提出到 2018 年基本实现公众通过移动互联终端及时获取交通动态信息，掌上完成导航、票务和支付等客运全程"一站式"服务，达到提升用户出行体验的实施目标。打造"畅行中国"信息服务，实现全程、实时、多样化的信息查询、发布与反馈，高速公路智能交通也将迎来大变革。

（1）通信系统

要实现高速公路"互联网＋"，首先要打通高速公路管理者和使用者（驾驶员）的连接，利用现代通信技术在道路、车辆和驾驶人（乘客）间建立起智能的联系，才能提高运输效率和安全性，减少交通事故，降低环境污染。

20 世纪 90 年代以来通信技术高速发展，新技术不断涌现，高速公路通信系统基于安全考虑按专网建设，系统更新换代周期较长，导致目前高速公路通信系统技术跟不上发展，网络封闭、设备参差不一。

随着业务需求变化，不少高速公路通信系统已出现带宽饱和，并影响到其他业务的发展，急需升级改造。但升级到最新的技术标准需要不少的投入，并且若干年后的业务需求很难预计，笔者认为高速公路通信系统建设应摒弃完全自主组网和封闭网络的思路，在互联网高度发达、移动互联、大数据、云计算时代，从成本和技术发展考虑，优化内网、借力公网，才能降低成本，紧跟技术潮流。积极研究移动互联网和物联网，积极推进高速公路"互联网＋"发展。

目前国内很多行业利用光网络和移动互联等现代通信技术，实现了不少业务转型升级。目前国内的 4G、光网已经普及，未来的 5G 技术最高理论传输速度可达每秒数十吉比特，现有的技术已可以满足高速公路各种业务传输的需求。在专业水平上，电信运营商的网络资源和建设维护能力都优于高速公路，直接利用公网资源可以改善高速公路通信系统技术跟不上发展的局面，提高传输的稳定性。此外由于高速公路行业的特点，通信技术人员本来就不足，而且接触新技术的机会少，维护能力不高。综合技术、成本、维护能力等因素考虑，高速公路应逐步摒弃自主建网的建设思路，利用公共电信资源，加快信息化建设。

（2）监控系统

高速公路监控系统利用先进设备对高速公路全线的交通流量、交通状况、环境气象、设施运行状态进行检测和信息采集，为道路管理者和使用者提供参考信息。目前高速公路监控系统的信息采集技术已经比较成熟，但随着交通数据获取源的增加，海量交通信息的整合和利用能力有待提高。

随着高清摄像枪、红外线、微波、雷达设备等硬件升级以及云存储、模糊技术等的使用，高速公路获取了海量可用信息，资源的整合变得更加重要。由于部分省份的监控数据基本都是内部使用，没有对外共享开放，缺少二次开发，导致信息资源浪费。因此建立监控信息资源大数据库非常有必要，对外提供数据接口，并对大数据进行二次开发，必能创造更大的社会效益。

现阶段高速公路路况信息和车辆诱导信息以可变情报板发布信息为主，可变情报板的缺点是以文字信息为主，不够直观，信息单向传递。目前移动互联高度发达，手机应用（APP）普及，大众日常生活越来越依赖智能手机，虽然也有部分省市发布了区域性的高速公路移动应用，但使用范围有限。如果能建立国家级的交通信息平台，开发更高效手机应用，充分利用互联网、大数据、云计算等信息技术手段，能优化运输组织方式，提供多元化产品，更好满足多样化需求。

（3）收费系统

高速公路在入口车道将入口代码、时间、车型信息写入通行卡，行驶过程中加入标识点信息，出口根据车辆的车型和行驶距离信息计算出路费，以现金或电子支付方式收取通行费。

目前高速公路有 MTC（人工收费）和 ETC（电子不停车收费）2 种收费模式，其中 MTC 车道采用 RFID 射频技术，入口通过读写器写入入口信息，车辆行驶中路侧 RFID 标识点向通行卡写入路径标识信息，标识单元采用广播方式对附件（一般设置有效覆盖范围为 2km）的通行卡写路径信息，但不接受卡片信息，因此无法实时获得哪张通行卡写了路径信息，出口车道通过读写器读出入口信息和标识点写入的路径信息，计算收费金额，收取现金或完成电子支付。ETC（electronic toll collection）不停车收费技术实现了车辆以 10～100km/h 的速度通过，极大地提高了车辆通行速度，节约了人力成本。但由于种种原因，目前 ETC 因各种原因未对货车开放使用，降低了该系统的使用面，并且由于目前使用的 5.8G 系统路侧单元实现了与车载 OBU 的双向通信，但受信号覆盖范围影响，不能实时获取车辆的行驶信息。

高速公路收费系统通过车-路联网实现车辆的收费和管理，是物联网的一个重要应用场景。目前物联网技术主要有 Zigbee、BLE、WiFi、NFC、RFID、LTE 等。根据高速公路路网线路长、车流量大的特点，必须满足大容量、广覆盖、低功耗、长距离、低速率、多终端的要求。RFID 和 LTE 的广覆盖特点非常适合高速公路使用，但各自的缺点也比较明显，RFID 的抗干扰能力较低，LTE 的功耗高。而国际通信标准化机构 3GPP（第三代合作伙伴计划）在 2016 年推出了基于蜂窝的窄带物联网（narrow band internet of things，NB IOT）标准，其技术能满足大容量、广覆盖、低功耗、长距离、低速率、多终端的要求。国内通信领域几大巨头移动、电信、华为、中兴近期纷纷发布相关发展计划与商用产品。此外利用 NB IOT 的移动定位特性，还能获得丰富的信息，像车辆实时位置、车速等，实现车辆全程动态跟踪和精准计费。此外无须建设通信基础设施，启动成本不高，因此从各方面综合比较，NB IOT 是未来高速公路实现车-路智能互联的最优选择。

5.1.3 交通大数据在智能高速公路中的应用

随着智能高速公路的建设和发展，在其运营过程中会产生海量的数据，也就是大数据，这些数据还在不断地增长，如何充分地将交通大数据应用到智能高速公路中，更好地服务于交通，成为摆在交通行业面前的一个迫切需要解决的问题。

(1) 交通大数据内涵

① 大数据内涵　大数据（big data），指的是所涉及的资料量规模巨大到无法通过目前主流软件工具在合理时间内撷取、管理、处理并整理成为对企业经营决策有帮助的资讯。大数据是那些超过传统数据库系统处理能力的数据。它的数据规模和传输速度要求很高，或者其结构不适合原本的数据库系统。大数据是继云计算、物联网之后 IT 行业又一大颠覆性的技术革命。据 IBM 的研究称，整个人类文明所获得的全部数据中，有 90% 是过去两年内产生的。而到了 2020 年，全世界所产生的数据规模预计达到今天的 44 倍。

② 交通大数据　社会经济的快速发展促使城市机动车辆的数量大幅增加，而原有的交通管理方式难以适应如此庞大的交通系统，因此，需要寻找更好的解决方案，而大数据给我们提供了很大的便利。大数据产生正能量，将使交通管理的效率提高数倍。大数据技术能够应用于交通卡口视频和图片数据的实时采集、存储、分析、分类、查询，能够比以往更快、更精确地分析、预测交通状况，并对能够影响复杂交通的潜在因素进行新的洞察。全新的大数据采集技术能在提高效率的同时节约成本，相比于传统的信息采集与交通管理方式，经过大数据分析遴选后得到的信息更加真实、更加准确、更加逼真、接近事实。虽然短时间内会增加信息管理的成本，但长远来看，大数据带来的成本节约是相当可观的。

(2) 智能高速公路交通大数据的来源和特点

① 高速公路大数据的来源　高速公路营运数据量大，大数据分析大有可为，这成为了专家们的共识。高速公路的数据可以分为收费数据、交通监控数据、指挥调度数据、日常运营数据、视频卡口数据等。智能高速公路大数据主要来源如下。

a. 高速联网收费软件数据　不同高速公路有各自数量的收费站点，每个收费站点上数量不等的收费车道上已经安排好正常运行的收费软件收集庞大数据，包括通过高速公路后留下的车型类别、通行频率、经常往返的区间位置、载货情况、单向以及区间货运量等数据。经过长时间的累积产生了海量的数据，这些数据急需等待相关部门、公司的开发运用。

b. 应用系统数据　高速公路监控结算中心的 12122 呼叫系统、清分系统、各个收费站和各路公司运行的稽核软件、收费站管理软件和复合卡动态管理软件等也积累了大量的数据，主要涵盖交通事故、救援保障、违章违法、车辆通行量、通行费征收、违规车辆统计、黑灰名单的统计等数据。

c. 视频监控系统的数据　在高速公路的互通立交、服务区、危险黑点路段、隧道、收费站广场、收费车道均设置了大量的视频监控探头，起初的设置目的主要是作为现场实时场景的监控，正常运行时，视频图像无人问津，只有在交通事故、特殊环境下才进行实时的查看与调用。数据保存方面由于其自身的数据庞大，一般情况下均保存一个月以内，对于数据的提取与应用就微乎其微。随着视频图像的提档升级，大量采用高清数字化摄像机，其图像分析、异常跟踪、人脸侦测、区域入侵侦测、越界侦测、车牌捕获及检索等数据的大量产生，为后期数据的应用提供了基础支撑。

d. 传感器数据　RFID、微波车检、路感线圈传感器、气象检测、环境检测、危化品专用检测设备等遍布在高速公路上的互通立交匝道、标识站、收费站出入口等，它对过往的车辆进行感知，分类统计，从而持续生成数据。此外，还有相关的第三方数据，例如公安交警数据、路政数据、地方道路数据、车辆维修点及周边医院数据等。这些数据体量大、类型多，足以支撑起行业应用大数据来解决相关问题。

② 高速公路大数据的特点　智能高速公路大数据作为重要的大数据领域主要具有以下几个特点。

a. 数据体量巨大　智能高速公路大数据的规模庞大，以至于完全不能用"GB"或"TB"来衡量，而是以"艾字节"为单位，其中非结构化数据通常占据数据总数的90%以上，同时还表现出快速增长和超大规模的特点。

b. 数据类型繁多　智能高速公路大数据存在很多种不同的形式，主要包括图像、视频、文本以及数据库记录等。在高速业务系统中，主要存在图像数据、视频数据、养护数据、收费数据、管理与业务数据等多种类型的数据。

c. 数据价值密度低　以高速公路视频流为例，通常1h左右的视频中有用的数据也就若干秒。

d. 数据处理速度快　不但对交通大数据的分析结果的实时性具有较高的要求，同时还对历史交通数据、行为习惯、周期性、随机性数据、气象数据等变化规律的分析具有比较高的要求。

(3) 交通大数据在智能高速公路中的应用概况

① 智能交通云平台

a. 海量数据存储　智能交通系统实时监控城市的交通状态，将各个路口的车辆实时抓拍数据传输到大数据云平台进行长期数据存储。

b. 实时数据查询　通过大数据云平台可实时掌控任一车辆的行驶运行轨迹，分析车辆是否违章。大数据平台中包含信号灯、停车线、车辆运行轨迹、车牌号码等信息；所拍照片清晰；可辨车牌号码、车体颜色和车型；记录信息包含违章地点、类型、时间、灯色等相关执法数据。

c. 智能数据分析　大数据云平台对海量的交通信息进行比对、分析和预测，为车辆出行提供最优路径规划、交通管理服务、刑侦分析、模式识别。

② 运营管理中的运用　大数据在高速公路运营管理中的运用主要表现在以下几个方面。

一是增收堵漏，识别偷逃通行费行为，通过分析收费数据，查找经常性超时行驶的车辆和换卡车辆信息；也可通过车牌抓拍系统、截取出入口车牌对比信息，对出入口车牌不一致、重量有较大偏差的、经常逃费的车辆加大检查力度，实现增收；通过数据分析可实现对公司整体收入的掌握及对未来收费趋势的预测，给经营决策层对公司未来的整体发展战略提供强有力的技术支撑。例如重庆中信渝黔高速公路公司在收费运营管理方面很早就建立了视频硬盘录像稽核系统。通过该系统实时对比查询该车辆在收费站入口、出口的视频信息、收费信息、音频信息，以此判断该车辆是否存在偷逃通行费行为，打击违规违法，增加运营收入。

二是运营的分析与预测，通过分析周边区域的经济形势、人口状况、产业结构、年高速公路车流量变化、通行费收入状况、路网结构等，进行车流量预测与分析，结合收费站车流量数据，能较准确预判节假日、高峰时间收费站的车流情况，从而为收费站开道保畅工作提前做好准备安排。

另外，针对市场化程度高的运营主体（主要是指高速公路上市公司），还可以通过数据分析进行市场营销。比如通过 ebay、淘宝、京东等商务平台建立的大数据分析平台可以准确分析用户的购物行为；通过移动运营商提供的用户数分析人流量信息量。高速公路相关运营主体在相应领域通过大数据分析来开展市场营销工作也可成为一个思考的方向。

③ 道路交通安全管理中的运用　由于高速公路领域的管理主体不同（有些地区运营、路政是不同主体在管理，另外还涉及道路安全的交警以及其他管理主体），因此大数据的应用具有广泛性，不但能对路面状况以及天气状况、车流量等与事故之间进行分析，找出关联性，找到改进思路，作出预防措施，而且能根据不同时间高速公路上车辆流量多少、不同车型结构、道路铺设特点，做出如高速公路主线控制、匝道控制、客货分离、远程引导等动作，提高高速公路通行状况，更好地为司乘人员提供优质服务。如重庆内环高速公路根据路面、车流量状况，实行客货分离、限时段监禁行、匝道入口控制等措施，有效缓解内环高速公路的堵车问题。强化高速公路信息发布，对其定点、精准发布道路交通安全信息，由此提升道路服务水平。

④ 在道路养护过程中的运用　随着中国高速公路路网的成熟，通车里程日益增大，后期养护工作责任大、任务重，养护维修后数据难以更新等。目前高速公路的道路养护工作主要是由高速公路运营管理单位负责，分别将不同类别的日常养护、专项维修委托给不同的施工单位，最后养护数据参差不齐，零零碎碎地保存在纸质资料中，后期查询难度大，不便于高效、精准管理。高速公路公司可在此基础上，将定期检测、专项设计与工程监理服务一体化，建立高速公路电子资产平台，将沿线路面、桥梁、隧道、涵洞、立交、收费站、边坡、广告、监控设备等等一一登记建档，形成一个完整的、可视化的四维的地图。该系统大到桥梁小到每一个护栏板立柱都一一登记在册，后期维护时只需在现场通过终端设备对维护设施进行维修记录实时上传，并完成数据更新。同时根据平台记录的建设时间、维修状况、路面结构数据、当地气象、环境因素、路面载荷、车流量等制订出全寿命周期的路面、桥梁、隧道结构物的养护周期计划。

5.2　高速公路入口匝道控制

入口匝道控制可以直接控制进入高速公路的交通量，可以使整个高速公路上的交通流量分布合理，充分利用其通行能力，同时可以消除或减少匝道交通流交汇时的冲突和事故，它可以影响与之相邻的道路的交通状况，是高速公路交通控制的主要手段。

5.2.1 入口匝道控制的作用与条件

（1）入口匝道控制的作用

入口匝道控制最早于1963年在美国的芝加哥市运行，后来在美国及其他的发达国家迅速发展应用。从交通工程实践来看，入口匝道控制是改善高速公路交通状况最有效的办法。美国在许多大城市的入口匝道控制的实践结果表明，入口匝道控制极大地减少了旅行时间、降低了事故的发生率和燃料消耗。

入口匝道控制作用主要有如下方面。

① 改善了高速公路系统的运行。车辆运行的平均速度、形成时间和延误等方面将得到明显的改善，能够使交通流量最大化和提高高速公路的服务水平。

② 提高安全性。高速公路匝道控制能够有效地减少车辆在匝道处和高速公路上的碰撞。系统范围的运行能使整条高速公路保持更加稳定的、统一的运行模式，而由于车辆停驶操作的减少车辆碰撞也就减少。

③ 减少车辆运行开销。减少了停车和速度改变，这样可以减少车辆运行过程中的开销。

④ 减少车辆尾气排放和燃料消耗。提高交通运行效率的时候必然会导致车辆尾气排放和燃料消耗的减少。

⑤ 和其他交通管理组成部分的协同运作。

⑥ 能够促进多模式的运行。

（2）入口匝道控制的条件

并不是所有高速公路路段都适合进行匝道控制，它受到交通流量、地理位置、替代道路等条件的制约。由于入口匝道控制所获得的高速公路运行效益是以通道内其他可替换道路上交通问题的加剧为代价取得的，只有通道内所有车辆运行总指标出现正效益，入口匝道控制才值得。因此实施入口匝道控制的成功与否取决于下列条件是否得到满足。

① 在通道内应该有可供使用的额外的容量（即可替换的路线、时段或运输方式）。它们不仅能容纳从高速公路上转移来的交通量，而且也能容纳原来使用的正常交通量。

② 在入口匝道上应有足够的停车空间。在实施匝道控制时，使匝道上的排队车辆不致延伸到堵塞引道或平交道路的程度，保证排队车辆不会严重影响相交道路的交通。

③ 交通模式必须合适。如果短途旅行和地区性交通的比例很小，把入口匝道控制作为鼓励人们使用通道上可替换道路的一种手段，那么意味这种交通转移将会很少。

④ 为节省行程时间，在高速公路下游出口处必须有可利用的容量，否则，仅仅使交通瓶颈向下游移动，这样对匝道控制无益。

⑤ 由于匝道汇合不充分、视距不良等因素，会在高速公路上发生常发性拥挤或严重事故的情形。

5.2.2 匝道控制的分类

国内外对于入口匝道控制方法的研究已有很多,对应的分类方法并不是单一的。如果按照匝道控制范围划分,可以分为单点控制(local/isolated metering)和协调控制(coordinated metering);按照对实时交通信息的响应不同可以分为静态控制(pretimed metering)和动态控制(responsive metering),这两种分类方式最常见。

(1) 静态控制

静态控制不能根据实时的交通信息而对实际中的交通状态进行调节。1965年Wattle Worth提出了多匝道的定时控制方法,这种方法计算方便,实际应用中简单易操作。其基本原理为:根据交通调查数据,在某时间段内综合考虑相邻多个匝道的调节率,确定路段的固定调节率,从而保证主线流量控制在最大流量下,取得全局最优控制的效果。该方法以主线驶入流量作为控制目标函数,以匝道调节率为优化变量,以通行能力和匝道调节能力为主要约束条件进行优化。

静态控制方法具有操作简单、成本低等优点。但由于这种方法使用的是历史数据,所以对于交通状态比较稳定或常发性交通拥挤的路段,该方法可以达到理想的控制效果;反之,对于交通状况易变的路段,这种方法的适用性并不可观。即,静态控制方法的灵活性差,不能针对实时的交通状态进行调节,对于外界突发性干扰(如交通事故、大型活动等),该方法是不能处理的。

(2) 动态控制

匝道的动态控制方法即根据实时的交通信息对由匝道进入主线的车流量进行调节,这种方法也被称为感应控制。该方法可以解决静态控制无法应对实时变化交通状态的不足。匝道动态控制方法有很多,根据控制范围可以归纳为两类:单点动态控制、动态协调控制。

① 单点动态控制 单点动态控制的研究范围为某一处匝道,其基本目的是解决该处匝道的交通拥挤。典型的单点动态控制方法有需求-容量差额控制、占有率控制、ALINEA控制3类。前两种方法都是前馈控制方法,不能将控制后的状态反馈给系统,也就是无法达到控制再优化的效果。针对这两种算法的不足,1991年,Papageorgiou等提出了在单点匝道控制中具有代表性的ALINEA算法。

ALINEA是目前单点动态匝道控制中应用最为广泛的反馈控制方法。很多国内外研究也表明,ALINEA算法在实际应用中,要优于需求-容量差额控制和占有率控制。该方法的控制原理为:将匝道控制视为调节器,交通流作为控制过程,匝道调节率作为匝道的控制变量。整个过程通过调整匝道的调节率保证其下游主线上的车流密度和占有率控制在最佳状态。

ALINEA算法适用性广,只需要检测下游占有率即可,算法比较平稳,当下游检测到占有率高于临界占有率时,降低入口匝道的调节率;当下游检测到的占有率低于临界占有率时,提高入口匝道的调节率。这种调节率渐变的调节方式,可以有效地防止交通拥挤的发生,减少系统的行程时间和提高车辆的平均速度,但它没有考虑入口匝道因排队引起的回溢现象。

与单点静态控制相比较,单点动态控制虽然技术复杂性和投资费用要高,但是这种方法在交通状况不稳定时可以达到很好的效果,这是单点静态控制不可能完成的。

② 动态协调控制　动态协调控制具有动态控制和协调控制两重特征,控制范围为高速公路系统所有或者局域的部分匝道。在此根据以往文献的观点,将动态协调控制分为系统最优协调控制(systematic optimal control)、状态调节器控制(state regulator control)和启发式协调控制(heuristic control)3类。

a. 系统最优协调控制　系统最优协调控制一般取系统总通行时间最少、总通过的车辆数最多或者各个入口匝道总的进入量最多等作为目标函数,系统最优协调控制可以分为线性开环控制和非线性开环控制。前者最具有代表性的控制方法为 LP 控制;后者具有代表性的是 DMCS (dynamic metering control system) 和 AMOC (advanced motorway optimal control)。系统最优协调控制方法的最大优点就是考虑范围广,系统性强,有明确的优化目标,在理论层次上可以使系统处于最优状态。但是,该方法也有其不可避免的缺点:模型一般比较复杂,并且可能无法收敛或无最优解,DMCS 等此类问题更严重;对于实时预测信息的依赖性大,且不具备反馈机制;对于主线交通拥挤条件的模型难以建立。针对此类不足,2000 年 Papageorgiou 等提出了多匝道非线性控制算法,并于 2004 年对此方法作了进一步的优化完善,提出了分层递阶控制。Wang 等于 2005 年对高速公路系统模型的卡尔曼滤波估计进行了深入研究,使其具有估计模型参数的功能。

b. 状态调节器控制　状态调节器控制克服了非线性最优控制求解过于复杂的问题,该方法主要利用线性二次型(linear-quadratic,LQ)反馈控制。该类方法中最具有代表性的是 METALINEA 算法。该方法是 ALINEA 方法的扩展和推广,较 ALINEA 方法具有系统性、协调性。METALINEA 算法的优点是控制思路简单,调节率计算公式本身就具有反馈机制,可以减少系统误差、自动调整增益、保持系统稳定性和减少外来噪声干扰等,实际中应用较广。但是该方法仍存在一些不足,具有一定的局限性。如该方法适用于在预设的理想环境状态附近控制(因为此范围内的系统可以认为是线性的),若系统发生了强烈的扰动(如交通需求变化、突发事件或大型活动引起交通拥堵等),则该方法可能就不会达到理想的效果或控制失败。

c. 启发式协调控制　启发式协调控制算法中,采用单点层与协调层相结合的方法生成匝道调节率。这类方法还可以进一步细分为合作方法(cooperative)和竞争方法(competitive)。合作方法根据相邻匝道之间的排队均衡原则对单点层而得到的调节率进行调控,具有代表性的是 Helper 方法、linked-ramp 方法等。竞争方法包括 bottleneck、SWARM 等。linked-ramp 算法与 Helper 算法对于解决严重的交通拥挤具有较好的灵活性,但是 linked-ramp 算法的单点逻辑对于拥挤时的交通拥挤情况并不适用。合作型控制算法的模型比较简单,求解方便,不存在无解的情况;一般只需将实时检测到的 OD 信息和交通状态信息作为输入条件,而不需要实时预测的 OD 信息和交通状态信息。该方法的不足之处在于,由于它不存在最优控制目标函数,所以一般情况下是达不到整个系统最优解的,且不具备预测机制,难以避免由于时滞引起的控制误差。竞争型控制方法与合作型控制方法类似,只具有概念上的控制目标,而没有明确的目标函数。在确定调节率时，此方法将同时考虑单点和全局的交通状态，计算出两组匝道调节率，选择限制性最强的调节率作为实际的调节率。当面临交通拥堵或其他的限制条件时，可以进一步调整所选择的调节率。

(3) 各类控制方法的特点

当高速公路主线的交通状态较稳定时，静态控制可以起到很好的控制效果，且实际操作相较于动态控制要简单；当快速道路的局部出现了交通拥堵，且该部分的交通状态变化不稳定（如早晚高峰影响），可以利用单点动态控制方法解决，然而这样也许会产生交通拥堵的转移或造成主线更加拥堵；为避免这样的情况发生，可以采用协调控制的方法，进而达到整个高速公路主线的畅通。现实生活中，交通信息的实时检测以及模型参数的经验值确定对匝道控制效果的实施影响较大，所以需要在确定何种控制方法时纳入较为准确的预测机制，以及收集充分的实时检测数据。

5.2.3 入口匝道控制的发展趋势

高速公路所有入口都是可控的，通过入口匝道调节可以实现对高速公路上的车辆数进行直接控制。当高速公路上的交通流较少时，入口匝道可通过汇入保证交通流均匀，消除交通流中的不稳定性；当高速公路上的交通流较大时，入口匝道控制使车辆汇合安全，减少拥挤和事故，确保高速公路主线运行于理想的速度和密度；当高速公路上某段交通接近饱和或由事故引起交通阻塞时，通过某些入口匝道的控制可以阻止阻塞的进一步扩大。匝道控制的主要目标是通过控制驶入高速公路主线车辆来平顺交通流，增加交通流的稳定性，减少拥挤和事故。这种控制方法要把潜在能引起高速公路阻塞的交通流转向高速公路的替代路线，或选择非高峰期进入高速公路。一些希望使用高速公路的车辆在允许其进入高速公路之前，必须在入口匝道处等候；一些不愿意等候的车辆可以理性选择其他时间进入，或从附近别的匝道进入；一些不愿意等候的车辆可以选择替代路线。随着信息技术和知识经济的飞速发展，交通量的大幅增加，传统的交通控制方法不能有效地解决交通拥挤问题，交通与经济发展的矛盾日趋尖锐，对高速公路交通控制的研究必须采用新的研究方法和手段。目前高速公路匝道控制的趋势主要有以下 2 点。

(1) 智能化

智能方法如模糊逻辑、人工神经网络、遗传算法等方法在一定程度上为用传统控制无法解决的复杂控制问题的研究提供了新的思路。从控制系统来看，首先交通系统是一个复杂的非线性大系统，各匝道控制子系统相互影响、相互作用。其次，交通系统是一个由占主导性的人参与的主动系统。人的主观必然会对交通系统产生影响，而影响是非常复杂和随机性的，也难以用数学模型精确描述；同时交通系统的突发交通事故还会给系统的建模带来困难，所以交通系统是一个连续时间系统和离散事件系统结合的复杂系统。根据交通的特点以及智能控制技术的长处，智能控制技术正适合于在交通系统中应用。

(2) 整体化

现在高速公路交通系统是一个复杂的非线性、时变系统，单匝道控制虽达到局部最优，但难以保证整体最优。协调控制考虑控制方式之间的相互协调相互关联，多匝道通过协调控制逼近最优控制目标。大系统分散理论在协调公路匝道子系统方面有一定的优点。

5.3　高速公路区间车速与车流监控系统

高速公路交通各类问题不断增多,已成为道路交通发展的一个难题。我国正在积极地研制与建设智能交通监测系统。

5.3.1　高速公路区间测速系统

高速公路超速违法行为逐渐增多,严重影响高速公路的通行秩序和交通安全,成为高速公路上的一大公害。传统的固定测速、流动测速管理措施比较单一,检测范围小,已不能有效遏制此类违法行为的上升势头。另外,由于"电子狗"等反测速设备的泛滥,普通测速设备对一些经常跑高速公路的超速"常客"已经显得力不从心。

通过设置高速公路全程区间测速,可以变"抓点"为"控线",能有效弥补一般测速设备只能对特定点监控的局限,具有监控范围大、"反监控"能力强、24小时实时监控的特点,可以有效减少在时间与地域上的警力管理盲区,对驾驶人形成全程限速心理威慑,从而在预防交通事故中发挥积极作用,营造一个畅通、安全、和谐的道路交通环境。

在此,以江苏高速公路区间测速系统为例,介绍高速公路区间测速技术及应用。

(1) 建设目标

通过本系统的建设,能够有效遏制高速公路机动车超速交通违法行为,预防并减少高速公路重特大交通事故,保障高速公路的安全和畅通。在"系统共建、信息共享"的原则基础上,充分考虑公安和交通两方的业务需求,主要实现以下功能和目标。

① 交通流信息采集　通过前端抓拍设备实现高速公路主线断面交通流量的信息采集,为高速公路营运管理和统计分析提供省厅流量基础数据。

② 违法行为现场处罚　能够结合江苏卡口拦截系统,将超速违法数据信息上传至卡口拦截系统黑名单数据库,实时传输到沿线卡口,由民警进行现场执法。

③ 违法行为非现场处罚　能够实时采集车辆信息及全景特征图片,自动甄别机动车违法行为,并将违法数据导入交通管理综合应用平台。

④ 通行状况评估分析　系统将测速区间内的采集数据进行处理,生成区间平均旅行速度,实现通行状况的综合评估和分析。

⑤ 服务打击罪犯、维护治安　整合采集的图像、前排驾驶人图像、车辆牌号、通过时间地点等信息资源,为加强高速公路交通安全管理和治安防控、追踪机动车行驶轨迹、及时侦破刑事和肇事逃逸案件、有效打击违法犯罪提供有力技术支撑。

⑥ 科技创新促进警务变革　系统设计充分考虑可扩展性和创新科技应用,创新高速公路交通管理手段,促进高速公路警务机制变革。

(2) 系统选址原则与工作原理

① 选址原则　测速区间选址基本原则是设置在恒定限速值的路段,同时结合江苏省道路监控"3.20"工程需求进行布设,实现多业务应用需求。

测速区间按照"重特大交通事故多发路段优先、代表江苏通行水平路段优先、单路径路段优先"的原则进行合理选择，最大限度地覆盖全省高速路网，在大区间内开展点对点全程测速。

充分利用路网现有资源，将区间点位选择与现有情报板分布情况相结合，共用龙门架装置，节省经费降低施工难度。

② 工作原理　区间测速技术是通过在同一路段上布设两个相邻的监控点来计算车辆在该路段上的平均速度，对超速违法行为自动检测和记录。其技术原理是利用车牌识别技术对所有通过两个检测断面的车辆进行车牌识别，通过比对车牌号码，计算出同一辆车通过两个检测断面的旅行时间。根据两点间的距离计算出此车在此路段上的平均车速，并将检测断面检测的原始数据提供给现场执法站服务器，经过处理分析，实现高速公路流量检测、车辆超速、交通违法检测及辅助处罚等功能。

(3) 中心系统

① 总体结构　在路公司、江苏省联网中心、省厅公安内网建立系统数据库和服务软件。

系统平台主要分为4层：前端路面监控点/现场执法站、路公司、联网中心数据汇集、业务处理和省厅应用，系统如图5-1所示。

a. 前端路面监控点/现场执法站层　前端路面监控点/现场执法站层主要由各路段车辆监测系统、高速收费站卡口、民警执法检查站组成。前端路段监测系统实时采集路网通行车辆信息，通过数据接入服务软件接口，实现车辆通行信息的实时上传；高速收费站卡口点主要比对过往车辆，识别嫌疑车辆；民警执法检查站主要通过嫌疑车辆报警客户端，按照综合预警机制进行出警，快速拦截、现场处罚嫌疑车辆。

b. 路公司层　路公司层主要部署区间测速系统数据库、区间平均速度计算服务软件、数据统一接入服务软件和违法图片合成服务软件。区间测速系统数据库主要存储单个监控点的车辆通行信息及图片和区间车辆通行信息及图片。数据统一接入服务软件主要是接收监控点的卡口监控系统实时上传的原始通行车辆信息和图片并存储；区间平均速度计算服务软件主要是计算区间内车辆的平均速度，形成区间数据和图片并存储。违法图片合成服务主要是提取区间超速违法车辆图片信息，将区间起点和终点过程图片合成，作为执法依据。

c. 联网中心数据汇集、业务处理层　联网中心数据汇集、业务处理层主要部署区间测速综合应用软件，包括数据传输服务、业务处理服务等。业务处理服务主要供平台内部业务流程使用和卡口拦截系统、路网中心指挥调度系统等进行数据交换传输。

d. 省厅应用层　省厅应用层主要包括机动车区间测速系统软件和外关联系统，主要为交通管理综合应用平台、交通治安综合管控服务平台、江苏公安"大平台"等相关系统提供数据支持、数据服务。

② 系统功能　本系统能够满足高速公路交通管理部门路面通行车辆信息的采集传输、违法行为甄别、区间违法信息的生成、黑名单信息的下发、网上监视、信息共享、查询统计等需求。系统同时预留与相关业务系统的数据接口，实现违法行为现场、非现场处罚和信息资源共享应用。

a. 数据接入服务　对区间监控设备提供车辆通行数据、设备状态的统一接入。

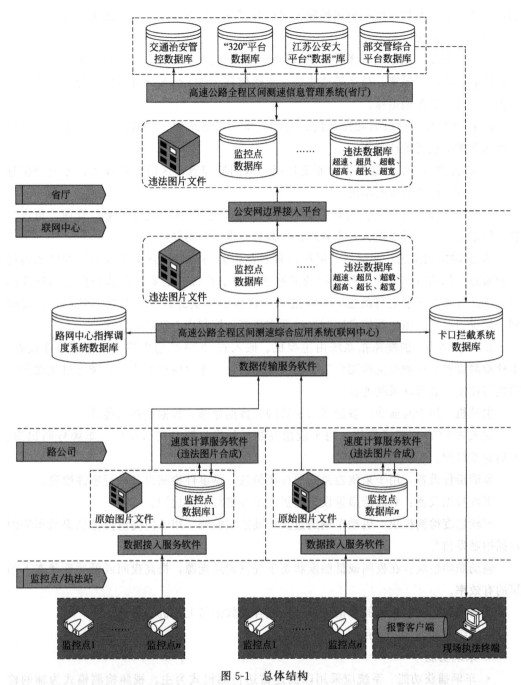

图 5-1 总体结构

b. 区间测速服务 对区间内的通行车辆进行实时网络监控,自动计算区间内的平均速度,提供区间平均速度查询及自动生成执法图片证据。

c. 违法行为甄别 待技术成熟时,对车辆超员、超载、超限等疑似违法车辆提供甄别服务。

d. 时间同步服务 提供系统服务器时钟与网内基准时钟主动定时校对功能,对系统内所有区间监控设备进行设备时间监测。

e. 视频事件检测服务 提供接入视频信息的事件检测、报警服务。考虑到带宽等因素，首期工程的视频监控采用控股公司已有视频监控系统，后期考虑由公安另行搭建高清视频监控系统。

f. 综合查询　根据查询条件，查询单点和区间过车信息、单点和区间超速违法、超员、超载、超长、超宽、超高等违法嫌疑车辆信息、OD 点旅行时间信息等，协助公安各警种进行涉案车辆追踪。

g. 统计分析　可根据测速区间、违法数量、违法车种、车辆属地、超速率、车流量平均车速等进行统计分析。

h. 信息管理　主要是提供对测速区间、区间监控点、区间监控设备、方向等信息的统一管理、配置和监测功能。

i. 系统管理　对系统自身运行条件进行维护，包括参数设置、用户管理、角色管理、权限管理、代码维护、日志管理、拦截规则设定等功能。

③ 前端抓拍系统　前端抓拍系统设置在高速公路前端，自动完成对控制区域内超速和通行车辆的取证工作，是专门的前端超速记录系统。主要在高速公路区间测速起点、终点位置对车辆进行测速，对通过该点区域的车辆进行测速并进行拍照，并将时间、地点、速度、图片等信息同时发送到交通管理控制中心系统软件中。

a. 系统结构　前端抓拍系统由主控机、嵌入式 CCD 高清摄像机、高清摄像设备、事件检测设备、车辆速度检测模块、辅助照明模块、通信模块组成。系统通过光端设备实现与控制中心管理系统的连接。

主控机：用于对前端设备进行系统管理、数据存储、数据定向上传等。

嵌入式 CCD 高清摄像机：用于成像控制、补光灯联动信号输出、车牌号码识别、车辆速度检测、车辆图片抓拍等。

高清摄像设备：用于采集道路交通视频信息，供事件检测设备进行事件检测。

事件检测设备：对高清摄像设备提供的视屏进行事件检测。

车辆速度检测模块：机动车辆通过及行驶速度检测，用于向高清摄像机提供车辆图片抓拍触发信号。

辅助照明模块：在夜间或低照度状态下提供辅助光源，提高夜间或低照度状态下拍摄的有效率。

通信模块：提供规范的通信接口，完成各类数据与上位机的通信。

系统组成如图 5-2 所示。

b. 系统功能

- 车辆捕获功能　系统应采用以测速雷达检测模式为主、视频检测模式为辅的检测方式。当测速雷达检测模式无法正常运行时，系统能够自动切换为视频检测模式。
- 单点测速抓拍功能　当系统监测到行驶车辆速度超过速度限定值后，系统程序自动启动摄像机抓拍图片，生成超速违法证据，抓拍图片符合《道路交通安全违法行为图像取证技术规范》（GA/T 832）要求，测速精度应符合《机动车测速仪》（GB/T 21255）规范要求。
- 违法图片自动生成功能　系统抓拍违法图片的同时叠加监测设备编号、违法时间（精确到毫秒）、地点、方向、车牌号码、路段限速值、实际速度值、超速比例、图

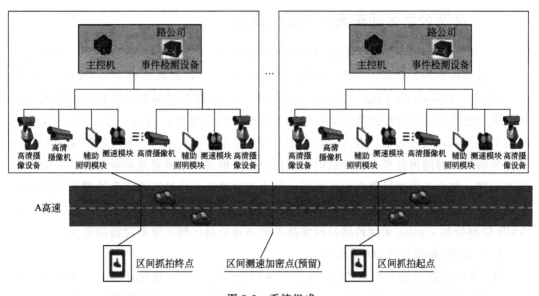

图 5-2 系统组成

片编号、使用单位、防伪等信息。抓拍图片以 JPEG 格式保存，并符合《道路交通安全违法行为图像取证技术规范》(GA/T 832) 要求。

系统还具备车辆信息记录、号牌自动识别、布控/撤控、自动比对报警、图像记录防篡改、数据传输、光线自适应、交通信息采集、设备管理、系统管理、自动对时等功能。

④ 标志设计　区间测速告知标志依据《道路交通标志和标线》(GB 5768)、《机动车区间测速技术规范》(GA/T 959) 和《公路交通标志和标线设置规范》(JTG D82) 标准进行设计，标志分为预告标志、起点标志和终点标志。经实地现场勘察后，确定采用立柱式杆件，且每块标志板采用两根立柱支撑，标志板版面设计如图5-3所示。

图 5-3　标志板版面设计

（4）系统实施效果

江苏沪宁高速南京至常州、宁杭高速南京至溧阳两个路段启用全程区间测速系统以来，40 天内采集超速违法行为 3.3 万余起，超速行驶同比下降 30%，对超速 20% 以上的开车人，各地民警上门约谈并予以处罚。随着江苏省高速公路机动车区间测速系统投入使用，区间测速与固定点测速、流动测速、GPS 测速互为补充，形成全时空、立体化的速度控制手段。

5.3.2 高速公路区间车流密度监测系统

在智能交通系统中，有一个极为重要的基础监测——车流密度的监测。地球的磁场在一定范围内是均匀分布的，当车辆等大型铁磁物质穿过磁场时会对周边磁场产生扰动，AMR（anisotropic magneto resistive）各向异性磁阻传感器是一种利用磁阻效应原理来探测磁场和铁磁材料的传感器，能动态检测地磁场变化。目前，AMR 因为体积较小且不易损坏，使用起来具有占用空间小、可靠性高、安装简易、无须切割路面和封闭道路等特点，被国内外很多科研机构组织用于车型识别、车流量监测等场合，其应用开发与实现一般均于地磁处垂直分量展开，但由于地磁垂直分量不能完全体现车辆扰动效应，且强磁场下，磁偏角易产生漂移影响测量精度。在此，介绍一种基于三轴数字式 AMR 传感器和 ZigBee 无线传感器网络技术的高速公路区间车流密度监测系统。

（1）AMR 传感器监测车辆原理

AMR 传感器利用了导体材料的各向异性磁阻效应，即在磁场环境下，导体材料电阻率随磁化强度方向与电流方向变化而发生变化的特性。通过构建惠斯通电桥，并使用镍铁合金材料制成的电阻作为电桥电阻，铁磁物质（如车辆）会对地磁产生扰动，使惠斯通电桥感知并转换成差分电压，实现了磁场扰动检测的功能。铁磁物质对地磁产生扰动如图 5-4 所示，惠斯通电桥感知并转换成差分电压原理如图 5-5 所示。

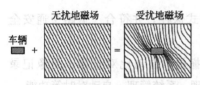

图 5-4 铁磁物质对地磁产生扰动

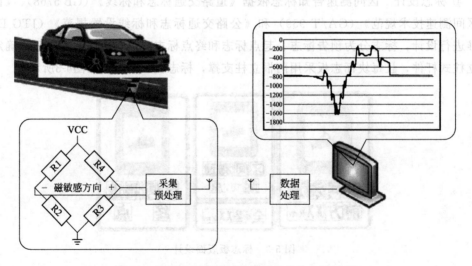

图 5-5 惠斯通电桥感知并转换成差分电压原理

因此，利用 AMR 传感器这一特点，将磁异态转换为电压信号的变化，再通过无线通信设备将信号传给上位机。上位机收到信号后，通过信号处理，从磁信号的变化判断出车辆的通过信息、行驶方向、车速等相关信息，达到监测车辆的目的。

（2）系统的总体设计

本系统主要由 3 个功能模块组成，分别是 AMR 传感器监测节点模块，无线通信模块，路口（路段）数据汇总、分析及警示模块。其主要功能是运用 AMR 传感器（HMC5883）感知测量点的车辆信息；利用 CC2530 芯片处理相关数据，并通过 ZigBee 无线传感器网络实现测量点的数据顺序传递；路口（路段）数据汇总、分析及警示模块通过测量相邻测量点的车流量差，判断高速公路区间内道路畅通情况，并根据道路畅通情况，在路口或路段表示处为后续车辆进行简单的道路拥堵情况预警。具体系统结构如图 5-6 所示。

图 5-6　车流密度监测及警示系统结构图

（3）系统监测硬件部分设计

本项目采用 Honeywell 公司生产的 HMC5883 三轴 AMR 传感器。该传感器是一种表面贴装的高集成度的带有 I^2C 数字接口的弱磁传感器芯片，具有集成度、灵敏度高和可靠性好的优点。其测量磁场范围广（±8Oe，1Oe＝79.5775A/m），灵敏度为 5mV/(V·G)，工作电压在 2.16～3.6V 之间，典型为 3.3V，满足高性能、低功耗（100μA）的要求。HMC5883 三轴 AMR 传感器可以监测到 X、Y、Z 三个维度不同方向的磁场变化情况。将 AMR 传感器在 K 时间节点所采集的信号 $H_i(K)$ 分为车辆信号 $V_i(K)$、地磁信号 $G_i(K)$、周围环境的干扰信号 $N_i(K)$ 的叠加，如式（5-1）所示。

$$H_i(K)=V_i(K)+G_i(K)+N_i(K) \tag{5-1}$$

通过对上述采集信号进行处理与计算，可以分析计算出测量节点经过的车辆数据信息，为系统进一步分析其他相关数据提供了数据支撑。

① 传感器节点总体设计　由于磁阻传感器一般只有 5m 的检测范围，而且磁场信号强度随距离线性衰减（超过 5m 一般强度会衰减 80%），因此道路区间车流量的监测需要组建一组连续的监测点才能实现。

根据高速公路线性的特点以及信息线性递进的传递方式，以物联网试验设备为基础，采用基于 CC2530 的 Zigbee 协议芯片来完成无线传感器网络的搭建，实现无线数据采集。CC2530 是一款片上系统芯片，具有高性能、低功耗的特点，并集成了符合 IEEE802.15.4 标准的 2.4GHz 的射频收发系统模块。其无线射频收发模块，配备高性能蛇形天线，传输速率最高可达 250kb/s，传输距离可达 150～200m，并且该模块封装尺寸小，适合浅埋于车道表面下层，传感器节点如图 5-7 所示。

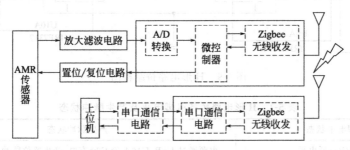

图 5-7　传感器节点硬件结构图

将 2 个监测点设定为 1 组监测路段，其中监测点之间采用基于方向的拓扑控制模式，该模式通过配备有向天线，以最小功率传递信息（监测点 A1、A3 分别与监测点 A2 互相通信），监测组之间则采用分层拓扑控制模式（监测点 A2、N2 分别与无线基站互相通信），各监测点、监测组之间的拓扑模式如图 5-8 所示。

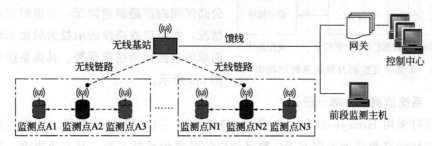

图 5-8 监测节点拓扑结构图

② 系统的复位/置位　HMC5883 三轴 AMR 传感器的电桥能分别产生偏置电场和用于复位的瞬间强磁场，并通过传感器内部的电桥薄膜，来分别实现电路的复位/置位和产生用于补偿干扰磁场的偏置磁场。为了保证传感器的精确度及灵敏度和读数的可重复性，经过调试，发现通过对电桥上的电桥薄膜施加脉冲电流（周期 20~50ns，幅值 3~4A，置位/复位脉冲宽度 2μs），就可以实现磁区域的复位对准。

为了能够产生稳定的脉冲电流，采用了双通道 IRF7317 芯片（MOSFET 芯片）构建 H 形电路桥，为电桥薄膜提供脉冲电流，通过控制引脚 S/R＋、S/R－电平的高低，改变 H 回路中的导通方向，进而改变复位/置位脉冲的产生。H 形电路桥的结构如图 5-9 所示，具体工作如表 5-1 所示。

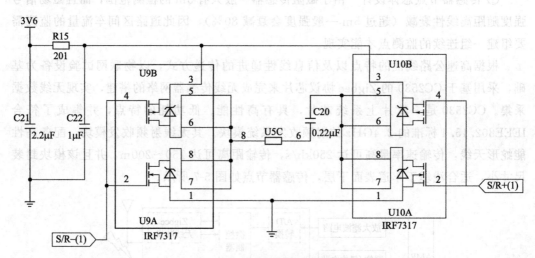

图 5-9 H 形电路桥结构图

表 5-1 H 形电路桥各引脚电平及产生脉冲状态

引脚电平状态	产生脉冲状态
S/R＋高电平，S/R－低电平	电源通过 U9B、U10A 给 C20 充电，产生置位脉冲
S/R＋低电平，S/R－高电平	电源通过 U9A、U10B 给 C20 充电，产生复位脉冲

H形电路各引脚电平所产生的复位/置位脉冲状态波形图如图5-10所示。

③ 系统的信号调理 由于扰动的磁信号为微小信号,使得传感器输出的电压信号也很小,幅值不定,为了使信号的幅值适中,信号需要放大。针对磁信号的特性,选用了CS5532bs这一斩波稳定增益可编程仪表放大器,构成两级放大电路,该设备运用了电荷平衡技术,具有高共模抑制比、低失调电压和高稳定增益,能够很好地抑制温漂等特点,同时该设备还提供了一个能与SPI和Microwire兼容的三线串行结构,以及一个由施密特触发器构成的串行时钟口,便于安装、调试和功能拓展。在滤波方面,选用一种开关电容滤波器MAX292,该设备的截止频率由时钟频率决定,并能够在0.1~25kHz可调。图5-11所示为CS5532bs和MAX292组成的信号调理电路。

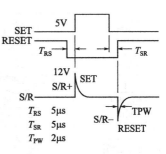

图5-10 复位/置位脉冲状态波形图

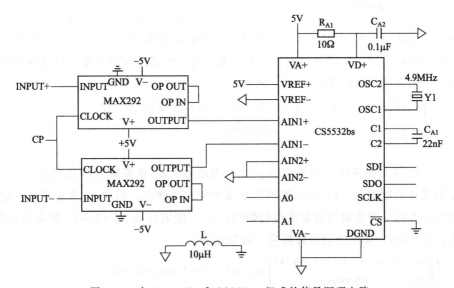

图5-11 由CS5532bs和MAX292组成的信号调理电路

通过这样的组合,结合HMC5883的特性[取工作电压3.3V,灵敏度5mV/(V·G),以及车辆及车载物体等硬磁材料所带磁残留强度不大于2G这一特点],可以计算出HMC5883传感器的最大差分输出电压范围

$$\Delta u = 3.3\text{V} \times (\pm 2\text{G}) \times 5\text{mV}/(\text{V} \cdot \text{G}) = \pm 33\text{mV} \qquad (5-2)$$

HMC5883自带的A/D转换器,ADC最大值为3.6V,则其放大增益为

$$A_u = 3.6\text{V}/(33\text{mV} \times 2) = 55 \qquad (5-3)$$

综合其他因素,将放大器的增益设置为50。由于HMC5883传感器采用了惠斯通电桥结构,所以在实际使用时必然会产生电桥偏置电压,容易产生误差积累。为了消除偏压,在比较了偏置电流法、并联电阻法和放大器偏压置零法之后,本项目结合系统硬件特性采用了放大器偏压置零法。该方法在不直接改变电桥性能的情况下,通过在放大器的输入端增加一个反向电压,达到消除电桥偏置电压的目的。通过实验,采用的X9315芯片能够通过软件程序微调电阻,达到放大器的输入端动态调整反向电压的目的。

(4) AMR 传感器监测车辆方法的实现

① 监测车辆主程序设计　AMR 传感器监测车辆，主要是通过 AMR 传感器监测车辆信号，对信号预处理后，通过 ZigBee 无线通信传输给对应处理单元，同时接受反馈信息。传感器监测车辆的主程序流程图如图 5-12 所示。

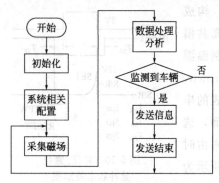

图 5-12　传感器监测车辆的主程序流程图

其中，对于车辆感知与监测的功能实现，采用了目前使用较为广泛的自适应阈值的车辆监测方法。利用该方法，根据三轴 AMR 传感器的地磁监测原理，将 AMR 传感器监测到的与车道行驶方向平行、垂直和与地面垂直 3 个维度的电压变化值作为地磁干扰的参数（分别定义为 X_k、Y_k、Z_k），则有车辆通过信号 E_k 表达式为

$$E_k = \sqrt{X_k^2 + Y_k^2 + Z_k^2} \tag{5-4}$$

利用三轴能量信号来监测车辆，可以更为精确地获取车辆进入和离开监测点的时间，有利于提高车速、车流量的监测精度。为了进一步提高监测精度，对监测区域的背景信号基础值进行设定，如式（5-5）所示。

$$B_i(k) = \begin{cases} B_i(k-1) \times (1-\alpha_i) + a_i(k) \times \alpha_i & (s(\tau) = 0 \; \forall \tau \in [(k-s_{buf}) \cdots (k-1)]) \\ B_i(k-1) & \text{otherwise} \end{cases} \quad (i \in [x, y, z]) \tag{5-5}$$

式中，$B_i(k)$ 是各轴上的第 k 次计算的基准值；α_i 是各轴上的遗忘因子；$a_i(k)$ 是第 k 次采样的数据；$s(\tau)$ 是状态机第 τ 次判定输出状态，用"0"表示无车，用"1"表示有车。为保证背景磁场对基准值的影响，α_i 一般取值 0.02~0.05。确定好阈值后，即可根据式（5-6）获得磁信号转换为二进制信号。

$$T(k) = \begin{cases} \begin{cases} \text{true} & \text{if } |a_z(k) - B_z(k)| > h_z(k) \\ \text{false} & \text{otherwise} \end{cases} & \text{for } s(k-1) = \text{Event\_Detected} \\ \begin{cases} \text{true} & \text{if } |a_z(k) - B_z(k)| > h_z(k) \text{ or } |a_x(k) - B_x(k)| > h_x(k) \\ \text{false} & \text{otherwise} \end{cases} & \text{for } s(k-1) \neq \text{Event\_Detected} \end{cases} \tag{5-6}$$

式中，$h_i(k)$ 为相应轴的阈值水平。由于 AMR 传感器对铁质物体的距离较为敏感，对于 HMC5883AMR 传感器来说，其监测距离达到 5m 后，输出信号下降 80%，通过上述方法建立合适的阈值水平，可以尽可能地消除铁磁性干扰物的干扰，提高监测精度。

② 车流密度监测方法的设计　在高速公路上，车流运行状态会随着时间的变化而改变，根据道路交通状态，分为畅通、拥挤和消散 3 个状态，为了能够监测高速公路区间内的车流密度和交通流量，对区间内监测节点的安放如图 5-13 所示。

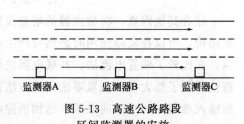

图 5-13　高速公路路段区间监测器的安放

采用 3 个传感器节点作为 1 个检测组，3 个传感器节点均匀分布（监测器安放在单向车道上，监测器 A、B、C 之间的距离均设置为 50m，总监测长度为 100m，该距离与高速公路波形隔离带上的轮廓反光标间距成整数倍数关系，为系统以后的引导警示功能提供升级便利），通过中间节点 B 记录车辆通过 3 个节点的时刻，利用通过 3 个节点的时间差和 3 个节点的距离计算车辆通过平均速度。

将车流看作由基本交通工具为粒子组成的一种粒子流，按照流体理论，可以用交通流量、通过速度和区间密度 3 个基本参数来描述。

a. 交通流量 F　是指单位时间通过某一监测点的车辆数目。

b. 通过速度 v　主要有两种指标，分别是时间内平均速度和区间平均速度。

时间内平均速度即在一时间段内通过某一监测点的所有车辆瞬时速度的算术平均值。

$$\bar{v}_t = \frac{1}{N} \sum V_i \tag{5-7}$$

区间平均速度为在某一监测路段所有通过车辆的平均行驶速度，定义 L 为监测路段长度，t 为每辆车通过该路段的时间，N 为通过的车辆数，则有表达式 (5-8)。

$$\bar{v}_s = \frac{1}{\frac{1}{N}\sum_i t_i} = \frac{1}{\frac{1}{N}\sum_i \frac{L}{v_i}} = \frac{1}{\frac{1}{N}\sum_i \frac{1}{v_i}} \tag{5-8}$$

c. 区间密度 D　是指在单位时间内，单位长度内的车辆数，如式 (5-9) 所示。

$$D = N/L \tag{5-9}$$

式中，N 为单位时间内的车辆数；L 为单位长度。据常识可知，在道路上，车辆的区间密度越小，车辆前后间距就大，车速行驶快；反之，车辆的区间密度越大，车辆前后间距就小，车速降低，甚至停滞。可见，通过速度 v 和区间密度 D 是反映车辆行驶拥堵程度的主要指标，并且交通流量、通过速度、区间密度之间具有的关系如式 (5-10) 所示。

$$F = vD \tag{5-10}$$

通过上式，可以清楚地构建出交通流的基本模型。结合图 5-8 所安放的监测节点，采用 3 个传感器节点作为 1 个监测组，以监测器 A 和 C 之间的交通流量 F、通过速度 v、区间密度 D 为观测点，并结合相关文献和资料有关交通流畅度与车速的关系，假定监测路段对车辆时速的最高限速为 v_H，则对区间内交通通畅状态描述如下：当交通流量 F 变大、区间密度 D 变大，而通过速度 v（$v<0.3v_H$）变小时，监测区间内处于拥堵状态；当交通流量 F 变大、区间密度 D 变大，而通过速度 v（$0.3v_H<v<0.8v_H$）变小时，监测区间内处于聚集拥堵状态；当交通流量 F 变大、区间密度 D 变小，而通过速度 v（$0.3v_H<v<0.8v_H$）变大时，监测区间内处于拥堵消散状态；当交通流量 F、区间密度 D、通过速度 v（$v>0.8v_H$）基本不变时，监测区间内处于畅通状态。

本项目通过上述方法，可对监测路段进行车流量、车速的监测，并计算出监测路段的车流密度，从而判断出道路车辆拥堵情况。

(5) 系统测试

在实验场所，搭建测试系统如图 5-14 所示。经过硬件组装及系统调试，主要对监测节点进行车辆计数及车速判断，本项目将经过滤波后的 HMC5883 传感器感知的 X、Y、Z 轴地磁信号与基线的绝对差值作为实验监测对象，利用式（5-4）计算并判断出车辆经过的信号。通过实验发现，当汽车经过传感器时，可以明显感知磁场扰动。监测结果以波形图显示，如图 5-15 所示。

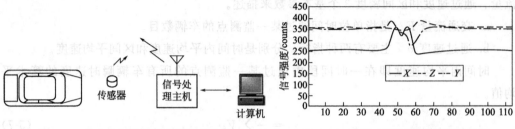

图 5-14　单个车辆监测节点测试结构图　　图 5-15　监测点监测地磁扰动波形图

在系统监测与通信测试过程中发现，由于系统采用无线通信方式传递信息，在传递数据时存在数据丢包和易接收干扰信号的问题。为此，采用了一次四组数据的方式。通过测试，虽然仍存在数据丢包和信号干扰问题，但由于采用多次数据传送的模式，故仍能保证信息的完整性和可靠性。

通过调试，对系统功能进行整体测试。测试场所为南通市 S336 星湖大道与通盛大道交叉点西侧路段，测试路段长 100m，该路段为半封闭路段，监测车道以汽车通行为主，能够近似模拟高速公路状态。测试时间为 2016 年 4 月 8 日，以 10min 为监测及统计时间段，通过与人工监测（人工测试点安排在路段中间 50m）的比对，统计结果如表 5-2 所示。

表 5-2　分时段系统相关数据监测数据表

时段	传感器监测			人工监测		
	计数	平均车速	交通状态	计数	平均车速	交通状态
09:30—09:40	56 辆	62km/h	畅通	58 辆	60km/h	畅通
12:00—12:10	37 辆	76km/h	畅通	41 辆	80km/h	畅通
17:20—17:30	73 辆	32km/h	略堵	71 辆	38km/h	略堵

其中人工监测采用的人工计数和射频测速，车辆技术误差主要有人为统计漏报或重复计数，平均车速误差主要是测速设备精度、测速数据估值和车辆数误差导致。本项目所用方法可以测出监测路段的车流量及车速，进而可以计算出监测段的车流密度。

5.4　高速公路安全预警系统

高速公路各类灾害不仅危害高速出行人员的生命安全，而且也会造成巨额的社会财产损失，并严重威胁社会健康稳定发展。利用无线通信技术、车载互联网技术及智能管理技术，建立完备可靠的高速公路安全预警系统，对高科技的综合应用和未来应用拓展具有重要的理论意义；对提高高速公路使用效率、减少交通事故发生率、提高公路安全预警效率，保障高速行车安全具有重要的实际意义。

5.4.1 高速公路灾害成因

高速公路灾害主要可以分为高速公路自然灾害、高速公路交通拥堵、高速公路道路损坏等几个方面。

(1) 高速公路自然灾害

高速公路自然灾害包括道路冰霜雨雪、泥石流、雾霾、地震等各类自然灾害，高速公路自然灾害发生的原因有多种，包括气象因素、地理因素、地质因素、人为因素等。

① 气象因素　气象因素是高速公路自然灾害发生的主要诱因。气象灾害的特点如下。

a. 种类多　主要有大雨、洪涝、干旱、台风、寒流（低温）、强风、冰雹及浓雾等，如果再细分，则可达数十种甚至上百种。

b. 范围广　一年四季都可能出现。不论是在高山、平地、高原、海岛，或是在江、河、湖、海以及空中，都有可能出现气象灾害。

c. 频率高　我国国土面积广，地方性灾害频发。以我国台湾地区为例，过境台风平均每年就有 3~4 个之多，而长江、黄河沿岸洪涝灾害也时有发生。

d. 持续时间长　同一种灾害常常跨季或跨年出现，例如：我国北方地区的雾霾灾害每至秋冬季节就会出现，已经成为季节性灾害。

e. 群发性突出　某些灾害往往于同一时段内在许多地区发生，例如雷雨、冰雹、强风、龙卷风等剧烈天气，在每年 2~3 月常有群发现象。

f. 联锁反应显著　天气或气候条件往往能形成或引发、加重洪水、土石流和山崩等天然灾害，进而产生联锁反应。

g. 灾情严重　联合国灾害救济组织（United Nations Disaster Relief Organization，UNDRO）调查分析 1965~1992 年世界灾情时发现，在此 28 年内全球共发生 4700 次的天然灾害（因天然因素而造成死亡人数达 10 人以上，或受灾人数达 100 人以上的案例），死亡人数高达 360 万人，受灾人口数更高达 30 亿人，直接的经济损失达 3400 亿美元，即平均每年损失约 120 亿美元，其中 6 成以上由气象灾害所造成。

② 地理因素　我国幅员辽阔，高速公路交通网分布范围广泛，南北以及东西跨度大，因而高速公路地理因素复杂。地形地势状况、高速公路所涉山川河流分布状况等都会对高速公路灾害发生情况产生影响。人口的地理因素也会对交通事故发生状况产生影响，我国西北地区地广人稀，高速公路安全预警系统中应加强远程应急救援机制的建立；而东部沿海城市高速公路行车密度较大，如何缓解高速公路拥堵则是重中之重。

③ 地质因素　高速公路自然灾害中常见的地质灾害包括滑坡、崩塌、泥石流、地面塌陷等，这些地质灾害多发于山区及丘陵地区。山区丘陵等地形相对复杂的地区往往地质环境较为脆弱，当施加外界作用力时地质环境往往容易发生改变。而高速公路建设过程中进行的填沟和开凿隧道等必要工序都可能对高速公路基础地质环境造成破坏。地质结构的改变甚至会在高速公路建成后的运营维护数十年内埋下各种地质安全隐患，而

为降低潜在风险，高速公路施工过程中往往需要加大建设投资，放缓工程进度，多次测量分析，从而保证工程质量。

④ 人为因素　高速公路自然灾害的发生过程中也存在着一定的人为因素，即由人为影响所产生，却表现为天然形态的灾害，如过度砍伐森林引起土壤流失、过量抽取地下水引起地层下陷等。且由于我国高速公路建设人员素质参差不齐，建设过程中存在层层分包现象，导致高速公路建设时期监管不到位、质量欠缺等问题；建成后，由于高速公路网分布广、养护人员教育程度低，沿线居民对高速公路的养护意识不强，容易出现因高速公路养护不到位而导致的自然灾害，如随意抽取高速公路附近地下水、高速公路旁开垦导致的塌方和水土流失、随意毁坏高速护栏进入高速区域等。

由于高速公路自然灾害具有诱发因素种类多、灾害造成危害大、自然环境影响大等特点，为高效系统地建立高速公路自然灾害预警和防范，应根据上述分析建立健全高速公路自然灾害预警评价系统，从而在现有的高速公路安全管理系统基础上，加强高速公路环境监测，并在危害潜伏期和初期采取对应措施，避免灾害发生或将灾害损失降至最低水平。

(2) 高速公路交通拥堵

交通拥堵是指由于车辆数目多、车辆行驶拥挤而造成的车速缓慢的现象，通常在假日或上下班尖峰等时刻出现。根据拥堵的发生时间、地点和频率可以分为常发性拥堵和偶发性拥堵。常发性拥堵是指因为道路设计不合理、过往车辆需求超出道路容量引发的拥堵，这类拥堵并非偶尔出现，而是经常发生，伴随季节性或具备一定的时间特征；偶发性拥堵指由于不可预知的道路事件发生而使得道路通行能力下降从而造成的拥堵，这类事件包括交通事故、极端恶劣天气、道路故障灯等。

① 交通负荷过大　当高速公路的交通负荷超过公路所能承载的容量时必然会引发交通拥堵，交通负荷过大主要有两类原因：社会车辆数量过多、区域间资源分配差异大。

私家车辆数量过多、社会车辆使用率增加是导致交通拥堵的主要原因。一线及二三线大城市人们的出行需求量大，公共交通难以满足出行需求和出行舒适度，因而使用私家车的便利性更加突出，但私家车辆社会使用效率低下，一辆私家车乘客人数很少达到5人最高乘坐标准。而人们的出行需求是刚性需求，因而会出现私家车辆越来越多的趋势，目前"上、北、深、广"等一线城市普遍采用的"限号""限购"等方式并不能彻底解决这一问题。私家车辆的增多使得在交通高峰时段，高速公路道路负荷远超其承载能力，从而造成交通拥堵。

区域间资源供给与需求分配的差异大也会造成高速公路局部负载过高，例如新发展的卫星城市和新城区由于高速公路配套不到位就会造成交通拥堵现象，比如内蒙古成为中国最大的煤炭产区，煤炭运输需求大增，从而使得G110高速公路在较长时间内发生严重拥堵。就一二线城市而言，中心城区往往存在较大的出行需求，但有限的空间和高额的地价使得中心城区的高速道路扩张难以实现，尤其在上下班高峰期造成常发性交通拥堵。

② 交通系统设计问题　高速公路建设时期的设计是否与实际情况相匹配也会影响

高速公路交通状况，包括匝道、收费站、城区道路布局等。高速公路出入匝道的设计是否在交叉路口附近，与地面道路的衔接情况以及匝道数量、宽度等都会对车辆出入高速公路造成影响；收费站设计能否满足道路通行能力也会影响交通状况，如每到节庆假日上海往南京方向的苏通大桥收费站都会因运力不足导致几千米甚至数十千米的堵塞；城市道路布局也会影响高速公路的运行状况，如北京、墨西哥城、台中等城市的道路成辐射状，此设计虽然方便市郊间的往来，但也导致高峰时段所有车辆均需经过市中心从而形成交通拥堵。

与普通公路相比较，高速公路正常行车速度更高、交通状态更好、行车效率更高，但一旦出现高速公路交通拥堵则会严重影响人们的出行，若经常发生高速公路交通拥堵情况，就会降低公众对于高速公路的信心，影响高速公路使用率，降低高速公路投资回报，从而对整个高速公路体系的长期健康发展产生不良影响。

（3）高速公路道路损坏

高速公路道路损坏是指自高速公路的设计阶段，到建设、使用和维护过程中，因各种因素造成的高速公路道路设施破坏，出现这些现象的主要原因如下。

① 道路设计不合理　高速公路基础设计不合理会从根本上影响道路质量，产生道路损坏问题。比如道路选线时是否避开落石、崩塌、泥石流高发地段，选择地质稳定以及水文条件较好的地段修路；桥梁最大强度是否能够满足交通荷载容量，桥头与道路的接线是否合理；高速公路的排水设施设计是否能够满足最大降雨量的情况下的排水需求，从而避免道路长期湿滑、降低道路使用寿命。

② 道路施工不合格　道路施工不合格是导致道路损坏的另一个重要原因。我国基础设计建设起步晚、发展快等特点导致我国高速公路施工存在着片面追求短期成效和工作效率，忽略长期质量的现象，且高速公路建设过程中也缺乏相应的品质管理机制，缺乏责任包干精神。不合格的施工极易导致"豆腐渣"工程，且难以后期补救，存在较大的安全隐患。

③ 材料不合格　高速公路施工材料的质量直接影响工程质量和使用寿命，施工过程中偷工减料、以次充好往往会导致"豆腐渣"工程，严重影响高速公路质量、使用寿命，并对大众的出行产生严重的安全隐患。比如采用结构承载能力不足的沥青铺路会出现道路老化问题，使用黏合强度不足的胶水会导致道路或桥面开裂，桥梁路基等采用低密度的填充物会产生道路或桥梁受力不达标等问题。

④ 道路养护管理不善　高速公路日常养护是延长道路使用寿命、减少道路损毁的重要手段。但由于我国目前高速公路养护体系尚未健全，道路养护人员素质不高等问题使得我国高速公路道路养护存在较大的提升空间。如在高速公路沥青路面出现开裂、泛油、剥离、车辙等早期损坏现象时就要及时进行养护修正，若是疏忽懈怠则会导致道路的严重不可修复损毁。

5.4.2　高速公路灾害安全预警对策

为系统化地应对高速公路自然灾害，应对高速公路自规划建设起的全过程进行把控，建立健全道路建设质量管理体系、道路行车条件评价体系、道路管理体系和交通事故应急救援体系等一系列公路灾害安全预警系统。

(1) 道路建设质量管理体系

道路工程质量核查内容主要包括品质管理制度、施工品质以及施工进度。品质管理制度的实施人员包括工程主办机关、监造单位和工程承建商；施工品质则涉及混凝土、钢筋模板强度，材料设备检验与管制强度，安全、环境、功能和美观指标等；同时对施工进度和前期规划设计也应纳入考核指标。采用多标准的考核管理体系能够摒弃中国大发展时期一味追求速度的弊端，真正将效率摆在高速公路道路建设的首位。

(2) 道路行车条件评价体系

由于高速公路自然灾害主要由气候和地理地质原因引起，因而为加强对高速公路自然灾害的预警管理功能，应对高速公路行车条件进行评价，主要包括道路地质条件评级和道路气候条件评级两大类。

道路地质条件评级是根据高速公路的实际地质地理条件将道路质量划分为多个等级，并对水土流失率、绿化率、地基稳固情况等进行实时监测，并以大数据分析或者专家指标打分等方式得出路段的地质条件等级。

道路气候条件评级是依据雨雪冰霜等气候因素分类，并对降水量、降水强度、沿线河流水位等道路降雨衡量指标，风速、风向、风力等风力指标，降雪量、降雪强度、降雪结冰情况等降雪指标，以及湿度、温度等相关指标进行实时监测衡量，并进行综合评分从而进行量化分析的评价体系。

(3) 道路管理体系

高速公路自然灾害、交通拥堵、道路损坏和交通事故等灾害一旦发生都将造成严重的社会损失，我国高速公路建设发展时间不长，因而要建立系统化道路管理系统，一方面严查严管防患于未然，将可能引发高速公路自然灾害的因素扼杀在摇篮中，另一方面一旦发生高速公路自然灾害也能够迅速整合各方力量，进行快速救援，将灾害损失和人员伤亡控制在最低的范围内。

建立健全高速公路管理系统首先应建立高速公路巡视制度，定时定路线进行道路出行状况和道路质量状况巡视检查，并实行责任包干制，将各路段的巡视责任落实到相关交通指挥部门和个人。通过指标考核及时发现高速公路地理地质条件变化，预防自然灾害发生；监控道路行车状况，及时指挥疏导避免高速公路交通堵塞状况发生；检视道路质量状况，及时修补整改，延长其使用寿命。

以先进科学技术完善道路管理信息系统，为提高防灾减灾响应速度，应利用先进的科学技术，提高系统电子化水平，建立平台式一体化的管理系统。将高速公路交警部门、高速公路养护部门、道路应急救援部门、道路信息发布部门等多部门集成在一个平台上，协调指挥，统一调度，一旦发生高速公路灾害，整个系统能统一调度和调控，这对于防灾减灾，全面提高预警工作效率具有重要意义。同时对于平台内的相关从业人员，尤其是高速公路交通警察和高速公路交通事故紧急救援人员，应加强职业素质教育，以提高相关人员的业务素质水平和抢灾救灾能力。

目前我国交通警察和紧急救援人员业务素质仍然与发达国家有差距，专业技能和利用信息技术的能力仍然有待提高。

（4）交通事故应急救援体系

建立健全交通事故应急救援体系对提高救援响应效率，缩短高速公路紧急救援时间，提高事故人员生存概率具有重要意义。目前高速公路交通事故应急救援体系包括高速公路维护单位、拖救单位、医疗救护单位、消防系统、交通控制中心、交通警察单位等。

高速公路维护单位属于常态化工作岗位，常配备事故处理专员、拖吊车司机等职位，以及消防车、倾卸卡车、铲车、工程救险车、工程车等车辆，以及交通锥、警示灯、手旗或警示棒、管制标志等设备装置，以及处理高速公路化学物品泄漏或散落时必备的安全防护器材，如空气呼吸器、防毒衣、预备钢瓶、耐酸碱手套等。在发生交通事故时高速公路维护单位应服从指挥中心的人员、车辆和设备调度，配合救援抢险指挥。

拖救单位的主要工作内容是协助交通指挥部门排除故障车辆，从而维护高速公路道路通畅。主要服务对象包括车辆厂商申请的小型车辆拖救服务、交通管制部门和事故处理部门发起的事故车辆起重服务以及个人车主发起的高速公路加油加水业务等。

医疗救护单位通常由高速公路沿线省市级重点医务部门构成，在发生高速公路交通事故产生人员伤亡时提供医疗救助服务，在道路救援抢险过程中医务部门应服从道路指挥部门协调，就近派遣救护车和医务人员快速赶到现场，进行紧急医疗救助和治疗，并在送医后进行后续的急诊救治和医疗处理。

消防系统由高速公路沿线的消防单位构成，其主要承担高速公路灾害抢救和紧急救助业务。灾害抢救业务包括火灾、天然灾害、特殊灾害（如危险物品泄漏），消防机关应负责保障人民生命财产安全，防止或减轻灾害损失。紧急救助业务是指在接到民众报警或者交通管理部门进行高速公路救援时，消防系统配备的救护车应随同出勤，将伤者就近送医。

交通控制中心是高速公路救灾抢险的指挥中心，它通过对高速公路灾害及交通事故现场状况的分析以及车流状况分析，指挥事故处理作业，联系消防队、医务救护单位等部门进行救助，向公众发布事故情况并进行后续道路指挥。

交通警察单位，是指为了维护高速公路交通秩序与安全，由政府成立的公路警察局，其任务包括维持交通秩序、保护行车安全、维护公路治安及加强为民服务四大项。在高速公路出现交通事故或者发生堵塞状况时，交通警察单位会承担交通疏导管制和交通事故处理的职责。

综上，高速公路灾害安全预警对策的建立涉及系统内的多个体系，以交通事故应急救援体系为例，其涉及高速公路维护单位、拖救单位、医疗救护单位、消防系统、交通控制中心、交通警察单位等多个部门，因而为了更好地协调多个单位协同作业，快速响应，需要提高高速公路安全预警效率。

5.4.3 基于车联网的高速公路安全预警系统需求分析

车联网（Internet of vehicles，IOV）技术是物联网技术的一个重要应用面。车联网系统，是指结合先进传感器技术、无线通信技术、网络技术、智能控制技术，全面采集道路与交通的信息，实现多系统之间大范围、海量的数据交互，对任一汽车的运行进行全程监控，对任一道路进行交通全天候、全时空控制，是以提高交通安全和效率为目的的网络与应用，是物联网应用于智能交通的集中体现。车联网的开发可以加速智能交通的发展速度，为高速与城市交通提供更加方便、快捷、准确的信息。

(1) 用户主体

用户主体即产品或者服务的使用者，即基于车联网的高速公路安全预警系统服务对象和使用者。安全预警系统的预警范围包括道路状况、交通运输状况、应急救援等，因而其用户主体涉及多个部门，主要分为高速公路使用者、高速公路运营管理部门、政府相关机构和科研院所等。

① 高速公路使用者　高速公路使用者主要包括客运用户和货运用户两大类。客运用户按照路程远近可以分为长途客运用户和短途客运用户，按照客运目的可以分为办公出行用户、事务出行用户和观光出行用户等，按照驾驶人员类别可以分为自驾出行用户和非自驾出行用户等。无论是客运出行还是货运出行，对于高速公路安全预警系统都存在以下需求：雨雪天气预警、路况预警、道路交通设施位置查询（停车、加油站、休息区、车辆维修站、检测场、高速出入口等）以及高速公路紧急救援等服务。

② 高速公路运营管理部门　高速公路运营管理部门包括救援抢险部门、交通管理部门、道路管理部门、交通事故救援中心等。救援抢险部门和交通事故救援中心需要获取抢险位置、险情程度、最佳应急救援车辆出行路径、抢险物资分布情况；交通管理部门需要获取交通运输全局及局部情况，并依据系统内资料生成多种交通管制或应急交通疏散调度方案和管制后道路预测情况；道路管理部门需要获取高速公路实时路况信息，在发生经济事件时获取道路破坏程度和紧急维护、抢修、重建位置等信息。

③ 政府相关机构　国家交通部和公共安全保障部门等相关机构和部门具有维护高速公路正常交通需求、保障高速公路服务能力、维护道路安全及社会稳定的义务和责任，因而高速公路安全预警系统应能获取道路交通运输信息、灾害发生情况、应急救援进度、各部门需协调的任务、应急救援规划方案等，使得有关部门可以以实际道路交通情况为基础，修订交通宏观政策，制订交通发展规划等。

④ 科研院所　车辆工程、道路建设、桥梁设计、交通管制、灾害抢险等领域的科研院所都需要依据实际情况进行研究探索，因而相关科研机构需要交通运输相关数据、车联网运行数据、灾害道路信息等。

(2) 功能需求

通过分析基于车联网的高速公路安全预警系统的用户主体，可以总结得出这一系统需具备的功能需求：动态交通信息采集；海量信息处理分析；信息传输和信息发布。高速公路安全预警系统通过车联网内的车载单元和路侧单元进行数据实时采集，并通过信息传输系统上传至车联网云端，以大数据技术进行海量信息处理，生成可视化分析和预测，并通过信息发布平台将这一信息提供给高速公路使用者。图 5-16 所示为高速公路安全预警系统功能。

① 动态交通信息采集需求　动态交通信息采集系统是利用车载单元和静态路侧单元进行数据采集的，由于高速公路安全预警系统功能复杂，所以其数据采集需求量大、所涉范围广：采集动态交通数据以实时监测公路运行状态；采集交通量、车速、车辆密

图 5-16　高速公路安全预警系统功能

度等数据，用于判定是否有交通事故或交通拥堵事件发生，并界定事故严重程度或拥堵等级，为交通事故救援和交通管制提供数据支撑；采集车辆自身数据，为车况不佳或存在安全隐患的车主提供预警；采集车辆运行数据，计算车程、车速和预期运行路线等，通过综合分析网内所有个人用户数据，进行道路状况预测并为其他出行者提供资讯。

② 海量信息处理分析需求　高速公路安全预警系统的核心是对大量实时动态交通信息进行深度挖掘处理，通过动态交通信息采集单元获取海量的交通信息后，进行海量交通数据的存储、快速提取、多来源交通数据的整合和数据共享等，并在此基础上进行数据分析。首先，信息处理系统需具备海量数据存储的能力。我国高速公路具有公路总程长、线路密度大、使用群体数量庞大的特点，因而通过采集单元获取的数据庞大，系统应具备大批量交通图片、视频和车辆数据的快速持久存储能力。为实现系统各项功能，需要对数据进行提取分析，因而系统需具备快速海量数据提取功能，准确地获取相关有用信息。交通信息的采集由车载传感器和路侧传感器进行，因而车联网中的数据往往由多源头上传。为保证预警系统分析结果的准确性和可靠性，需要将多源头的数据进行整合处理以提高数据质量和计算精度，同时还应该满足系统内各子单元间的数据共享和互联互通功能。在数据存储、整合和提取的基础上，系统还应该满足快速分析处理功能，在此可以运用新兴的大数据挖掘和分析工具，对数据进行可视化处理，从而为预警系统使用者提供精准可靠的信息和预测服务。

③ 信息传输需求　信息传输是将从各子系统采集来的数据传输到处理中心进行信息加工和处理，完成后再将加工后的信息传输给不同用户的过程。随着高速公路监控管理运营系统的完善，为了最大限度地发挥高速公路网络的整体效益和作用，提升对高速公路的管理水平和服务质量，高速公路安全预警系统应该满足多功能的联网传输需求。支持预警系统内多单元同时接入、信息交互功能，如发生交通堵塞时，允许交通监管部门和个人用户同时获取堵塞位置、堵塞距离、预期缓解情况等信息。

④ 信息发布需求　高速公路安全预警系统信息需要发布至各类用户手中才能充分发挥其作用，因而结合多种信息发布平台及时发布预警信息和服务信息是充分实现预警系统价值的主要方式。当前我国的交通信息发布主要依赖于路侧可变情报板、交通电台和车辆导航系统，数量少且功能单一，存在预警不及时和信息普及率不高的特点。为改善这一现状，可基于车联网根据需传达信息的特点，选择合适的发布媒体、发布方式，

保证信息发布的即时性、联动性和可达性，提高预警信息覆盖面和速度，从而为高速公路用户提前感知、避免交通安全隐患作出贡献。

(3) 应用场合

基于车联网的高速公路安全预警系统的主要功能是利用车联网进行数据收集、分析、处理，从而发觉潜在安全隐患并预先告知高速公路使用者；在发生交通安全事故时广而告之，避免二次事故的发生，并辅助交通管理和紧急救援部门快速营救；其他违法犯罪事件发生时，利用车联网进行辅助破案等。因而高速公路安全预警系统主要有以下实际应用场景。

① 交通事故　当行驶中的车辆出现安全气囊打开或者急停等现象时，车辆智能系统会默认车辆遇到交通事故并作出提示，若车主不确认车辆运行无异常，车载传感器会自动发送紧急预警信息至上层车联网，并通过局域车联网将这一信息发送至交通事故周边车辆，提醒后方车辆注意安全，避免二次交通事故；同时将事故车辆位置、行驶方向、事故严重程度等信息同步发送至道路交通监管部门和交通事故紧急援救部门以方便交通疏散和援救工作开展。

② 交通拥堵　当因极端恶劣天气、道路、交通事故等因素出现交通拥堵情况时，首次车辆可向上层车联网发送相应信息，局域车联网收到相应信息后，根据首次车辆的地理信息进行局域分析，统计局域路段车辆密度和已有拥堵状况，并将该信息传送给下一路段和局域车联网内其他用户，提醒后方车辆改道或避让，避免出现大规模严重拥堵。

③ 交通安全隐患（超速、疲劳驾驶等）　随着汽车智能技术的发展，驾车辅助功能越来越多，但交通安全隐患仍然存在，超速、疲劳驾驶、随意变道等现象屡禁不止。基于车联网的高速公路安全预警系统有助于消除这些交通安全隐患。车载 RFID 传感器可实时获取车辆行驶速度、周边车辆等信息，当超过法定车速后可将相关车辆信息上传至车联网内交通监管机构，并通过车辆智能系统自动减低车速；在驾驶员欲随意变道时，车载传感器可获取与周边车辆的距离并进行提示，当车间距离低于一定限度时，系统自动制止变道行为。而车内智能传感器可以分析驾驶员眼球眨动状况，在疲劳驾驶时给出警示。留有婴儿或者宠物在车内时，车内环境传感器实时进行温度和空气质量检测，发现异常及时联系车主或报警。利用定位识别技术、智能传感技术等车联网应用，未来可以有效避免各种交通安全隐患，提高驾驶安全系数。

④ 盗车犯罪　随着经济快速发展、国民汽车保有量的增加，汽车盗窃犯罪也呈现上升趋势，盗窃团伙日益猖獗，犯罪手段也愈发高明。但随着智能识别技术的发展和车联网的普及，盗车犯罪将无处可逃。车辆可装配智能车牌作为车辆识别辅助工具，这样汽车在行驶过程中将会被实时监控，公安交警部门可以据此对被盗车辆进行精准定位从而找回被窃车辆、破获案件；此外，贴附在发动机上的电子标签可以作为车辆识别辅助工具，若智能车牌被毁，警方可依据发动机智能电子标签对车辆进行识别，并依据其上传至车联网内的位置信息找回车辆。且由于辅助电子标签的结构及贴附位置的特殊，当其被损毁时，发动机将无法正常工作，因而随着此项技术普及率的提高，汽车被盗案件有望大大减少。

5.4.4 基于车联网的高速公路安全预警系统的基本框架

根据高速公路安全预警系统的功能和物联网组成，将其分为数据感知层、网络传输层、数据支撑层、应用服务层、指挥决策层5大层次。其具体结构如图5-17所示。

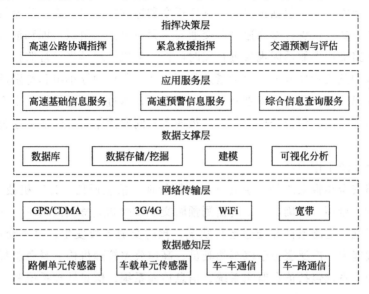

图 5-17 基于车联网的高速公路安全预警系统具体结构

数据感知层是指车联网内初始数据采集获取的装置和基础物理层，这一层包括路侧单元传感器和车载单元传感器以及它们相互进行数据交换的装置。

网络传输层是指数据传输所依赖的网络传输层，包括传统 GPS 和 CDMA 模式，以及宽带、3G、4G 网络以及新兴的无线传输通信 WiFi 方式。

数据支撑层将通过网络传输层获得的数据进行存储、挖掘并通过建立模型等方式进行可视化预测，为系统提供有效信息。

应用服务层利用数据支撑层获得的信息为高速公路普通用户、高速公路管理监督机构等提供基础信息服务、预警信息服务以及综合信息查询服务。

区别于普通用户应用服务，指挥决策层是指交通管制部门在出现紧急事故时，可获得系统提供的高速公路协调指挥、紧急救援指挥、交通预测与评估服务。

5.4.5 系统的工作方式与工作内容

（1）预警系统工作方式

基于车联网的高速公路安全预警系统的主要工作内容包括预警分析和预控对策2大类。

预警分析是指对可能引发高速公路交通事故的现象进行识别、分析与评价并作出警示，它包括监测、识别、诊断和评价4个基本内容：监测，针对高速公路交通事故发生情况进行监测和信息分析处理；识别，对监测到的数据和分析结果施加评价指标体系，进而识别高速公路交通事故产生诱因和征兆，并基于此判断车联网内是否出现异常和交通事故发生前兆，在事故前进行预警；诊断，对警戒、危机状态进行综合分析，明确危险发生的缘由；评价，对安全事故进行成因分析和可能发生的损失评价。

预控对策是在预警分析的基础上，对可能出现的高速公路安全隐患和交通事故前兆进行矫正与控制，主要分为组织准备、日常监控和危机管理3个阶段。组织准备包括预警管理、组织保障活动，包括预警管理制度规章和标准的制定，确定预警管理系统的组织结构和运作方式，组织针对高速公路交通安全紧急事件的组织培训和演练；日常监控是指对高速公路交通事故诱因现象进行实时监控；危机管理是当日常监控到高速公路危机前兆时采取的危机管理方式，包括紧急救援体系、危机领导小组和特别危机计划等。

预警系统通过预警分析来识别并防范安全隐患，通过预控对策纠正安全隐患并在危机时刻采取治理措施。预警分析和预控对策两者共同发挥作用，保证高速公路安全预警系统顺利运转。

（2）预警系统工作内容

高速公路安全预警系统是系统规划、预警管理、信息通信、计算机技术的一体化，旨在建立及时、全面、准确、高效的监测预防交通事故和应急救援系统。该系统通过实时监控出行天气、道路条件和交通运行状况，预防交通事故发生、改善交通堵塞状况、提高道路负载能力，广泛服务于汽车驾驶员、高速公路管理机构、紧急救援机构等。高速公路安全预警系统包括信息监测系统、信息传输系统、信息处理系统和信息发布系统等几大模块。

① 信息监测系统　信息监测系统对常见的高速公路交通事故产生原因进行监测，对可能导致交通事故或存在交通安全隐患的信息进行收集监测。为了进行更好的监测，常常建立高速公路交通紧急事件监测网，用于发现紧急情况时加快信息传递。常见的监测对象包括：车辆监测，包括车辆行驶方向、位置变化、行车速度等，这一监测通过车载传感器和路侧传感器协同完成，并利用计算机进行相关数据处理，不仅可以据此进行道路状况分析还可以掌握个体车辆的行驶状况，对危险驾驶车辆进行追踪控制，从源头减少道路交通事故的发生率，掌握故障车辆行驶状况，进行高速公路道路紧急救助，并为后车预警提供相关数据支持，避免发生二次交通事故；高速公路道路状况监测，分析实时数据，对高速公路堵塞进行预警，当系统预判交通需求超过额定运载量时进行警示，从而提前进行交通疏导，避免出现大面积交通瘫痪状况；行车条件监测，包括道路冰霜雨雪等气象指标、道路湿度、能见度等路面指标以及桥梁和隧道等参数的监测。当发生潜在的行车风险时及时进行交通预警，必要时可实行交通管制。

② 信息传输系统　高速公路信息传输系统主要是对车载传感器和路侧传感器收集的信息进行传输的系统，其主要方式包括传统 GPS 和 CDMA 模式，以及光缆、宽带、3G、4G 网络以及新兴的无线传输通信 WiFi 方式。

③ 信息处理系统　高速公路信息处理系统是指在高速公路信息收集完成后，在智能信息处理中心利用云计算技术、模式识别等信息处理技术对信息进行汇总、筛选、分析，将复杂纷乱的数据以可读性的分析结果呈现，并在交通灾害可能发生时进行报警。确定高速公路灾害发生后进行救灾信息分析调度，并将相关信息发送至信息发布系统。

④ 信息发布系统　高速公路交通预警信息发布是实现高速公路安全预警的重要环

节，包含直接发布信息和间接发布信息 2 种方式。直接发布的信息包括天气信息、交通信息等，间接发布的信息是指通过分析系统交通参数后得出的道路交通状况预测等信息，它是处理后得出的信息，而非直接获得的信息。高速公路安全预警系统信息需要发布至各类用户手中才能充分发挥其作用，因而结合电台、广播、道路信号指示灯等多种信息发布平台及时发布预警信息和服务信息是充分实现预警系统价值的主要方式。

5.5 高速公路应急管理系统

为实现高速公路的畅通、安全，运营管理的高效、便捷，应急管理的快速、及时，一种行之有效的方法就是实现高速公路管理的信息化，进而实现高速公路应急管理的信息化、智能化，以此形成高速公路应急管理系统。

5.5.1 高速公路应急管理概述

（1）突发事件与高速公路应急管理

应急管理是应对突发事件发生的问题提出的。应急管理是针对突发事件作出的提前预防、及时决策、快速处置及快速善后的过程。

突发事件一般情况下主要分为 4 大类，即自然灾害、事故灾害、公共卫生事件和社会安全事件。就高速公路管养单位而言，大体可分为如下 10 种类型。

① 恶劣气候条件下的交通管制；
② 因道路交通事故造成人员死亡；
③ 危险化学品运输车辆事故，造成泄漏污染和生态破坏；
④ 危及高速公路安全、畅通的自然灾害；
⑤ 隧道（火灾）事故；
⑥ 因故即将引发或已引发的群众堵塞高速公路等群体性事件；
⑦ 公共卫生安全事件；
⑧ 突发性大流量；
⑨ 高速公路成为国家紧急救灾重要通道；
⑩ 交通肇事逃逸案件查缉。

为了保障高速公路的快速、畅通、安全，高速公路应急管理就显得十分必要。高速公路应急管理就是针对上述 10 种突发事件进行的应急管理。通过对不同的突发事件建立不同的应急方案，以达到在事件发生前及时预防，事件发生时快速反应、应急预案及时使用，事件发生后合理善后的管理目的。

（2）高速公路应急管理系统概述

管理信息系统是以人和计算机设备为中心，辅以软件编程、数据库建设等信息化处理手段，组成并运用于信息的采集、传输、储存、加工、维护和使用的系统。

高速公路应急管理系统是在高速公路应急管理结构上，用管理信息系统的方式实现对高速公路突发事件的有效预防、处置与善后工作的。通过管理信息系统实时而全面地掌握高速公路各类型动态信息，为及时做好事件预警提供帮助；利用事件发生时的位置、时间、附近执法或相关工作人员及所属事件性质等信息及时获取相应的应急预案并付诸实施,以完成对事件的及时处理;完成事件善后工作后对人员、车辆伤亡情况、交通设施损坏情况等信息上传应急管理系统。

高速公路应急管理系统实现了多个管理信息系统协同合作,彼此进行信息交互的高效作业,使得管理决策者们在事件发生至结束都能实时地、全面地掌握现场的信息,并且有实现可视化的可能。

(3) 基于物联网的高速公路应急管理系统框架

高速公路应急管理系统是基于物联网架构设计的,共分为3层,分别为物理感知层、网络传输层和系统应用层。整体架构如图5-18所示。

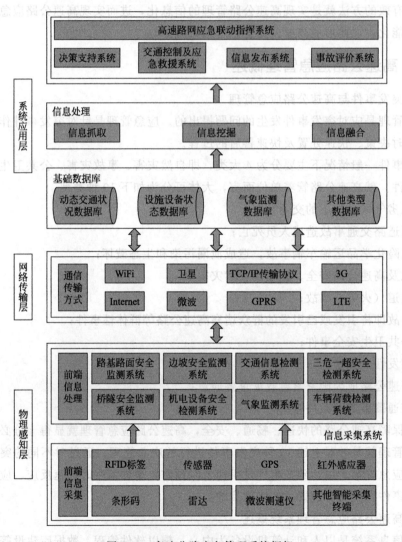

图 5-18 高速公路应急管理系统框架

物理感知层包含前端信息采集和前端信息处理2部分。前端信息采集利用多种传感器、微波、地磁感应检测设备、视频监控设备等多种交通信息采集手段,结合 RFID 技术、GPS 及通信传输技术,实现高速公路交通信息、设施设备状态信息及气象信息等的实时、准确、全面获取。

网络传输层通过通信网络（如 GPRS、3G、WiFi 等）、Internet、卫星通信等实现对信息的稳定传输。

系统应用层包含高速公路应急管理系统公共信息平台和各个应用子系统。公共信息平台是以采集的基础数据库为基础，通过整合不同的数据信息（如车流量、车速、道路通行状态、路段天气状况、事故处置情况等）来实现为不同用户提供交通信息和服务的。

5.5.2 信息采集系统

信息采集系统实时而准确地收集来自道路上的各种信息，为应急管理系统提供全面的信息服务。由于物联网技术的发展，高速公路对 RFID、GPS、传感器等的大量使用，使得对高速公路信息的掌握更加全面，通过对大量数据的分析、处理，提高了高速公路对事件发现的反应速度，加快了应急处置工作效率，减少了人员伤亡及财产损失。

（1）信息采集系统的定义与组成

① 信息采集系统的定义　信息采集系统原指将非结构化的信息从大量的网页中抽取出来保存到结构化的数据库中的软件，是用于搜索引擎获取信息所使用的一种数据挖掘系统。它现在用于高速公路应急管理，是指对高速公路的交通信息、设施设备状态信息、气象信息等用于应急管理研究的信息的收集、分析、整理并存储于基础数据库中的前端数据挖掘类系统。高速公路信息采集系统是对部署于高速公路前端用于发现信息的各类系统的集合，不仅具有信息收集的功能，还能进行初步的信息处理。

② 信息采集系统的组成　信息采集系统由安装在车道、车体内、道路旁、桥梁上、隧道里、边坡内等地方的 RFID 电子标签、GPS、传感器、雷达、微波仪、气象仪等设备来进行信息发现，并交由分别对应的前端的信息接收装置进行获取。根据信息采集设备和接收装置的不同，信息采集系统可分为：路基路面安全监测系统、桥隧安全监测系统、边坡安全监测系统、机电设备安全检测系统、交通信息检测系统、气象监测系统、三危一超安全检测系统、车辆荷载检测系统以及视频监控系统等其他类型的信息收集系统。

其中路基路面、桥隧、边坡等安全监测系统是针对高速公路道路基础设施进行信息收集的，信息采集系统将数据存储于基础数据库中的设施设备状况数据库中。这是为防止因道路基础设施突然垮塌、断裂、塌陷等问题导致人员伤亡、财产损失而提供的数据预警服务。

机电设备安全检测系统是用于保障高速公路机电设施的正常运行而进行的安检程序，通过对各类机电设备运行状态参数的收集，同基础数据库中的机电设备安全参数比对来完成安全检测。

交通信息检测系统及车辆荷载检测系统均收集与车辆有关的信息，如车辆、车速、车型、车重等，将其存放于基础数据库中的交通信息数据库中，对此类信息的收集、分析，用以完成对因车流量太大、车速过快、车辆超重等原因而引起的拥堵、交通事故的预防。

气象监测系统是对高速公路的气象状况进行监测的,通过气象仪、能见度检测器、风向仪、气压传感器等设备的使用收集天气状况及道路环境方面的信息,为实现恶劣天气道路环境情况下的交通控制提供数据依据。

三危一超安全检测系统是对易燃、易爆、有毒 3 种危险品的运输及客车超员的检测,对此类信息的收集、分析,用于预防因客车超员、易燃、易爆、有毒物品泄漏等人为原因而引起的交通事故。

视频监控系统,应急管理中用于对车道内车辆的图形图像记录;匝道内车辆通行状况摄录,可用于车辆违规纠纷查阅;事故现场实时传输清晰图像,为远程指挥事故处置提供信息保障。

(2) 信息采集系统工作流程

高速公路信息采集系统包括信息发现、信息收集及信息存储,工作流程如图 5-19 所示。

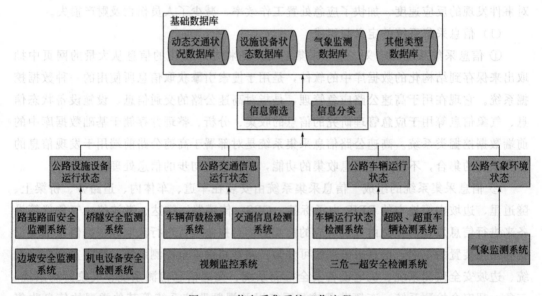

图 5-19 信息采集系统工作流程

① 信息发现 通过安装在车辆内的 GPS、RFID 标签等车载单元及安装在道路旁或匝道处的数据读取装置,对经过该装置的车辆进行自动识别、读取车辆信息等。另外,通过用于设施设备及气象观察的传感器实时地读取其参数信息,以实现信息发现。

② 信息收集 通过各类信息采集设备对相关信息的采集,汇总起来并进行筛选、归类等操作过程,以完成信息收集。

③ 信息存储 通过数据库的建设对收集来的信息按不同类型分类存储于相应的数据库中,为往后的信息查询、调用提供方便。

(3) 信息采集系统功能模块

高速公路信息采集系统模块如图 5-20 所示。

① 采集信息汇总模块 该模块用来汇总收集来的交通流、车速、车流密度等交通信息,桥隧安全状态、边坡安全状态及机电设施运行状况等基础设施状态信息,能见

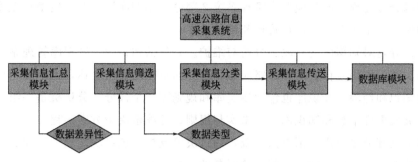

图 5-20 高速公路信息采集系统模块图

度、气压、降雨量等气象信息，形成高速公路相关信息原始数据。

② 采集信息筛选模块 该模块是对汇总的信息进行筛选，按数据的规律性，对一些采集不合常理的数据进行去掉操作；同时也按数据的差异性，对不同的数据进行选取，把差异性大的去掉。

③ 采集信息分类模块 该模块是对筛选完成后的数据进行归类操作，因采集的信息存在多样性，所以按所需的信息类型进行分类，大体分为交通信息、设施设备状态信息及气象监测信息 3 大类，还有比如视频监控信息、突发事件信息等。

④ 采集信息传送模块 该模块是对数据进行传输的通信模块。由于信息采集的实时性，数据量大，为了实现信息的高效、快速传导，采集信息传送模块将显得十分重要。

⑤ 数据库模块 该模块用来存储收集来的信息，并按不同类型的数据分成多个数据库，主要有动态交通状态数据库、设施设备状态数据库和气象监测数据库等。

5.5.3 决策支持系统

(1) 决策支持系统的定义和组成结构

① 决策支持系统的定义 决策支持系统（decision support system，DSS），也称人机智能系统，是以科学理论（管理科学、控制论、运筹学和行为科学）为基础，通过计算机技术、信息技术及仿真技术等科学技术，解决半结构化或非结构化问题的计算机应用系统。它能为决策者提供数据、模型，帮助决策者理清决策目标，并进行问题识别，建立或修改决策模型，选择最优备选方案，最终为决策者挑选决策方案，检验决策者要求及设想的目的。

高速公路应急管理决策支持系统通过对高速公路突发事件产生的不同信息进行抓取、分析和挖掘，并结合应急管理预案和应急管理决策模型库，确定最优的应急处置方案，实现突发事件应急处置的目的。

② 决策支持系统的组成结构 高速公路应急管理决策支持系统的结构主要由 4 部分组成，即数据部分、模型部分、分析部分和人机交互部分。

数据部分是通过对数据的存储、管理和维护来支持决策的。它分为数据库和数据库管理系统 2 部分。数据库用来存放各类数据，并描述其相关的属性，可进行数据的提取及查询。数据库管理系统是对数据库进行管理，并检查与维护其中的数据。

模型部分分为模型库和模型库管理系统 2 部分。模型库用来存放模型和模型间的关系。模型库管理系统对模型进行管理和维护。

分析部分是对知识库的获取、分析与维护。它包括知识库、知识库管理系统和分析机 3 部分。知识库用来存放高速公路应急管理方面不能用数据表达，也不能用模型描述的专家的知识和经验。知识库也包含事实库和规则库 2 个部分。分析机是一组用于分析高速公路突发事件信息和知识库中的事实与规则，并确定决策方案的程序。

人机交互部分是以用户请求为基础，通过决策支持系统各功能软件，完成对数据的调用、模型的运行、知识的分析等决策服务的人机交互界面。

(2) 高速公路应急管理系统决策过程

高速公路应急管理系统决策过程主要是完成高速公路应急管理系统数据的提取、分析和挖掘，让其能够为交通控制及事故处置系统提供决策服务支持，从而有利于高速公路应急管理系统的高效运行。其决策过程包含以下几个步骤。

① 通过信息采集系统对高速公路交通信息、设施设备状态信息、气象监测信息及突发事件相关信息的收集，形成相关的数据库，完成决策支持系统数据部分的填充。

② 根据基础数据库中的数据，通过对交通流量、车速，突发事件发生的时间、地点和程度，设施设备状态参数，气象状况数据等数据进行提取、分析和挖掘，从而得到突发事件数据库，其中包括高速公路拥堵程度数据、交通事故现场数据、设施设备状态变化数据及气象状况变化数据。

③ 根据突发事件数据库存放的相关数据，通过分析当前事件状况，充分运用决策支持系统中已建立的应急管理预案、专家应急处置策略库以及各种计算模型、设施设备安全处置模型、气象状况影响交通模型和交通流量控制模型等，并通过数学模型和对数据进行计算并作定性分析，综合事故处理专家的主观判断、分析，通过计算机屏幕显示交通控制及应急救援的决策方案。

高速公路应急管理系统的决策过程，能够方便地为高速公路管理者提供最佳的交通控制及应急救援决策方案，通过各相关部门的协调配合，完成对高速公路交通的调度和控制，快速及时地处理事故，并有效地利用事故现场救援资源实施紧急救援。高速公路应急管理决策过程数据流程如图 5-21 所示。

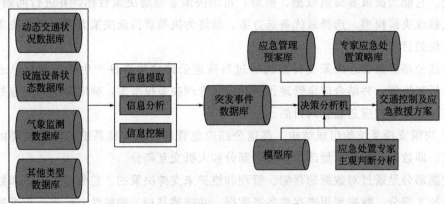

图 5-21 高速公路应急管理决策过程数据流程图

(3) 高速公路应急管理决策支持系统

根据传统高速公路应急管理过程中的信息需求,基于物联网的高速公路应急管理系统中决策支持系统将解决的高速公路突发事件问题为:突发事件的信息、储存和挖掘,实时掌握高速公路交通状况,根据各种算法和模型,预测交通量、确定设施设备的安全状态和气象数据是否处于安全范围内等;对突发事件发生的地段进行交通控制,从而保障高速公路的顺畅通行,并能够对突发事件进行指挥决策,及时调动有用资源对事故现场进行应急救援工作,以减少人员生命财产损失。图 5-22 为高速公路应急管理决策支持系统结构图,该图也表明了系统中功能模块之间的关系。

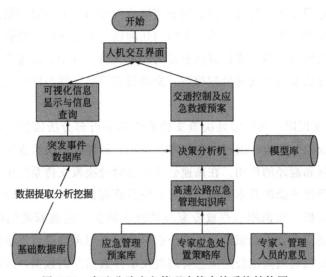

图 5-22 高速公路应急管理决策支持系统结构图

① 基础数据库 基础数据库是由信息采集系统对交通流状况、设施设备状态信息及气象参数等信息进行采集、汇总、筛选、分类工作形成的原始数据库。基础数据库中包含的数据类型:车流量、车速、车流密度、车道占有率等;桥隧安全状态、边坡安全状态、机电设备安全状态等;道路能见度、温湿度、降雨量等。利用基础数据库的数据实时地监测高速公路交通状况,为突发事件数据库提供基础数据。

② 突发事件数据库 突发事件数据库通过实时地对基础数据库进行数据提取、分析和挖掘,完成对突发性交通大流量、高速公路基础设施状态变化、气象参数异常以及交通事故发生时间、地点、性质等信息的存储。突发事件数据库的建立主要是用来分析研究如何使用应急资源,实现应急资源的共享和管理,使高速公路管理者合理地利用这些应急资源来完成对突发事件的处置,同时能为高速公路应急管理指挥工作提供决策支持,最终实现减少人员生命财产损失的目的。突发事件数据库也是交通控制及应急救援系统的信息主要来源。

③ 应急管理预案库,专家应急处置策略库及专家、管理人员的意见 高速公路应急管理预案库是为高速公路突发事件的发生提供决策服务和解决方案的,其中主要的解决方案有高速公路交通控制预案、高速公路应急救援预案和高速公路安全预防预案。当高速公路突发事件需要决策支持时,高速公路应急管理决策支持系统经过分析、搜索并

调用最佳的应急预案来解决问题。

专家应急处置策略库主要是为高速公路上发生的突发事件提供决策支持的一系列由专家分析给出的策略方案集合。该策略库是专家假定突发事件发生而制订的应急方案和对已发生的事故的应急处置过程的记录以及通过事故评价系统改进的处置方案的预设。

专家管理人员的意见是指当事故发生后,由专家管理人员就事故情况根据其经验,并分析、判断后给出的意见方案。通过对预案、策略及现场专家意见的结合,完成决策支持系统为决策者提供决策支持的目的。

④ 应急管理模型库　在高速公路应急管理决策支持系统中,常用到的模型有交通量控制模型、交通突发事件处置模型、交通拥堵疏导模型、交通路段模拟模型和交通量预测模型。这些模型主要解决半结构化和结构化问题,通过选择应急管理模型库,对高速公路拥堵、交通事故等突发事件提供有效的决策支持。其中,高速公路交通量预测模型的常用模型机方法有动态交通分配模型、交通仿真模型、神经网络模型及综合统计模型等。

⑤ 应急管理知识库　知识库是决策支持系统中分析部分所需的一部分,相关的还有知识库管理系统及分析机。通过对知识库的运用,能够连接决策支持系统和突发事件数据库,起到解释和翻译的作用。在高速公路应急管理决策支持系统中,知识库主要存放高速公路应急管理方面的基本知识。它可对应急管理预案库及专家应急处置策略库的数据进行提取和分析。知识库也存放专家与管理人员关于应急管理问题的判断和分析等。这些高速公路应急管理知识经过决策分析机分析被用来解决突发事件决策制订的问题,所以需要分析机利用高速公路应急管理突发事件数据库的数据,并结合应急管理相关的知识,进行应急处置工作的分析、判读。再将高速公路应急管理预案同实际突发事件状况进行匹配分析,并利用专家应急处置策略库和专家管理人员的分析,生成相应的交通控制及应急救援解决方案。此外,通过调用高速公路应急管理方面的数据模型,由分析机检索出最合适的决策方案,从而辅助决策者完成对高速公路应急管理的决策。

⑥ 可视化信息显示与信息查询　在高速公路应急管理决策支持系统中,可视化信息显示界面是一个十分重要的功能模块,通过计算机屏幕等显示设备的信息输出,可以实时地监控交通运行状况信息。高速公路应急管理决策支持系统通过显示设备实时地监控和显示整个高速公路的地理位置、概况及交通流状况、基础设施设备状态、天气情况等,并可以任意调节显示的范围和缩放需要显示路段。此外,管理人员能够通过高速公路应急管理信息查询界面查询或检索,了解到高速公路的基本信息、路线信息、交通流量信息和交通事故信息等,从而实时地获取突发事件的相关信息。

⑦ 人机交互界面　人机交互界面以直观的方式给用户提供数据层面的操作,其贯穿于应急管理决策支持系统的全过程。首先,用户在该界面上发出请求,决策系统通过识别用户所输入的需求并作出相应的分析、判断并处理给出结果。其中,处理过程包括数据提取、模型应用及决策分析,从而借助突发事件数据库、知识库及现场专家管理人员的意见得出正确的决策。此外,管理员可以通过人机交互界面对高速公路应急管理相关的知识库、预案库、策略库等进行增、删、改及查询等数据操作。

5.5.4 交通控制及应急救援系统

我国在高速公路交通控制及应急救援工作方面已经取得了较大的进展，但是高速公路交通事故仍然居高不下，而其他突发事件更是严重影响高速公路的运行，如何保障高速公路的安全、畅通仍是现如今急需解决的问题。高速公路突发事件处置的滞后主要体现在缺乏实时、全面、准确的数据以及高效的联动机制和协调策略。物联网技术的出现促进了高速公路交通控制及应急救援的智能化发展，基于物联网的高速公路交通控制及应急救援系统就是利用各种信息采集设备，实时、准确地采集到各种高速公路异常信息，然后通过应急管理决策支持系统进行分析决策，形成交通控制及应急救援方案，经决策者同意后快速地调用各种应急救援资源，并在短时间内进行人员抢救、故障清除、恢复交通，并及时进行交通控制，以避免二次事故发生，降低人员的死亡率，减少经济损失，为出行人员提供安全、畅通的服务。

高速公路突发事件往往伴随着交通拥堵及人员伤亡等，所以在进行高速公路应急救援的同时还需要对事故现场进行交通控制。另外，在没有人员伤亡时，由于突发性大流量造成交通拥堵或高速公路作为国家救灾通道仍需要进行交通控制。交通控制能保障应急救援安全、顺畅地进行，同时也能防止二次交通事故的发生，为应急救援赢取宝贵的时间。而应急救援则是为了尽快恢复高速公路交通的畅通，取消交通管制。

(1) 交通控制及应急救援系统工作流程

高速公路交通控制及应急救援系统包括事件信息获取、检测与确认、应急处置方案的确定、交通控制、应急救援及信息发布等。工作流程如图 5-23 所示。

① 信息获取 因高速公路有突发事件后，会使交通流发生变化，利用信息采集系统将交通流信息收集交于应急管理中心，然后判断是否发生交通事故；高速公路监控中心可以利用视频监控系统发现其覆盖区域的突发事件；事故当事人或目击者可以利用高速公路上设置的紧急电话进行报警；路巡人员正好巡查到事故发生区域，通知应急管理中心。

② 事件检测与确认 应急管理中心接到报警及信息采集系统收集到关于交通流的信息急剧变化之后，立即记录事故信息（时间、地点及事故类型等），同时利用视频监控系统、GPS 系统等对事故进行定位，然后对事故进行确认。

③ 应急处置方案的确定 根据获取的事件发生时间、地点、类型、严重程度等信息，决策支持系统自动生成最佳的应急处理方案，并上报决策者，获取到决策方案并确认后提供给交通控制及应急救援系统执行实施。

④ 交通控制 获取到应急处置方案后，高速公路交通执法部门执法出警，对现场进行管制，保障救援工作的实施，并对积压的车辆进行疏导分流。

⑤ 应急救援 接到救援方案的确认后，调动相关的各个部门快速参与到救援工作中，通过各方的协调配合完成救援工作。

⑥ 信息发布 事故发生后通过信息发布平台对信息进行发布；交通执法部门参与到应急处置中，进行交通控制时发布相关的信息；事故处置完成后将发布通行恢复信息。

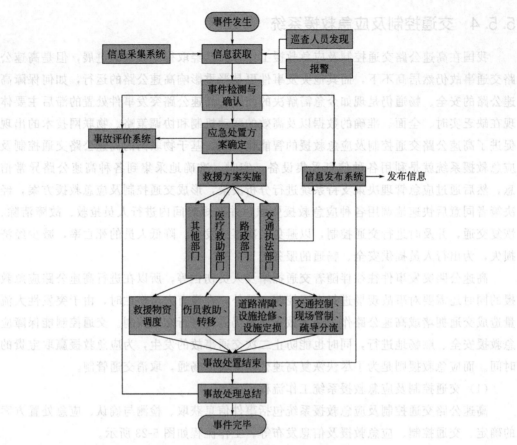

图 5-23　交通控制及应急救援工作流程

(2) 交通控制及应急救援系统功能模块

交通控制及应急救援系统功能模块如图 5-24 所示。

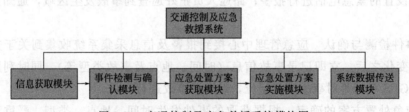

图 5-24　交通控制及应急救援系统模块图

① 信息获取模块　信息采集模块以信息采集系统收集的实时动态的信息为基础，通过物联网技术，感知交通流、设施设备状态、气象参数等信息的变化。通过分析，信息获取模块对有可能发生事故的信息及时进行获取。

② 事件检测与确认模块　接到报警及巡查人员提供的信息后，事件检测与确认模块根据信息获取模块获取到的信息，通过分析，同报警信息匹配进行事件的确认。

③ 应急处置方案获取模块　该模块是利用决策支持系统进行应急处置方案的获取，通过对事件发生的确认，反馈信息至决策支持系统，利用其功能获取到最佳的应急处置方案，以完成交通控制及应急救援工作。

④ 应急处置方案实施模块　该模块负责对救援的过程进行实时全程的监控、记录事故现场动态、发布救援处置指令、协调配合各部门及救援资源分配等。

⑤ 系统数据传送模块　该模块负责系统数据的传送功能，是系统不可缺少的一部分，从信息获取到方案实施均会用到。其为系统间的协调配合工作起到了桥梁的作用。

5.5.5　信息发布系统

高速公路应急管理信息发布系统是利用信息采集系统对布设于高速公路上的各种信息采集设备进行交通信息、设施设备状态信息、道路环境信息、气象信息等的采集，将应急管理信息动态地、及时地共享到高速公路和公共信息网络中，使高速公路出行人员能够及时地了解到交通事故或限速、限行路段和其他路段的交通状况，为高速公路出行人员及时作出路线调整提供信息服务。信息发布系统的信息发布方式主要有可变信息情报板、交通诱导显示屏、可变限速标志、路侧广播、车载系统、Web 网页及其他媒体等。

（1）信息发布系统流程

高速公路信息发布系统流程如图 5-25 所示。

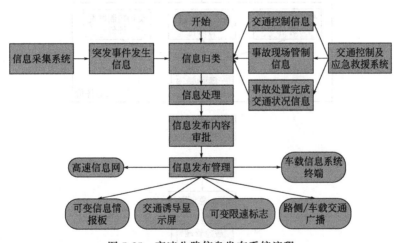

图 5-25　高速公路信息发布系统流程

高速公路应急管理信息发布系统从其他系统接收信息，通过实时地了解交通信息、气象信息和突发事件发生信息及其交通控制、应急救援等信息，经过信息发布系统的分类、处理之后，通过各种信息传播方式提供给高速公路和交通出行人员。发布的应急管理信息主要包括交通流状况（交通流量突发性增大、交通拥堵等）、交通事故、道路施工维修、气象天气变化、灾害情报等。

（2）信息发布系统功能模块

① 信息归类模块　高速公路应急管理信息发布系统有多种信息来源和种类，因此需要根据信息的种类进行归类、整理。

② 信息处理模块　该模块负责对归类的信息按既定的信息发布内容模型进行内容编写，并分析相关的信息是否编入同一条信息发布。

③ 信息发布内容审批模块　该模块负责选择何种信息发布方式和审核信息内容的

安全，并完成发布的信息的初步完善和修改。

④ 信息发布管理模块　该模块负责将高速公路应急管理信息传播给不同的信息终端，并完成对信息发布的时段及频率的管理。

5.5.6　事故评价系统

高速公路应急管理事故评价系统主要是针对高速公路应急管理中突发事件发生时的信息发现至事故处置、交通控制、信息发布等重要环节进行监测和记录，并对其进行评价，完成对事故处置工作的改善建议和应急管理预案的补充。

(1) 事故评价系统流程

事故评价系统流程如图 5-26 所示。

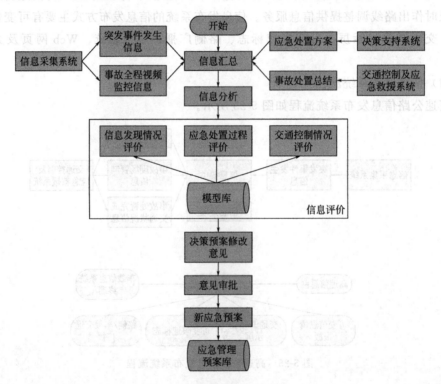

图 5-26　事故评价系统流程

应急管理事故评价系统通过信息采集系统、决策支持系统及交通控制与应急救援系统来获取信息，通过信息分析后对各类信息进行评价得出修改意见，得到决策者审批后，将就本类事故新产生的应急预案更新进应急管理预案库。应急管理评价过程是调用模型库中的不同评价模型对各类情况进行分析、评价，以找到更佳的应急处置方式，进一步减少人员的生命财产损失及尽快恢复交通的正常运行。

(2) 事故评价系统功能模块

① 事故评价系统功能模块图　高速公路应急管理事故评价系统功能模块如图 5-27 所示。

② 事故评价系统功能模块描述

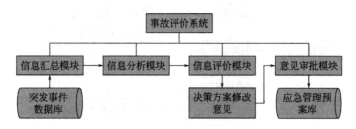

图 5-27 事故评价系统功能模块图

a. 信息汇总模块　由信息采集系统对突发事件进行感知或预测，再通过交通控制及应急救援系统对突发事件的确认信息，获取到事故的发生信息；事件确认后，通过决策支持系统的分析、判断，提供事件应急处置方案传入信息汇总模块。

该模块还利用视频监控系统等图形图像采集设备对事故处置的整个过程进行信息获取，并对事故处置完成后的事故处置总结进行收集分析；该模块还对交通控制采用的方式、控制方案等信息进行收集。

b. 信息分析模块　该模块是为信息评价模块服务的，通过对汇总的信息按事件产生相关的信息、事件处置过程产生的信息及交通控制方面的信息进行归类，并提取评价模型所需的数据，以及对不符合格式的数据进行转换，完成信息分析过程。

c. 信息评价模块　该模块通过与模型库的连接，调用所需的评价模型，完成对事件发生侦测速度等情况的评价，对事件应急处置整个过程的方式、时间、效果等情况的评价，以及对现场车流疏导分流状况、路段交通流控制状况等交通状况的评价，通过对评价结果的整理，比对决策方案，最终生成决策方案修改意见。

d. 意见审批模块　该模块将生成的决策方案修改意见传递给决策者或应急管理方面的专家及管理人员进行审批，经过多方意见及分析、判断后，将新的针对此类事故的应急管理预案存入应急管理预案库，为下次发生此类事故提供决策支持。

5.5.7　应急联动指挥系统

高速公路应急联动指挥系统是对高速公路发生的具有波及范围广、影响程度大、破坏能力强的突发事件进行应急联动指挥工作，实现对事件的处理，以尽快恢复交通及保护人员生命财产安全。

(1) 高速公路应急联动指挥系统工作流程

高速公路应急联动指挥系统如图 5-28 所示。

高速公路应急联动指挥系统通过对报警信息及高速公路运营公司上传的信息进行检测确认，并按事件类别进行分类。若只在某一路段内发生的事件就交回给该路段高速公路运管中心，通过其应急管理系统进行处理；若事件比较严重或很特殊，需要多个路公司协调配合，则需要通过路网应急联动指挥系统进行应急联动处置，最终完成对高速公路的保畅工作。

(2) 高速公路应急联动指挥系统功能模块

高速公路应急联动指挥系统模块如图 5-29 所示。

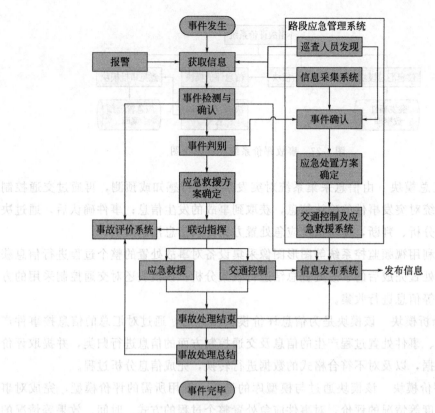

图 5-28　高速公路应急联动指挥系统

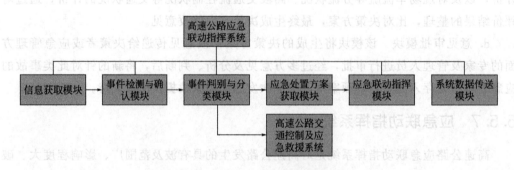

图 5-29　高速公路应急联动指挥系统模块图

① 信息获取模块　该模块对高速公路接警信息进行获取并记录，另外对各高速公路运营管理单位所上传的信息进行收集，并按序存储。

② 事件检测与确认模块　该模块通过视频监控系统及人为现场确认等工作，完成对收集来的信息进行检测及事件确认。通过对事件的明确，为事件的及时处置工作赢取时间，并对虚假报警信息进行排除，实现高速公路应急管理工作的高效性。

③ 事件判别与分类模块　该模块是将已确认的信息进行分类判别，根据事件波及范围、影响程度、破坏状况等进行分类，并按类型进行突发事件应急管理预案选取，为应急联动指挥工作提供经验保障。

④ 应急处置方案获取模块　该模块与交通控制及应急救援系统中应急处置方案获

取模块相同。

⑤ 应急联动指挥模块　该模块与交通控制及应急救援系统中应急处置方案实施模块功能相同。

⑥ 系统数据传送模块　该模块与交通控制及应急救援系统中系统数据传送模块功能相同。

5.6　高速公路电子智能收费系统（ETC）及应用

随着我国经济的快速发展，车辆不断增加，高速公路通行量也在不断增长，在高速公路收费站出现了一些不良现象，如环境污染、车辆拥堵等。为了提高高速公路收费站的通行效率、缩短交费时间、提升智能服务水平，交通运输部门在绝大多数高速公路收费站建设了电子收费（electronic toll collection，ETC，又称为不停车收费）专用车道，并安装了ETC软件。ETC作为一个新型的智能交通电子系统，其主要涵盖了信息化处理技术、自动控制技术、图像识别技术和传感技术等多个高新技术，代表着高速公路收费未来的发展方向。应用ETC无须停车缴费，不仅提升了高速公路收费站的通行效率，缩短了车辆的等候时间，改善了高速公路收费站的拥堵现象，同时还减少了汽车尾气的排放量，降低了汽车油耗。

5.6.1　ETC的特点与效益

ETC属于智能的电子管理系统，主要通过在门架或行车道路上设置微波天线，对车辆中的电子标签进行采集，在计算机的帮助下自动识别采集到的车辆信息，然后通过数据处理最终实现自动缴费。

(1) ETC的特点

① 通行顺畅　当安装了电子标签的车辆行驶到ETC车道时，车道中的检测器接收到了来自车辆挡风玻璃上的车载装置发出的信号后，车道上的栏杆自动抬起，车辆通行。因检测器为计算机系统所操控，会有一定的读写速度限制，所以车辆在进入ETC通道时应减速慢行，保持在20km/h为最佳，每辆车通过收费站进口和出口只要约3s。相比人工收费口约需30s的时间，则大大提高收费站的通行能力。ETC系统兼容人工半自动收费和不停车收费，是目前国内外应用较多的先进收费技术。

② 绿色环保　单次收费为3s，ETC专用车道每小时可处理1200辆缴费车辆，是人工收费的数倍，提高了通行能力，同时解决了因人工收费造成排队而引起的交通堵塞、车辆延误、能源消耗和环境污染等问题。

③ 安全高效　对于车道多、流量大的大中型收费站，设置ETC专用车道，在运行时无须人工干预，可以做到无人值守，最大限度提高通行能力，减少运营成本，有效避免了错收、漏收及收费作弊等行为。

(2) ETC的效益

① 更低的运营成本　与传统意义上的人工收费形式相比，ETC收费可大量减少收费人员，降低人工收费管理成本，提高运营效益。还可缩小收费站规模，节约基建

费用。

② 更节省的费用　部分 ETC 支付高速公路通行费时能享受九五折优惠。目前，我国有个别银行为了推广 ETC，会不定期地推出各种优惠政策，大力普及推广该高速收费方式。

③ 更顺畅的通行条件　ETC 收费系统是解决高速公路拥堵和提高高速公路通行效率的有效技术手段。根据科学计算，ETC 收费比普通人工收费要节省 1/6 的时间，优势相当明显。

④ 更低的尾气排放　ETC 系统因其通行顺畅，极大地降低了收费口的噪声的产生和尾气排放，对环境保护起到了一定的作用，这也是为什么目前世界很多发达国家大力推广该收费形式的主要目的。

⑤ 更便捷的付费服务　推广电子支付手段，可以方便用户缴费，减少收费劳动强度，降低收费成本，确保收费安全性，减少收费过程中作弊的可能性。

⑥ 更准确的运营数据服务　因为 ETC 在使用过程中，通过计算机网络连接了银行账户，使得车辆在通行过程中的数据得以很好地保存。其中，对保存好的数据进行有效的分析和利用，可以很好地杜绝一些司机在行驶过程中的违规行为的出现。

5.6.2　ETC 的构成及工作流程

(1) ETC 的构成

ETC 系统设计比较复杂，主要由前台系统和后台系统构成，二者各司其职，共同协作。

① 前台系统　前台系统主要通过 ETC 收费车道实现在不停车的情况下就可以进行收费。控制器、自动栏杆、天线、通行信号灯、摄像头、识别系统和显示器等设备是 ETC 收费车道的主要设备。可以说，前台系统基本包含了该收费系统的全部硬件。

② 后台系统　后台系统则由 3 个部分组成，分别是 ETC 结算管理中心、收费站子系统以及合作银行。后台系统主要负责监控系统的正常运行、交易数据的处理和资金的清分结算。

ETC 的使用功能可以划分为以下几个方面：第一，确定车辆是否安装电子标签，对安装电子标签的车辆进行车辆信息采集、录入；第二，在车辆进入 ETC 车道时，对车辆进行抓拍后，对车牌进行识别，同时保存获取的信息；第三，车辆的基本信息在进入 ETC 入口车道时，就已经被录入系统，当车辆出高速公路行驶到 ETC 出口车道时，车辆通行的费用会根据前台系统采集的基本信息进行自动计算、核对，然后完成收费功能；第四，车辆如果存在异常情况，ETC 车道不会对其自动放行，需要工作人员进行人工操作放行该车辆。

(2) ETC 的工作流程

高速公路 ETC 系统的工作具体包括以下流程。

① 车辆在进入识别范围内后，地底下的触发线圈就会及时反馈，然后启动前台系统的天线。

② 通过信息交换的方式，实现天线和电子标签通信，电子标签的信息有多种，主

要有车型、车辆标识等,天线在接收这些信息过后,会在系统内进行自动判断。当电子标签处于无效状态时,就会封闭车道,系统会自动发出报警,提醒工作人员对该车辆进行引导,如果是正常状态,则会放行。

③ 在检测车辆信息的过程中,出现无卡或无效卡车辆时,工作人员则应该采用应急方案,快速启动拦截车辆的栏杆,及时疏通收费车道,避免出现冲卡的现象。

④ 数据核对无误并完成交易后,系统则会自动打开拦截车辆的栏杆,信号灯此时也会变为绿灯,显示器上也会显示出车辆的交易信息、费用等。

⑤ 车辆在通过抓拍区域时,系统就会对该车辆进行自动抓拍,然后将车辆的基本信息与抓拍的图像通过字符叠加器进行叠加。

⑥ 车辆在通过落杆圈线后,拦截车辆的栏杆就会自动落下,ETC系统车道的信号灯由绿色变为红色。

⑦ 最后,系统会自动保存车辆的交易信息,并传到收费服务器,最终完成收费流程。

5.6.3 ETC的应用

(1) 应用路段

当前,我国高速公路收费站基本设有ETC专用车道。截至2017年6月,除西藏和海南外,全国已实现高速公路ETC联网,我国ETC用户数量已超过5000万。

以宁夏高速为例进行说明,宁夏位于中国的西部地区,其面积达到6万多平方千米。宁夏自2012年分期分批实施高速公路ETC全国联网建设,于2015年8月31日实现联网运行,正式接入全国联网系统。目前,宁夏高速有收费站74个,共207条ETC车道,ETC覆盖率100%,拥有的ETC用户已达21万。

(2) 应用效果

经相关部门测算,全国ETC联网运行1年,共节约车辆燃油8万吨,能源节约效益约7亿元,减少氮氧化物排放190t、减少烃类化合物排放634t、减少一氧化碳排放2.38万吨。ETC技术在提高通行效率、节约出行消耗的同时,还能够改善环境质量;在大幅度提升站点和高速公路的整体通行能力的同时,还具有显著的经济效益和社会效益。ETC不仅仅是不停车,出行使用ETC更是一种环保、节俭的生活方式。随着ETC的广泛使用和ETC用户的不断增加,它对经济和生活环境也会产生深远的影响。

(3) 存在的问题

① 使用标准不统一问题　ETC技术从20世纪90年代初期引入中国,作为最早使用该技术的武汉和广州两座城市,该技术标准较为成熟,很难再与国标统一,如再改成国标,必将投入较大的人力和资金。

② ETC使用率仍然偏低,服务不完善　虽然ETC在使用过程中有诸多的便利条件,但是在我国一些城市用户比例仍然偏低。主要问题在于ETC在办理过程中,手续较为烦琐,一次缴纳的预存费和押金比较多,并且还会捆绑个人银行账户,这就让很多车主产生了抵触心理。

③ 技术问题　ETC在使用过程中还存在着一些技术方面的问题,例如旁车干扰、

跟车干扰、旁道干扰等问题。这些问题的存在，导致车辆在使用 ETC 过程中容易出现结算错误等问题，给使用者带来金钱损失。

④ 跨区域结算问题　因 ETC 在我国还没有完全普及，国标并没有推行，导致各省的高速公路收费系统独立存在，从而使得 ETC 付费无法跨省区域结算，给许多车主带来不便。

实行 ETC 收费是全国高速公路收费的一种全新形式，同时也是大势所趋。尽快建立国家统一标准，大力推广和完善 ETC 收费，是我国道路交通部门所要研究的首要问题。

（4）ETC 发展应遵循的原则

① 科学性原则　ETC 在我国高速公路交通体系中的实现，要充分体现科学性的原则，只有从科学的角度对 ETC 的使用目标、高速公路的设计意图、施工条件等多个方面进行细致而全面的考量，才能够最大限度地保证 ETC 满足高速公路发展建设的实际要求，只有在科学精神、科学手段、科学理念的指导下，才能够以现有的技术条件为基础，进行 ETC 的科研与开发。

② 实用性原则　提高其性价比较为重要。如果没有传感器的影响，汽车也就不会实现发展。随着汽车电子化的不断发展，其自动化程度也在不断提高，这样也就加大了对传感器的依赖程度。因此，在各个国家的汽车发展中开始认识到了汽车传感器的重要性，并将其纳入到发展的重点。通过研制出具备智能化以及低功耗等特点的新型传感器已经成为了必然的发展方向之一。所以在未来的传感器中不仅可以实现模拟与处理，还可以对信号进行放大与处理，同时还要具备一定的抗外部电磁干扰的能力。

（5）前景与展望

随着"互联网＋"的迅猛发展，一批互联网金融企业纷纷进入高速公路的一些领域，包括阿里巴巴、腾讯和银行等。在此基础上，可以顺势推进"ETC＋应用"的发展生态圈，即"ETC＋"。"ETC＋"就是通过集成互联网、大数据、云技术等搭建一个数据平台，包括个人信息、物流信息、消费信息和金融信息，然后提供交通、物流、出行等各种服务。全国各省积极响应"互联网＋"技术的全面革新，最后必定能够搭建一个属于 ETC 发展的生态圈。

随着我国交通的发展和高速公路里程的不断增加，联网收费路段不断增多，在这样的情况下，就需要一种应用范围更为广阔、快捷、方便跨区收费的自动化收费系统，来实现效率高、速度快的收费工作。ETC 和传统的 MTC 收费系统相比具有更多的优势，ETC 的自动化水平更高，信息处理的速度较快，同时还能确保车辆信息采集的准确性。在不断完善 ETC 跨省收费技术及通信技术的背景下，ETC 将会进一步发展，只有进一步完善，才能够完全地发挥出 ETC 本身的优势，切实提升高速公路收费站的通行效率，进而提升用户体验和服务水平。

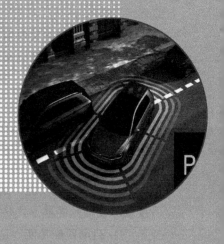

第6章 车载导航系统

6.1 车载导航系统概述

汽车数量增长速度高于道路规划和其他交通建设设施的增长速度,导致我国各地每天都会出现交通拥堵的现象,交通拥堵会产生城乡环境污染严重和交通事故频繁等问题。为此智能化地理信息交通系统应运而生,而车载导航系统作为系统的核心得到了广泛的应用。

6.1.1 车载导航系统硬件组成模块与基本功能

(1) 车载导航系统硬件组成模块

一套功能完整的导航系统如图 6-1 所示,通常由功能模块中的部分或全部组成。

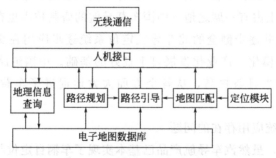

图 6-1 车载导航系统组成模块

电子地图数据库包是以地图数字化数据为基础的各种地图内容要素的信息文件库,存储在计算机中,其中包含商业居民、交通规则和公路等级区等信息,通常采用矢量数据的格式存储。规划最佳的路线协助在汽车行驶过程中行驶最短的距离,这个过程也是根据计算机中存储的矢量地图模块所提供的电子地图,利用最短路径法分析出最短可行路径的距离。

此外,一个增强型用户体验的模块设计,其目的是通过无线通信技术(4G/3G 网络）接收到实时的交通信息和通报，增强了用户对当前路况信息的了解。

（2）车载导航系统基本功能

① 浏览地图功能　其中包括计算机地图在平面上缩小、放大和位置变化的移动；折线、直线的距离测量。

② 坐标定位功能　GPS接收到车辆位置信息，显示车辆位置在电子地图中，并伴随着位置的不断变换更新车辆的位置信息，并显示出车辆相应经度、纬度、速度等信息。

③ 信息查询功能　通过查询的功能迅速找到导航的目的地，将目的地信息以高亮度显示在显示屏幕上，并实现地名、位置的查询功能。

④ 自动匹配功能　这个功能的出现是为了GPS出现误差时修正误差，或者没有按照设计导航线路行驶时，车辆可能脱离导航路线，可以将偏离道路的车辆进行自动匹配重新显示并回到地图上来，为车辆导航实现定位的功能。

⑤ 道路自动规划功能　自动设置出发点和目的点之间的最优化线路，提供给驾驶者最短的行驶路程。

6.1.2　车载导航系统应用概况

（1）车载导航系统应用现状

车载导航系统利用GPS（全球定位系统）并结合电子地图，可以在全世界范围内找到车辆的具体位置，还可规划路线。车载导航具备语音导航、规划最佳路径等主要功能，另有DVD播放器、蓝牙免提、智能泊车等附加功能。

车载导航刚刚投入市场便显现出其强大的生命力和巨大的市场前景，几乎所有的日本汽车制造商均致力于这一高新技术的研制，在最近几年有超过30个车载自主导航系统被投入到市场中。美国、欧洲、日本的车载导航已经日趋成熟，形成规模。日本的尼桑、本田等公司都有自己的车载导航产品。世界各国都看到了车载导航市场的无限发展潜力，力图在该市场上占有一席之地。中国车载导航的研制技术也在逐步完善。中国于20世纪末发射、建立并逐步健全的北斗导航定位系统逐步应用在交通行业，为车辆卫星导航定位系统的规模化、产业化发展打下良好的基础。中国道路建设日益完善，电子地图研制的技术水平日益提高，从各个方面大大地促进了车载导航技术的进一步成熟。

（2）车载导航系统应用存在的问题

从国内市场来看，虽然汽车导航产品已基本实现了车辆自定位与地图匹配、路径的规划与导航、路况信息查询以及其他娱乐休闲等附加功能的成熟应用，但由于国内车载导航系统技术的研究起步较晚，智能交通系统的建设还处在初级阶段，汽车导航产业仍然面临着很多障碍。

① 导航地图生产企业的生产、更新速度滞后。目前中国正处于经济转型时期，城市容量的扩大、道路长宽的扩展延伸尤其是高速公路的不断建设，使道路发生了巨大的变化，这些实时信息的不断变化对电子地图的精准度和及时程度提出了很高的要求，而国内当前车载导航生产企业的更新机制和频率远远赶不上这些变化，不能匹配城市交通

建设更新和交通管制变化的速度。

② 实时动态信息交换能力不足。国内车载导航系统中的路径规划功能还处于静态程度，只能被动地接收 GPS 卫星信号，运行预装的电子地图，不能与外界发生任何数据等方面的信息交换。

③ 国内外车载导航硬件方面存在隐患，比如电池过热影响信号收发以及电磁波辐射等安全隐患。

6.1.3 全球定位系统（GPS）

（1）GPS 概述

1973 年 12 月，美国国防部批准陆、海、空三军联合研制第二代卫星导航系统 Navigation Satellite Timing and Ranging/Global Positioning System，即"卫星授时测距/全球定位系统"，简称全球定位系统（GPS）。GPS 为卫星无线电导航定位系统，它利用卫星发射无线信号进行导航定位，具有全球性、全方位、全天候、高精度、快速实时三维导航定位、测速和授时功能。目前 GPS 技术已经成功应用在土地测量、工程测量、航空摄影测量、车辆导航与控制、地壳运动监测、工程变形监测、资源勘察、地球动力学等多种学科领域，从而在导航定位领域发生了深刻的技术变革。

（2）GPS 组成原理

GPS 定位系统主要由 GPS 卫星星座（空间部分）、地面监控系统（控制部分）、用户接收处理部分（用户设备部分）组成。系统组成如图 6-2 所示。

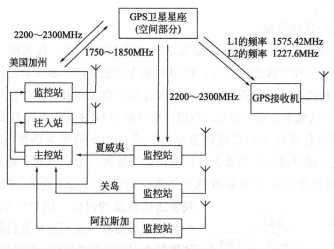

图 6-2 GPS 系统组成

① GPS 卫星星座（空间部分） 空间星座部分由 24 颗卫星组成，包括 21 颗工作卫星和 3 颗在轨备用卫星，均匀分布在 6 个轨道平面上，每个轨道内分布有 4 颗卫星。GPS 卫星的空间配置，在地球的任一地方任一时刻，都可保证至少可观测到 4 颗，至多可观测到 11 颗，并保持良好的定位解算几何图形，从而可以确定其位置，提供时间上连续的全球导航功能。为了能提供时间精度高的标准，每颗 GPS 卫星都具备 2 台铷钟及 2 台铯钟（1 台工作，3 台备用）。它具备以下基本功能：接收并存储地面监控站传入

的导航信息,执行监控站的控制指令;卫星微处理机,实现数据处理功能;发送导航定位信息给用户;借助星载高精度原子钟产生基准信号,提供高精度的时间标准;在监控站的指令下,使用推进器调整卫星姿态,启用备用卫星。

② 地面监控系统(控制部分) GPS 卫星的地面监控系统包括 1 个主控站、3 个注入站和 5 个监控站。监控站的主要任务是对 GPS 卫星进行连续的观测,获取卫星的观测数据,然后把所有的观测资料经过初步处理后传送到主控站,用于确定卫星的精密轨道。主控站可全面控制地面监控部分,它不但可以协调、管理地面监控系统工作,还可以提供卫星系统的时间标准,并将推算、编制的卫星星历、钟差、大气层修正参数传入注入站。另外,主控站能调整偏移轨道的卫星,如果工作卫星失效,会启用备用卫星。在主控站的控制下,注入站将主控站推算、编制的卫星星历、卫星钟差、导航电文和控制指令等信息注入到对应卫星存储系统。整个 GPS 地面监控部分,除主控站外,其他各站都需有人值守,各站之间的联系依靠现代化的通信系统,使得各项工作高度自动化。

③ 用户接收处理部分(用户设备部分) 这一部分直接面向用户,其核心是 GPS 接收机,一般由天线前置放大器、信号处理、控制与显示、记录和供电单元组成。主要任务是接收捕获 GPS 卫星信号,解码卫星发送的导航电文,进行相位和伪距测量,对数据进行处理、解算以完成定位工作。

GPS 接收机按用途可分为测地型、导航型和授时型。测地型主要用于大地测量,一般采用较精密的双频接收机,用于长距离的精密定位,价格较贵;导航型用于民用、军用导航,通常只可观测测距码,单点定位精度一般为 10m,价格低廉;授时型主要用于大范围时钟同步。

(3) GPS 定位导航原理

GPS 地面观测点定位方法有伪距定位法、多普勒定位法、载波相位定位法、伪距测量加多普勒定位法和干涉定位法等,常用的是伪距定位法、多普勒定位法和载波相位定位法。从定位精度上看,伪距定位法不如多普勒定位法和载波相位定位法;从成本造价上看,伪距定位法成本会低出很多。所以目前导航型 GPS 接收机大多采用伪距定位法,GPS 接收机对码进行测量从而获得的卫星到接收机的距离即为伪距(pseudo range),由于含有接收机卫星时钟的误差及大气传播误差,故称为 P 码伪距,精度约为 2m。

每颗 GPS 卫星会告诉 GPS 接收机 3 件事,即我是第几号卫星;我当前所在位置;我发送这消息的时间。用户的 GPS 接收机接收并存储星历资料,使用这些资料修正其时间,并利用每个卫星信号接收到的时间和本身的时间的不同,计算出每个卫星到 GPS 接收机之间的距离。当 GPS 接收机接收到更多卫星时,使用三角公式计算出接收机所在位置,由于接收机会持续不断地更新用户位置,所以可计算出用户的移动方向和速度。

GPS 基本定位原理见图 6-3,以高速运动的卫星瞬间位置为已知的起算数据,使用空间距离

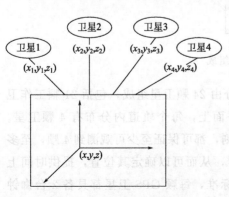

图 6-3 GPS 的基本定位原理

后方交会法确定待测点位置。根据几何学,3个球就可以确定1个点,但是由于用户接收机时钟与卫星星载时钟不可能一直同步,需添加卫星与接收机的钟差作为位置参数,所以,如果想知道接收机所处位置,需要接收到4颗卫星的信号。

$$[(x_1-x)^2+(y_1-y)^2+(z_1-z)^2]^{1/2}+c(V_{t1}-V_{t0})=d_1 \quad (6-1)$$

$$[(x_2-x)^2+(y_2-y)^2+(z_2-z)^2]^{1/2}+c(V_{t2}-V_{t0})=d_2 \quad (6-2)$$

$$[(x_3-x)^2+(y_3-y)^2+(z_3-z)^2]^{1/2}+c(V_{t3}-V_{t0})=d_3 \quad (6-3)$$

$$[(x_4-x)^2+(y_4-y)^2+(z_4-z)^2]^{1/2}+c(V_{t4}-V_{t0})=d_4 \quad (6-4)$$

假设 t 时刻时,在地面待测量点上安置 GPS 接收机,测定 GPS 信号到达接收机的时间 Δt,并结合接收机接收到的卫星星历等数据来确定式(6-1)~式(6-4)4个方程式。其中,未知参数是待测点的空间直角坐标 (x,y,z) 和接收机钟差 V_{t_0}。$d_i=c\Delta t_i$ $(i=1,2,3,4)$,分别是4个卫星至 GPS 接收机的距离,Δt_i 分别是4个卫星信号到达 GPS 接收机的所需时间,c 是 GPS 信号传播的速度(即光速),$(x_i、y_i、z_i)$ 分别是4个卫星在某时刻的空间直角坐标,可从导航电文中求得,V_{t_i} 分别是4个卫星的卫星钟差,由卫星星历提供。根据以上4个方程式可以求解出待测点坐标 (x,y,z) 以及接收机钟差 V_{t_0}。

卫星持续地发送自身的星历参数及时间信息,利用用户接收到这些信息求解出接收机的三维位置、三维方向、运动速度和时间信息。

6.1.4 车载操作系统平台

智能车载操作系统与一般的信息娱乐系统的区别在于采用功能强大的嵌入式操作系统。目前 QNX(Quick Unix)、Windows CE 已经成为主流的车载操作系统。例如,福特汽车的 Sync 系统是基于 Windows CE 的,类似的还有起亚、菲亚特和另外15家汽车生产商所用的系统均基于 Windows CE 进行开发;而 QNX 开发的信息娱乐软件则支持着奥迪、宝马、福特、通用、本田、梅赛德斯和丰田汽车。除了这两种已经比较成熟的操作系统以外,基于 Linux 的 Android、嵌入式 Linux 等操作系统也在车载操作系统阵营中崭露头角。

(1) QNX

QNX 是一种商用的遵从 POSIX 规范的类 Unix 实时操作系统。它最早开发于1980年,其目标市场就是嵌入式实时控制领域。到目前,QNX 占领了车载系统75%的前装市场,在超过230种车型中使用。QNX 是一款非常成熟的微内核实时操作系统,它本身只提供核心服务,自身开销小、上下文切换快,所有驱动程序、应用程序、协议栈和文件系统都在内核外部运行,以确保应用的安全。除此之外,QNX 内建了容错功能以提高系统的可靠性。

(2) Windows CE

Windows CE 是微软公司嵌入式、移动计算平台的基础,它是一个开放的、可升级的32位嵌入式操作系统,具有模块化、结构化和基于 Win32 应用程序接口和与处理器无关等特点。Windows Embedded Automotive 是微软基于 Windows CE 专门针对汽车电子而开发的一款操作系统,用于开发车载通信、娱乐以及基于位置的服务支持解决方案。Windows Embedded Automotive 包含大量集成中间件组件以及数百种随 Windows Embedded CE 提供的组件,从而使基于 Windows Embedded Automotive 的系统可以应用于多种不同的汽车品牌和型号。

(3) Android

Android 是一种基于 Linux 内核的操作系统,采用了分层的架构,分别是应用程序层、应用程序框架层、系统运行库层和 Linux 内核层。相对于 Linux,Android 具有出色的 UI 设计、用户体验以及众多的软件应用。为了增强系统安全性,美国国家安全局在 2012 年 1 月发布 SEAndroid 开源项目和程序码,使 Android 系统支持强制存取控制(mandatory access control)。Android 最初为便携设备如手机、平板电脑设计开发,但近年来,Android 由于出色的性能,也逐渐被汽车生产厂商所青睐。

(4) 3 种系统之间的对比

随着 Android 在车载系统中的大规模应用,车载操作系统呈现出三足鼎立的局面。3 种系统的对比如表 6-1 所示。这 3 种操作系统中,QNX 的主要特点在于它是一个具有微内核并带有内存保护的实时操作系统,在系统安全和实时性方面优势突出;Windows CE 的主要特点在于与 Windows 系统的继承性,在开发资源方面具有其他操作系统不可比拟的优势;Android 系统虽然实时性较差,但其开放性、扩展性以及其众多的应用开发资源,使得 Android 系统在车载领域快速发展。

表 6-1 3 种系统的对比

技术指标	QNX	Windows CE	Android
安全性	微内核保证	一般	无法保证
开放性	闭源	开源	开源
实时性	强	一般	较弱
稳定性	强	一般	一般
用户体验	差	一般	好
应用数量	丰富	丰富	丰富
开发资源	一般	丰富	丰富
扩展性	弱	一般	一般
使用费用	高	低	低
硬件资源要求	少	多	一般

6.1.5 车载系统的发展趋势

面对愈加复杂的功能需求,为了提供更加智能的用户体验,智能车载系统将呈现出 3 个方面的发展趋势,包括信息与控制融合发展、虚拟化技术的应用和人车交互模式的变革。

(1) 信息与控制融合发展

传统的车载系统主要关注导航、通信和娱乐功能,车载系统与汽车本身的功能耦合度低,其开发周期和成本非常高,用户买车以后很难升级,售后服务成本高、效率低。

智能车载系统的一个重要变化是将车载系统与汽车控制系统融合，采用通信技术和安全控制技术，使用户可以通过车载系统对汽车进行直接控制或者远程控制，从而实现汽车的智能控制。同时，由于采用了先进的网络技术，汽车可以在线升级软件系统，提高汽车的使用性能。网络技术的快速发展为信息系统与控制系统融合提供了可能。汽车上的每一个电子控制节点接入到互联网，智能车载系统既能够实时获得道路安全情况以及交通拥塞状况，也能够向智能交通云服务端实时传递汽车各部件的运行状态。这对于提高交通安全有重要意义。

(2) 虚拟化技术的应用

无论是新型的驾驶辅助系统，还是数字式仪表、顶部娱乐设备等，都对车载系统的计算能力提出了很高的要求。因此，高性能的多核处理器在汽车工业中应用越来越广泛。如何更有效地发挥多核处理器的计算能力，平衡各种计算需求对软件平台的不同要求，是未来发展智能车载系统必须克服的问题。嵌入式虚拟化技术通过对硬件平台进行虚拟，采用多种安全隔离和通信技术，充分发挥多核处理器的计算能力，满足信息娱乐系统和控制系统对软件平台的需求。采用微内核架构的虚拟化技术将车载娱乐系统和控制系统隔离，并运行在用户空间。虚拟化层能够将硬件底层隐藏，使车载娱乐系统和控制系统保持独立，保证各个系统的安全，同时通过采用安全通信机制将它们融合。在这种架构下，各个系统就能够独立运行，这将很好地解决智能车载系统的安全性、可靠性和娱乐性之间的矛盾。

(3) 人车交互模式

人车交互模式是影响用户体验的重要因素。人车交互模式的变革将极大推动汽车智能化发展的进程。传统的车载平台上的人机交互，主要通过机械按钮的方式进行。过去的 10 多年中，触屏技术开始在汽车中大量应用。随着信息技术的不断发展，语音合成技术、语音识别技术、图像识别技术日益成熟，将不断在汽车中获得应用。例如，传统触摸屏相比真实按钮或者操纵杆，会让驾驶者分心，新一代的触摸屏加入触感反馈功能，使操作更加便利，同时保障了驾驶的安全性。更加智能的交互方式如语音控制，将颠覆性地改变人和车辆对话的方式，它将是未来智能车载系统不可分割的一部分。

6.2 应用实例——基于车联网的车载终端 GPS 导航系统

在车联网的体系中，获得车辆的实时位置信息、车辆与网络进行数据交流，都是非常重要且基础的功能，车载终端上传信息到后台服务中心，服务中心为车辆提供各项服务，都依托于此。因此，必须要有一套基于车联网的 GPS 导航系统，不仅为驾驶者提供导航功能，而且为后台服务中心提供车辆位置信息。

6.2.1 基于车联网的车载终端总体结构

(1) 车载终端总体结构

GPS 导航系统是车联网终端的一个重要组成部分，此外还包括 OBD 车辆信息采集系统、后台服务器通信系统。通过 3 个系统的共同作用，车载终端可以检测车辆的故障信息、监控车辆行驶状态，并通过网络上传到服务中心，必要时服务中心会提供维修建议。终端也可以获得车辆的定位信息，除用于导航外，在车辆出现故障时，驾驶者可将位置信息发送给服务中心，引导工作人员前往故障地点，或由服务中心提供周边 4S 店信息。也可在紧急情况时，启动一键求救，让救援人员快速获得事故位置，提供救援。驾驶者也可以从终端的显示屏上读出车况信息，使用 GPS 导航系统，在需要协助时利用终端主动求援。完整的车联网车载终端功能结构如图 6-4 所示。

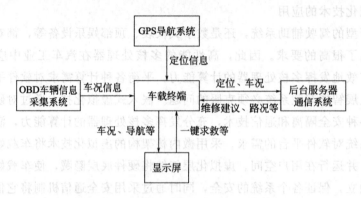

图 6-4 完整的车联网车载终端功能结构

（2）基于车联网的 GPS 导航系统的硬件结构

GPS 导航系统主要包括 ARM 核心板（搭载三星 Exynos4412 处理器）、GPS 定位模块、3G 通信模块、LCD 显示模块、语音模块。Exynos4412 处理器是系统的核心，主要功能是与 GPS 定位模块及 3G 通信模块进行通信，并提供操作系统运行所需的底层硬件资源；GPS 定位模块的功能是接收车辆的位置信息；3G 通信模块主要是通过无线网络获取应用程序所需的地图资源、实时路况、搜索数据等；LCD 显示模块提供人机交互的界面，为驾驶者提供地图和导航画面；语音模块会播报导航过程，提示驾驶信息。其硬件结构如图 6-5 所示。

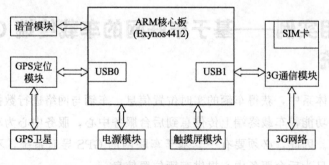

图 6-5 硬件结构

6.2.2 开发平台主控单元

车载终端需要处理大量数据通信和图形界面，所以方案的基本要求是控制性能卓越,图形处理迅速,扩展能力优秀。综合考虑市场中常见处理器,最终选定三星公司的 ARM Cortex-A9 系列中的四核 Exynos4412 作为主控芯片。

(1) 主控芯片

Exynos4412 是基于 ARM Cortex-A9 内核的 32 位嵌入式处理器,它的主频为 1.4GHz,最高可以达到 1.6GHz。内部拥有 32KB/32KB 的数据/指令一级缓存,1MB 的二级缓存。作为四核处理器,它的性能达到双核处理器的两倍,功耗是双核的八成。

GPU 是 Mali400MP 四核图形处理器,对 2D/3D 图形进行加速处理。支持 Linux3.0 和 Android4.0 嵌入式操作系统。其具有丰富的扩展接口,包括 24 位彩色显示屏接口(LCD)、3 个 USB HOST 接口、1 个 USB OTG 接口、2 个语音输出接口(Speaker)、1 个语音输入接口(Mic)、4 个串口(UART)、1 个 JTAG 接口、1 个 CAN 接口、1 个摄像头接口、1 个数模转换器接口(ADC)、扩展 I/O 接口(包含 1 个 I^2C 接口和 1 个 SPI 接口)、多路 GPIO 外部中断、4 个可编程 LED 接口,基于这些丰富的接口,Exynos4412 能够成为一个功能强大的处理器,适用于多种领域的嵌入式系统。

(2) Exynos4412 处理器的最小硬件系统

Exynos4412 处理器若要正常工作,前提是搭建好它的外围电路,构成它的最小硬件系统。外围电路不仅为主控芯片提供电源电路,还保证着主控芯片扩展接口的正常工作、与各个模块的通信。最小硬件系统包含以下几个部分。

① 电源电路 最小硬件系统的供电由电源管理芯片 S5M8767A 进行控制,而电源管理芯片的供电来自+5V 的直流电源电路,该电路使用电容和可熔断器件对供电电路进行保护和稳压,如图 6-6 所示。

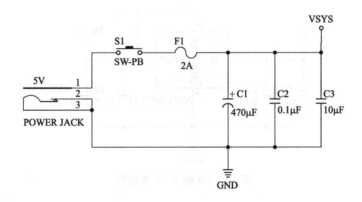

图 6-6 5V 直流电源电路

电源管理芯片 S5M8676A 的时钟电路由 2 个 22pF 的电容和 32.768kHz 的晶振组成。通过多个 VLDO 和 SW 引脚,对 CPU、I/O 接口的外接模块等进行电源控制和管理。电源管理芯片的电路设计如图 6-7 所示。

由于包括主控芯片在内的多个芯片还需要 3.3V、1.8V 的供电电压,所以还包含 5V 电压的降压转换电路,这样做的好处是在保证芯片正常工作的同时降低了能耗。如图 6-8 与图 6-9 所示。

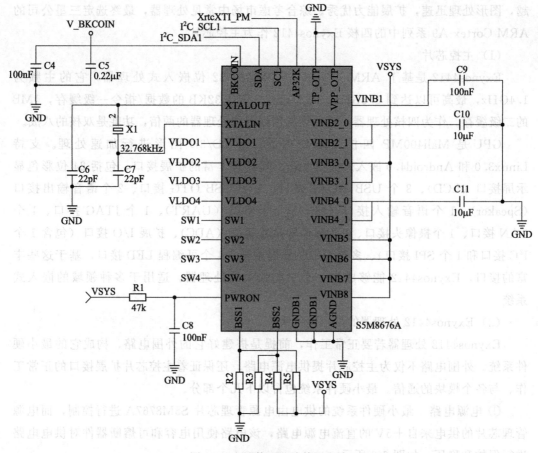

图 6-7 电源管理芯片外围电路

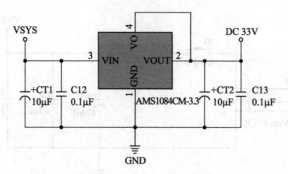

图 6-8 5V 转 3.3V 电路图

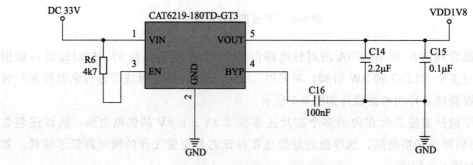

图 6-9 3.3V 转 1.8V 电路图

② 时钟电路　时钟管理单元控制 APLL（ARM phase locked loops）并且为 CPU 产生系统时钟，如图 6-10 所示。时钟板块产生一个名为 XXTI 的时钟，XXTI 接收外部振荡器的信号，并使之具有一定的特性，输入频率为 12～50MHz。APLL 的时钟源应当为 24MHz，它利用 FINPLL 来产生 22～1400MHz 的时钟信号，即把低频信号转换为 CPU 所需的高频信号。图中左侧白色的多路复用器 MUX 没有消除干扰的作用，而右边灰色的 MUX 具有滤波功能。

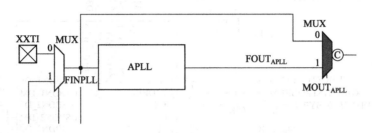

图 6-10　主控芯片 CPU 的时钟电路

③ 复位电路　把主控芯片的 XnRESET 引脚拉为低电平，启动硬件复位操作。这时四核 CPU 和片内各寄存器会进行复位，片内 RAM 中的数据会丢失，芯片内各模块会进入预先设定好的复位状态。复位电路如图 6-11 所示。

图 6-11　复位电路

④ USB HUB 电路　导航系统的 GPS 定位模块、3G 通信模块都使用 USB 接口，所以需要使用 USB 管理芯片对两路 USB 接口进行管理。USB3503 是 USB 集线器芯片，用来管理多路 USB 接口，它提供 1 路与主控芯片的高速数据连接，即图中的 E2 引脚，提供 3 路 USB2.0 接口，与外设进行数据交换，即图中的 A1、B1、C1、D1、C2、D2 引脚。该芯片内部的控制器调控 3 个 USB 接口和片内的数据传输。此外，其他接口负责供电、电压调节、过载保护等功能。电路如图 6-12 所示。

6.2.3　GPS 定位模块电路

本系统的 GPS 定位模块采用 SIM908 无线通信芯片，以下是其性能参数和电路连接设计。

（1）GPS 芯片技术参数

GPS 芯片的接收通道数量表示最多可以同时接收的卫星数量，虽然一般情况下，接收到 4 颗卫星的信号就可以进行定位，但更多的数量可以提高精度和卫星信号的稳定性。更新率表示芯片每秒所输出的定位信息的次数。定位精度的单位为 CEP，表示以该精度画圆，实际位置在圆内的概率为 50％。GPS 芯片的技术参数见表 6-2。

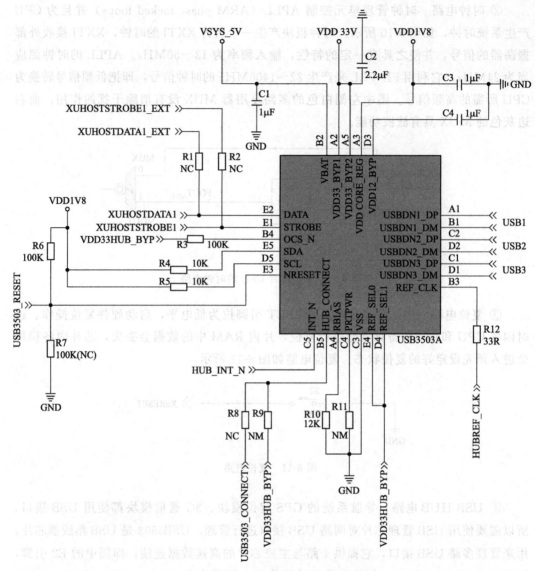

图 6-12 USB HUB 电路图

表 6-2 GPS 芯片参数

项目	参数	项目	参数
GPS 电压	3.0~4.5V	冷启动灵敏度	-143dBm
外形尺寸	30mm×30mm×3.2mm	冷启动速度	30s
工作温度	-40~+85℃	热启动速度	1s
接收通道数量	42 个	水平精度	2.5m CEP
接收频率	L1 C/A 载波信号(1575.42MHz)	测速精度	0.01m/s
更新率	1Hz	角度精度	0.01°
灵敏度	-160dBm		

(2) GPS 定位模块和主控单元的硬件连接

GPS 定位模块将定位信息发送给主控芯片,需要依靠核心板上的 USB HUB 电路,也就是说，核心板提供了 USB 接口用来数据交换。GPS 定位模块的处理芯片 SIM908 进行数据传输时采用 TTL 电平，为使两个设备顺利地进行通信，必须对 GPS 芯片的 TTL 电平进行转换，转换电平使用的是 PL2303 芯片。转换芯片和 GPS 芯片都使用来自 USB 接口的 5V 电压作为电源。PL2303 转换芯片的 15、16 引脚连接 USB 接口，为 USB 电平信号，而它与 GPS 芯片的数据传输由 1、5 引脚完成。转换电平的电路如图 6-13 所示。

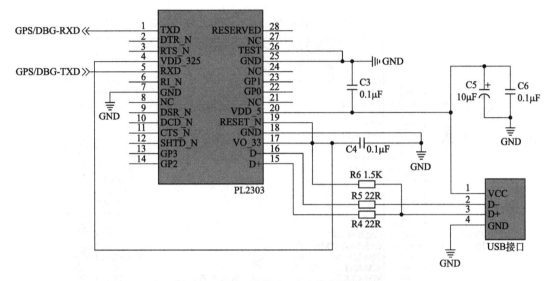

图 6-13　TTL 转换为 USB 电平的电路图

GPS 定位模块的信号处理芯片 SIM908 共有 80 个引脚。其中 62、63 引脚接来自 USB 接口的 +5V 电源；3 引脚为 PWRKEY，在重启芯片时，必须将该引脚拉低至少 1s，然后拉高；15 引脚输出 TTL 电平信号，接 PL2303 转换芯片的 RXD 引脚；16 引脚接收 TTL 电平信号，接 PL2303 转换芯片的 TXD 引脚；79 引脚为 GPS-ANT 引脚，接 GPS 接收天线。GPS 芯片将收到的报文信息转换为符合 NMEA0183 协议的语句，并经过电平转换，通过 USB 接口传输给主控芯片。GPS 信号处理芯片的外围电路包括电源电路、复位电路、数据传输电路、天线电路，如图 6-14 所示。

6.2.4　通信、语音及显示电路

(1) 3G 通信模块电路

车载终端基于车联网进行地图显示和导航，车联网的实现需要 3G 通信模块。3G 通信模块采用 USB 接口与核心板进行通信，并由 USB 接口供电，其外围电路如图 6-15 所示。3G 无线通信芯片 E220 的 2 引脚为电源，3 引脚则是与 SIM 卡通信的引脚，为双向通信引脚。而它的 9、10 引脚负责与 USB 接口通信，它们都是 TTL 电平信号，也要经过转换芯片，转换为 USB 接口的 D+、D− 信号，最终实现与主控芯片的数据沟通。E220 的 11 引脚则是射频电路，即天线电路，7、8 引脚为指示灯，分别显示网络是否正常与芯片是否工作。该芯片支持高速的 HSDPA、WCDMA、GPRS 数据业务，频率范围覆盖 2G 和 3G 多个频段。

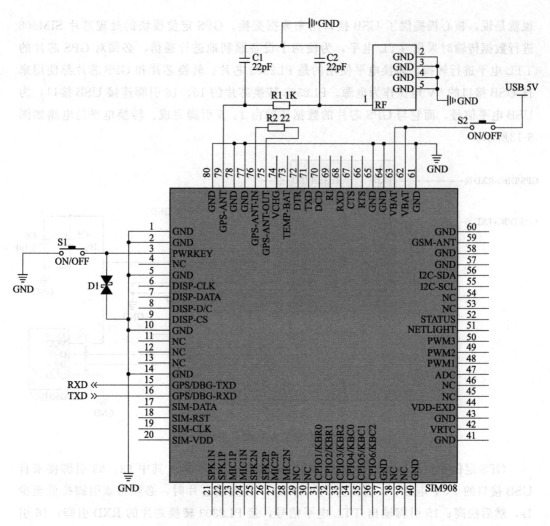

图 6-14 GPS 信号处理芯片外围电路

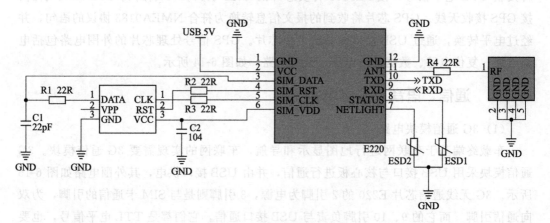

图 6-15 3G 通信模块电路

(2) 语音模块电路

导航系统会为驾驶者语音播报导航过程，语音内容包含路口转向提示、路段限速、到终点的距离和时间等等。这一功能需要设计语音模块，模块选用 WM8960 编解码芯片。语音模块的电路包含电源电路、时钟电路和数模转换电路,如图 6-16 所示。8 引脚为芯片核心 CORE 供电,10 引脚为数据寄存器 BUFFER 供电,33 引脚为模拟信号输出供电,21、26 引脚为扬声器驱动供电,27 引脚为稳压电路,它们构成电源电路。11 引脚为主时钟输入,13 引脚为数模转换器时钟,17 引脚为接口控制时钟,18 引脚为接口控制数据输入,它们共同构成了时钟电路。14 引脚为数字信号输入,经过片内的数模转换器,变为模拟信号,由 19、22 引脚作为扬声器右声道模拟信号,24、25 引脚为左声道模拟信号输出。

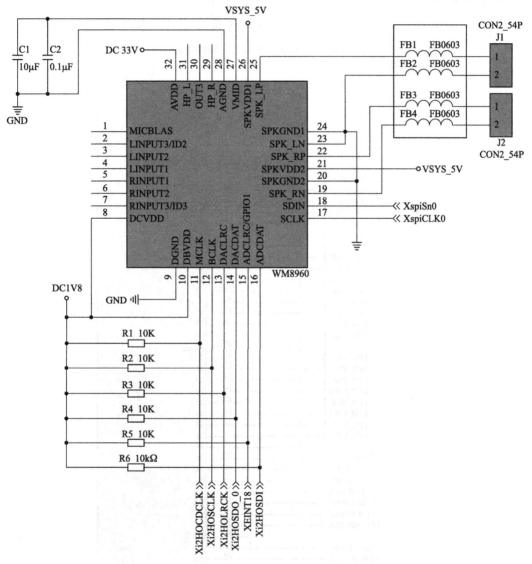

图 6-16 语音模块电路图

(3) LCD 显示模块电路

LCD 显示模块提供了人机交互的界面,可以显示地图及定位,动态显示导航过程。主控芯片的一对 SCL、SDA 引脚,通过逻辑转换器 PCA9306DCTR 作用,转换为 LCD_SCL 和 LCD_SDA 的不同电平组合来控制 LCD 连接器的开始和终止状态。逻辑转换器的电路如图 6-17 所示,其中,SCL、SDA 引脚都经过上拉电阻与电源正极相连。

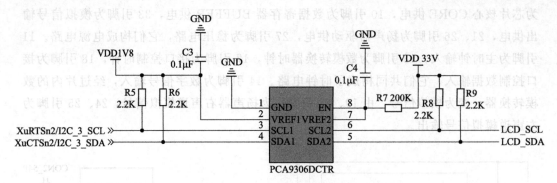

图 6-17　LCD 显示模块逻辑转换电路

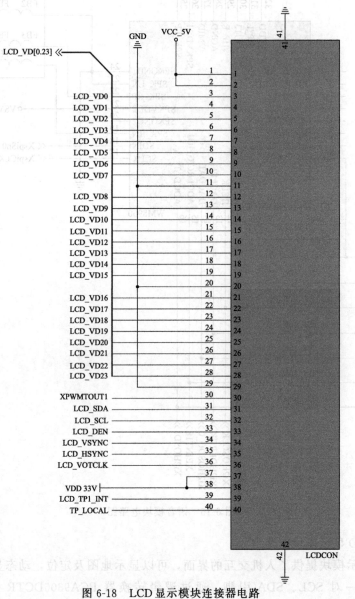

图 6-18　LCD 显示模块连接器电路

LCD 显示模块通过 LCD 连接器与主控芯片进行连接，LCD 连接器的大部分引脚都用来传输显示内容，它们共有 24 个引脚，连接线形成排线与主控芯片相接，如图 6-18 所示。图中 31、32 引脚即为 LCD_SDA 和 LCD_SCL 的电平组合，控制着 LCD 显示模块的工作状态。

6.2.5 基于车联网的 GPS 导航软件总体流程

GPS 导航软件的功能分为用户界面功能和后台通信功能，其中用户界面功能有显示地图并标记定位结果、搜索目的地、地图上手动选定目的地、语音导航至目的地。后台通信功能有上传定位信息、上传车辆故障信息。

为导航软件设计应用程序接口，从 OBD 车辆信息采集系统获取车辆故障信息，在软件后台将定位信息和故障信息上传到服务中心，服务中心分析数据后，将维修建议或周边 4S 店信息反馈到车载终端，必要时也可提供救援。

用户界面功能中，定位、搜索功能都是为导航服务的。车载终端的使用场景是驾驶室，为了使驾驶者专注于路面与驾驶，终端的操作需要做到尽量简洁，功能不可以特别复杂。

因此，程序打开之后，直接显示所在地的地图，并以当前得到的位置为显示中心，令驾驶人知道自己的位置信息。接下来的操作是设定"终点"，软件规划一条合理的路径，并进行导航。倘若驾驶人知道终点的位置，可以拖动地图，点击地图上一点设定为"终点"；倘若只知道终点名称，则需要进行搜索，当地图上显示搜索结果后，选一合适的结果，设为"终点"。"终点"选好后，即可开始导航。软件思路流程如图 6-19 所示。

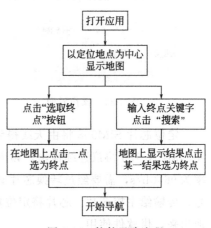

图 6-19　软件思路流程

在 Eclipse 开发环境中将程序编写好，使用 USB 线将开发板与 PC 机相连，在 PC 机安装 Android 设备驱动程序，开发板即可被 Eclipse 环境识别，可将程序直接安装至开发板，运行程序，对程序进行测试。开发板与 PC 机便捷的连接，为修改程序、测试程序带来很高的效率。以下即在 Eclipse 环境中设计软件的具体过程。

(1) 地图显示与定位

① 软件主操作界面　车载终端的 Android 操作系统的用户界面如图 6-20 所示。Android 界面主要由软件的图标组成，点击图标进入相应的软件。

图 6-20 第一个图标即是 GPS 导航软件，名字简称为"车联网导航"。点击该图标，进入软件的初始化界面。软件的初始化界面即为当前所在区域的地图，主要的操作按钮位于界面的左上方，如图 6-21 所示。第一排第一个编辑框设计为"城市"名称，将默认城市设为西安，对该编辑框进行修改，可改为其他城市。城市名称会限定搜索地点。第二个编辑框设计为"关键字"，为了搜索终点而设。

② 标记定位结果　GPS 导航系统既可以通过 GPS 模块，也可以通过 3G 模块获取

图 6-20　Android 操作系统用户界面

位置信息，但鉴于基站定位的精度较差，无法满足行车要求，所以，仅使用 GPS 模块的定位信息，用于显示定位和导航。并通过以下语句来设定定位模式，即"仅设备模式"：

mLocationOption. setLocationMode（AMapLocationMode. Device _ Sensors）；

软件初始界面为当前区域的地图，首先要从 GPS 模块得到经纬度信息。

GPS 模块中的定位芯片 SIM908 与主控芯片 Exynos4412 的通信如图 6-22 所示。

图 6-21　操作界面

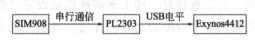

图 6-22　SIM908 与 Exynos4412 通信示意图

定位芯片 SIM908 将由天线得到的卫星信号进行运算处理，得到经纬度信息，并按照 NMEA0183 协议连续输出，频率为 1 次/秒。SIM908 输出的是串行通信数据，波特率为 9600b/s，需要经过转换芯片 PL2303，变为 USB 接口形式的 D+、D-电平组合信号，传输给主控芯片。芯片将定位信息里多个语句中的第一句，也就是 GPGGA 语句提取出来，供软件使用。

设计软件时加入应用程序接口 AMapLocationListener，接入定位信息，并设置定位监听函数 onLocationChanged，实时监控位置变化。可以从定位变量中得到位置，并将其标记在地图上，标记结果如图 6-23 所示。

③ 显示地图　为了显示地图，在程序的布局文件中设计了地图容器 MapView，然后在源文件的初始化函数中，对 MapView 进行初始化，使用地图控制类调用 MapView，显示地图。地图资源来源于高德地图公司。将视图中心设定为定位结果，并且将视图的缩放比例设定为适当的值。如图 6-23 所示。

地图界面右上角有"路况"勾选框（CheckBox），程序设计时，首先在布局文件中添加一个勾选框控件，即 CheckBox，使得它可以显示在地图上。然后在源文件的初始化函数中，添加对 CheckBox 的监听，当它被点击勾选时，利用地图控制类 amap 的 setTrafficEnabled（）函数，在界面中显示"路况"；当 CheckBox 被再次点击时，去掉勾选，在界面中隐去"路况"。

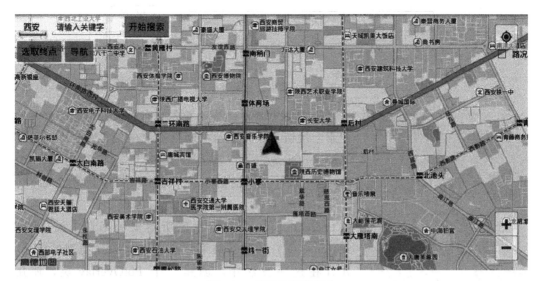

图 6-23　显示地图及定位

点击"路况"处空白的"□",即可勾选,显示实时路况,如图 6-24 所示。红黄绿 3 色线条会覆盖在道路之上,红色表示拥堵,黄色表示车流速度略慢,绿色表示畅通。

假如驾驶者对行车路线有自己的规划,可以根据实时路况信息,避开拥堵。再次点击勾选框,可以关闭"路况"。

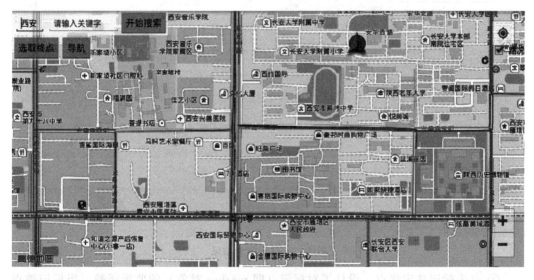

图 6-24　显示实时路况

(2) 搜索目的地

① 操作流程示意图　在界面右上角设计有 2 个文本编辑框,第一个是城市,默认为西安,可编辑为其他城市;第二个是目的地关键字,手动输入后,下拉列表显示相关地点,如图 6-25 所示。点击其中一项,该项内容即显示到输入框中。也可以输入后直接点击输入框右边的"开始搜索"按钮。搜索结果显示在地图上,点击即设置为终点,如图 6-26 所示。

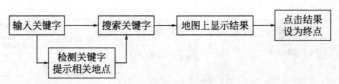

图 6-25 搜索过程示意图

图 6-26 输入关键字

② 搜索并显示结果 首先在布局文件中添加"开始搜索"按钮，让其显示在地图上。在源文件中添加函数 doSearchQuery（），在这一函数中，首先创建一个 Query 对象。然后实例化一个 Search 对象，将 Query 传递给 Search 对象，对 Search 设置监听，并启动搜索函数 SearchPOIAsyn（）。用监听器里的回调方法 onPoiSearched（）将搜索结果赋给一个 Result 类型的变量，并且在这一方法中，创建一个 PoiOverlay 类，使用 PoiOverlay 将 Result 中的结果添加到地图上，并用气泡标记结果。

关键字编辑框中，输入关键字后，会提示相关地点，选定某一地点，搜索得到若干结果，并且用"气泡"图标标记在地图上，撑满屏幕。如图 6-27 所示。

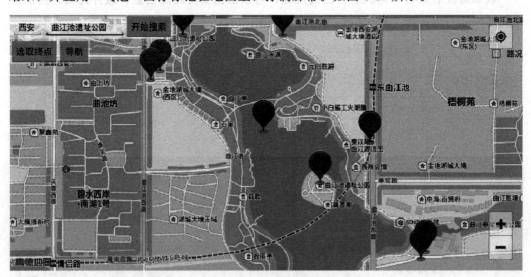

图 6-27 显示搜索结果

③ 点击标记选定终点 设计了对标记（即 marker 对象）的监听函数，当标记被点击时，使用 showInfoWindow（）函数弹出地名、地址信息，使用 convertToLatLonPoint（）函数将标记所在的经纬度赋予终点变量，将该点设置为终点。最后，使用 ToastUtil. show（）函数将"已将它设为终点"显示在屏幕上，作为提示。标记监听函数如下：

```
public boolean onMarkerClick(Marker marker) {
marker.showInfoWindow();
endPoint = AMapUtil.convertToLatLonPoint(marker.getPosition());/
ToastUtil.show(MainActivity.this,"已将它设为终点");
```

return false;}

在地图上,可点击任一地点"气泡",便会弹出该地点的详细信息,并且同时被设定为导航终点,在屏幕下方有"已将它设为终点"的提示。如图 6-28 所示。

图 6-28 选中终点

(3) 在地图上手动选点

"选取终点"按钮的函数中,设置启动点击地图的监听,一旦地图上任意一处被点击,反应函数都会使用 addMarker() 函数在该点添加标记,并对标记使用 showInfoWindow() 函数显示弹窗,将弹窗信息设为"点此设为终点"。为了使点击弹窗可以将该点设为终点,需要设置对弹窗的监听,在点击弹窗的反应函数中,使用 convertToLatLonPoint() 函数将该点坐标赋予终点变量。

实际操作如下:点击界面左上角的"选取终点"按钮,这时,屏幕下方提示"选一搜索结果或手动选取一点"。在地图上点击终点附近,弹出弹窗,提示"点此设为终点",点击该弹窗,将刚刚所点击的地点设为终点。如图 6-29 所示。

图 6-29 在地图上手动选取终点

(4) 导航

导航时,由二维地图界面跳转到三维导航界面,由 MainActivity 跳转到 NaviActivity,intent 在两者之间传递变量。在 MainActivity 中,将终点的经纬度赋予 bundle 变量,将 bundle 附加在 intent 上，从而将终点经纬度传递给 NaviActivity。

导航 NaviActivity 的源文件初始化函数，将 intent 中包含的终点信息赋予新的 bundle，再使用 new NaviLatLng（）函数传递给 NaviActivity 的终点。导航 NaviActivity 中，在 onInitNaviSuccess（）函数中，将终点信息作为构造参数赋予计算路径的函数 calculateDriveRoute（）。最后，在启动导航的函数 onCalculateRouteSuccess（）中，将导航模式设置为 GPS 模式，即可从当前定位地点开始规划路径，并开始导航。

以上的程序，呈现为操作，即通过搜索或地图选点设定终点，起点则为定位点，点击"导航"按钮，开始导航。这时，界面会跳转到三维地图导航界面，如图 6-30 所示。导航界面中代表汽车的箭头图标随实际位置移动，并在界面中显示转向提示、红绿灯、限速提示等。左上角为转向提示，右上角可打开或关闭实时路况，右下角为整个路途的路况光柱。界面下方的信息栏，是根据实时路况计算得出的距离和耗时。

(5) 语音模块

导航 NaviActivity 有语音功能，首先在源文件中引入语音功能的程序接口，即 com. amap. navi. demo. util. TTSController。在初始化函数中，首先对语音对象 ttsManager 进行实例化，然后对其进行初始化，就可以启动语音播报了。语音模块启动的程序如下：

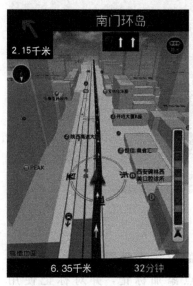

图 6-30 导航界面

```
ttsManager= TTSController.getInstance(getApplicationContext());
ttsManager.init();
ttsManager.startSpeaking();
```

在导航的同时，会有语音播报导航过程。语音内容包括路口转向、左右并线、环岛出口提示、闯红灯拍照、限速信息等等。

(6) 定位信息发至服务器

GPS 导航系统与后台服务中心用 Socket 网络通信方式交换数据。

Socket 代表网络通信过程中的终端个体。Java 语言的应用程序接口中，Socket 表示用户端，ServerSocket 表示服务器端。

在服务中心的 PC 机，无须建立 Android 项目，只须定义一个 Java 类即可。在类的运行函数中，新建 ServerSocket 对象，定义其端口，启动 ServerSocket 监听。用 BufferedReader 对象接收用户端的信息，并用 readLine（）函数将信息显示出来。

在用户端，GPS 导航软件中，从 onLocationChanged（）函数中，将地点名称赋予 String 变量 site。

新建一个 Socket 对象 client，并设定服务器的 IP 地址和端口，将 client 与 PrintWriter 对象绑定，随后用 println（）函数将 site 发送给服务器。

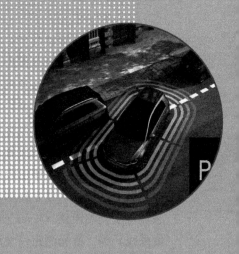

第7章 汽车无人驾驶技术

7.1 无人驾驶汽车概述

汽车的发明给社会带来了诸多便捷和效率,汽车工业的发展也进一步促进了经济的发展与人类的创新。人们的不断需求,也使得汽车的年产量和汽车的保有量在增加,所以研发更加便捷安全的汽车成为重中之重。科技的进步也带动着计算机控制技术不断进步,现在的汽车制造中越来越多地采用计算机自动控制技术,使无人驾驶技术不断趋于完善,从而提升其效率,使之更加安全与节能。

7.1.1 无人驾驶汽车的概念与工作原理

(1) 无人驾驶汽车的概念

无人驾驶汽车(self-driving car)是一种主要依靠车内以计算机系统为主的智能驾驶仪来实现无人驾驶的智能汽车,又称为自动驾驶汽车、电脑驾驶汽车等。无人驾驶汽车能够在道路上安全可靠地行驶,主要通过车载传感对行驶车辆的周围环境进行感知与识别,对获取的车辆位置、交通信号、道路以及障碍物等信息经过分析处理,从而控制汽车的速度和转向。

无人驾驶技术是一门建立在信息感知、信息控制以及信息执行等环节基础上的多学科、跨行业的综合性技术。车辆智能化的基础包括信息感知、处理控制、动作执行,车辆智能将由高级驾驶辅助系统(ADAS)向整车自动驾驶发展。

无人驾驶技术一般分为 6 个等级,依次为完全手动驾驶、辅助驾驶、部分模块自动化、特定条件下自动化、高度自动化以及全自动化的无人驾驶。

无人驾驶汽车主要由基础平台、主控、运动控制、环境感知、自主导航等系统组成。

基础平台系统可根据实际需求选取,如在高速公路、城市道路等结构化道路上行驶,可以选取一般的小型汽车;在野外环境如乡村、山地等非结构化道路上行驶,可选择运动型或者越野型汽车；在月球或者其他星球表面等未知环境中行驶，则需要专门设计的月球车或者火星车作为基础平台。

主控系统是无人驾驶汽车的数据处理中心和控制中心，完成传感器数据的采集、处理和融合，路径规划计算，自主导航系统计算，发出控制指令等工作。

运动控制系统主要包含制动、调速、转向等控制系统，接收来自车载主控系统的指令信号，完成辅助驾驶或者自主导航功能。

环境感知系统主要由装配在车身的各种传感器构成，通过不同类型的传感器实时获取外部环境信息，建立外部环境模型并经过相应算法进行路径规划。常用的环境感知传感器有激光测距仪（laser range finder，LRF）、测距雷达（rader）、摄像头（可见光、红外线）等。激光测距仪发射多束激光射线，车辆周围的物体发射激光，测量激光从发射到返回的时间差即可计算出汽车与物体的距离；前方道路的三维图像经摄像头组成的光学立体视觉系统实时生成，用以检测行进道路潜在危险，并对其进行预测。无人驾驶汽车会把激光测距仪测量数据、雷达测量信息、实时光学图像数据和内置的实景（街景、地理）地图信息进行结合，分别形成相应的三维模型。

自主导航系统包括惯性导航、卫星导航、航位推算导航、"地表＋地图"匹配和数据融合处理等系统。

（2）无人驾驶汽车的工作原理

图 7-1 所示为无人驾驶系统，包括车载雷达、车载电脑、激光测距仪、微型传感器、视频摄像头、电脑资料库等。

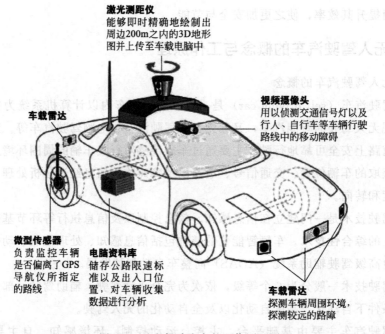

图 7-1　无人驾驶汽车的工作原理图

无人驾驶汽车需要感知车辆和周围物体间的距离，激光射线可以满足这一技术要求，车顶安装能够发射激光射线的激光测距仪，通过从发射到接触物体反射回来的时间,车载电脑便可计算出和物体间的距离。车辆为了能够避开道路路障和提前作出处理,需要车载雷达探测行驶中车辆周围的固定路障。车辆为了更好地探测路障,车载雷达的布局方式采用前三后一的安装格局。在车辆变换车道时安装在车后方的雷达探测左右后方是否有车,由于车顶的激光测距仪激光反射具有盲点区域,车后雷达弥补这一不足,防止车辆发生侧面撞击,同时在车辆倒车时,判断车辆的倒车距离,防止发生倒车碰撞。安装在车前的3个车载雷达,能够探知车前方是否有路口以及前车是否有刹车动作,雷达把探测信息传递给车载电脑,系统对探测信息进行判断和处理,并作出相应指示操作。如图7-2所示,在车辆底部装有雷达、超声波、摄像头等设备,能够检测出车辆行驶方向上的角速度、加速度等一些重要数据,再利用卫星定位系统GPS传输的数据进行整合处理,能够精确计算行驶车辆的具体位置。安装在车辆的微型传感器能够监控车辆是否偏离GPS导航仪指定的行驶路线,而道路的宽度、交通信号灯以及车辆行驶的道路信息是通过车载摄像机捕获的图像进行判断分析处理的。

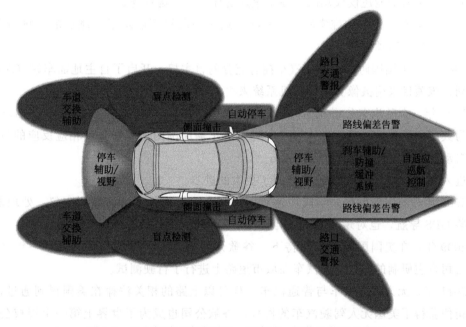

图7-2 无人驾驶汽车中雷达、超声波、摄像头范围及应用

如图7-3所示,无人驾驶汽车为保障车辆在道路上正常行驶,符合交通法规,必须在车辆车头安装摄像头对道路地面进行分析判断,避免发生占道、偏离路线以及行驶错道。车辆在通过交通岗时,要利用车载雷达进行对人、车、物的分析判断,避免发生交通事故。车辆对交通信号的判断是通过车载摄像机捕获的实时图像,再结合雷达测量的路口距离,分析处理后对车辆作出停车、行驶、加速、减速等指示,提高交通效率,达到无人驾驶的目的。

7.1.2 无人驾驶汽车的发展历程与前景

(1) 国外无人驾驶汽车的发展历程

20世纪50年代,国外就开始了对无人驾驶汽车的探索研究。

图 7-3　无人驾驶汽车在道路口的判断

美国贝瑞特电子公司在 1953 年研制出全球第一台通过改装牵引式拖拉机而成的自主导航车，它的功能还仅仅局限于在布置好的导轨上传送货物。

1971 年，英国道路研究实验室（RRL）通过一段视频展示了其测试的一辆与通用想法类似的自动驾驶汽车。

1980 年，美国国防部为了让汽车拥有充分的自主权，开启了自主地面车辆（AVL）新计划，该项目采用摄像头和计算机系统来检测地形并对汽车进行导航。

1990 年，奔驰汽车公司和德国慕尼黑联邦国防军大学合作研制改装了奔驰 S500 汽车，为其配备了多种传感器，达到了实时监测车辆周围的环境并作出相应反应的目的，而其自动驾驶距离已经超过了 1000km。

进入 21 世纪，无人驾驶汽车取得了更大的进步。

2005 年，美国斯坦福大学成功地对一辆大众途锐进行配备激光测距仪、处理器以及改装 GPS 导航，也对现在的无人驾驶汽车具有重大的借鉴意义。

2009 年，在美国国防部的支持下，谷歌开始研发无人驾驶汽车项目，一年之后，谷歌公司自主研制的无人驾驶汽车在城市道路上进行了行驶测试。

2011 年，无人驾驶汽车与普通汽车一样可以上路的相关法律在美国得到通过，谷歌公司便获得了美国无人驾驶汽车的授权，谷歌公司也成为了世界上第一个授权公司。随着政策的有利支持，无人驾驶技术在不断地完善。次年，无人驾驶汽车便进入人们的日常生活，一辆谷歌无人驾驶汽车获得了美国内华达州机动车辆管理局颁发的牌照。

2014 年 5 月，在美国科技新闻网站举办的"Code 大会"上，谷歌发布了最新研发的无人驾驶汽车原型。

2016 年 3 月，谷歌研发的具有人工智能系统的无人驾驶汽车（图 7-4），被美国车辆安全监管机构认为符合联邦法律，意味着无人驾驶汽车又迈出了崭新的一步。

在当前正在进行的项目中，谷歌公司已经取得了几个其他巨大的进步。他们游说，并通过立法，使自动驾驶汽车街道在 4 个州和哥伦比亚特区合法，揭开了一个 100% 的自主模式，计划在 2020 年发布，并在全国不断开放测试站点。近来，谷歌的汽车在 4 个测试城市中驾驶了超过两百万英里（mile，1mile=1.609km）。现在有 24 辆雷克萨斯 SUV 和 34 辆原型车在路上，每周行程高达 26000mile。

图 7-4 谷歌无人驾驶汽车

目前,许多知名汽车公司都在研发无人驾驶汽车,都有独立的技术平台以及产业规划,希望可以占领无人驾驶技术的科技前沿。

(2) 国内无人驾驶汽车的发展历程

我国对无人驾驶汽车技术的研究虽然起步较晚,但一直在循序渐进地推进之中。

20 世纪 80 年代,我国开始了无人驾驶汽车项目研制。

1980 年,作为国家重点研究开发项目的无人驾驶汽车的前身"遥控驾驶的防核化侦察车"由国家立项。

1989 年,我国的首辆智能小车在国防科技大学研制成功。

1992 年,无人驾驶技术取得重大进步,国防科技大学、北京理工大学等著名大学研制成功了由中型面包车增加计算机、控制系统和传感器改装而成的我国第一辆真正意义上能够自主行驶的测试样车(ATB-1)。ATB-1 无人车具有人工驾驶性能也有自动驾驶性能,该测试样车的成功标志着我国无人驾驶技术研发的正式启动。

进入 21 世纪,我国加快了对无人驾驶技术的重点研制开发,国家"863 计划"的颁布,使无人驾驶汽车得到更多的技术和政策支持。

2000 年,走在我国无人驾驶汽车科学技术前沿的国防科技大学宣布其研究开发的第四代无人驾驶汽车试验成功。

2003 年,国防科技大学和一汽共同合作成功研发了一辆无人驾驶汽车——红旗 CA7460,该汽车能够根据车辆前方障碍的情况自动变换车道。两年后,我国的首辆城市无人驾驶汽车由著名高校上海交通大学研制成功。

2011 年,国防科技大学和中国一汽在 2006 年研发的无人驾驶汽车红旗 HQ3 取得重大进步,该车首次完成了全程高速无人驾驶试验,从湖南长沙出发,到湖北武汉结束,无人驾驶的平均速度达到 87km/h,全程总行驶距离为 286km,标志着我国又取得了新的技术突破。

2012 年 11 月,军事交通学院研制的无人驾驶汽车完成了高速公路测试,是第一辆得到了我国官方认证的无人驾驶汽车,其高速公路测试行驶路程为京津高速台湖收费站到距离其 104km 的天津东丽收费站。

2015 年 12 月，百度无人驾驶汽车（见图 7-5）完成北京开放高速路的自动驾驶测试，意味着无人驾驶这一项技术从科研开始落地到产品。

图 7-5　百度无人驾驶汽车

2016 年 3 月，"十三五"汽车工业发展规划意见出台，规划要求在"十三五"期间建立汽车产业创新体系，积极发展智能网联汽车。

2016 年 6 月，中国在上海建立了第一个关于无人驾驶汽车的国家试验场，在上海基地，测试车最初通过了 29 种不同的驾驶模拟程序，如车辆碰撞、制动警报和行人过路警报。

2017 年底测试计划的数量已扩大到 100 个。

2018 年到 2019 年，计划在 100km² 的扩大试验区域部署 5000 辆无人驾驶汽车，测试也将在上海郊区进行。

2020 年，上海附近将启动无人驾驶车辆示范城市项目。

（3）无人驾驶汽车的发展前景

目前国内外对无人驾驶汽车的研究方向大致有以下 3 个方面：①高速公路环境下的无人驾驶系统；②城市环境下的无人驾驶系统；③特殊环境下的无人驾驶系统。

目前，无人驾驶汽车技术还在探索和完善当中，无人驾驶相当多的科学技术还处于概念阶段以及研发测试过程，需要一定的时间才能达到真正的推广。随着科学技术的不断发展以及政策的大力支持，无人驾驶汽车的量产可能已经提上日程。美国谷歌公司对其无人驾驶汽车项目制订的目标为 2020 年能够实现商业化，2025 年能够达到量产。

目前，仍有三大因素制约着国内外无人驾驶技术的发展：①技术安全；②法规伦理；③过度风险。无人驾驶汽车还处在研发测试阶段，其产品存在一些问题，技术不成熟，但无人驾驶汽车依然成为汽车产业的热点和前沿技术。相关机构预计，2019 年无人驾驶汽车将拥有超过 25% 的全球市场渗透率，预计到 2020 年，我国无人驾驶汽车将占有汽车行业的 700 亿～800 亿元的市场规模，且其年均复合增长率可达 60% 左右。

7.1.3 无人驾驶的核心技术

无人驾驶汽车是车辆通过车载传感系统感知汽车行驶过程中周围的道路环境状况，同时对获取的信息进行分析处理，自动规划行车路线并对车辆进行导航，从而到达预定目的地的智能汽车。能够保障无人驾驶汽车行驶安全可靠的核心技术主要有环境感知技术、高精度地图技术以及路径规划与决策技术3个方面。

(1) 环境感知技术

作为无人驾驶汽车系统中最基础的模块，环境感知技术的功能如同人类的眼和耳一样，其主要由激光雷达、视觉摄像头、毫米波雷达等设备组成，用来获取无人驾驶汽车周围详细的环境信息，为车辆正确的行为决策提供必要的信息支持，从而达到无人驾驶。

① 激光雷达　利用激光技术、GPS系统以及惯性测量装置从而获得相关数据，并自动生成高精确度的数字高程模型，输送给车载电脑。无人驾驶汽车中的激光雷达有2个核心功能：其一是3D建模进行环境感知，通过激光扫描得到汽车周围环境的3D模型，运用相关算法比对上一帧和下一帧环境的变化探测出周围的车辆和行人；其二是同步建图加强定位，通过将实时得到的全局地图和高精度地图中特征物进行比对，加强车辆导航与定位的精准度。

② 视觉摄像头具有人工智能中的图像识别功能，实现对驾驶员状态、障碍物以及行人的检测和对交通标志、路标的识别等功能。

③ 毫米波雷达　无人驾驶里极其重要的传感器，是智能汽车高级驾驶辅助系统的标配传感器。雷达采用的毫米波的波长为1~10mm，其频率为30~300GHz，具有非常强的穿透力。毫米波雷达与超声波雷达以及激光、红外线等光学传感器相比，具有体积小、质量轻以及全天候全天时的特点，而且其空间分辨率高、穿透障碍物的能力强，极大提高了信息感知的准确性。

(2) 高精度地图技术

高精度地图和动态交通信息是无人驾驶汽车的重要信息资源，在辅助感知、路径规划、辅助决策中起到了重要作用。高精度地图是无人驾驶汽车的重要辅助技术，能够提前使车辆获知车辆行驶前方的方向和路况。动态交通信息通过互联网和GPS系统能够获取实时的交通信息状况，并传递给行驶车辆，同时车载电脑对信息进行分析处理，来判断道路拥堵的程度，并选择最佳行驶路径对车辆进行导航。

(3) 路径规划与决策技术

路径规划是决策技术的初级环节，其中涉及的是路径搜索算法，并结合提供的实时动态交通信息，在传统静态路径规划基础上，实时动态调整及修改车载电脑最初对车辆所规划好的行驶路径，最终寻找出到达目的地的最优路径。决策技术的高级环节便是机器学习中的深度学习，在前两个核心技术对无人驾驶汽车提供的实时环境数据和交通大数据的基础上，深度学习能够不断对无人驾驶系统进行改进完善，使无人驾驶汽车在面对复杂交通状况和交通环境的时候，系统可以作出智能、合理的判断，并进行最优处理。这也是目前无人驾驶整个环节中最核心的技术，受益于谷歌、特斯拉、百度等科技巨头的潜心研究，算法已加速成熟。

7.1.4 车联网对无人驾驶汽车的影响

对于无人驾驶汽车来说，车辆对环境信息的识别，将直接影响车辆对行驶状态的判断及控制，车联网技术的发展，将促进无人驾驶汽车的发展。

(1) 车辆与道路基础设施之间的信息交换

将无线数字传输模块植入到当前的道路交通信号系统中，无线数字传输模块可向路经的汽车发放数字化交通灯信息、指示信息、路况信息，并接受联网汽车的信息查询及导航请求，然后可将有关信息反馈给相关联网汽车。将无线数字传输模块植入到联网汽车中去，令联网汽车可接收来自交通信号系统的数字化信息，并将信息于联网汽车内显示，同时还将信息与车内的自动驾驶系统相连接，作为汽车自动驾驶的控制信号。

联网汽车的显示终端同时作为城市道路交通导航系统来使用，在这个车联网系统中，卫星导航将不再需要，导航信息将直接来自更快、更新、更全且具有导航功能的数字化交通系统；联网汽车的无线数字传输模块包含联网汽车的身份代码信息，即"数字车牌"信息，这是车联网对汽车进行通信、监测、收费及管理的依据。

(2) 车辆与车辆之间的信息交换

将无线数字传输模块植入到联网汽车中去，无线数字传输模块可以向周边联网汽车提供数字化灯号信息及状态信息，并且数字化信息与其传统灯号信息是同步发送的。联网汽车中的无线数字传输模块可同步接收来自其他联网汽车的数字化信息并在汽车内进行显示，同时将信息与车内的自动驾驶系统相连，为联网汽车的安全行驶提供依据。

根据接收到的由其他联网汽车发送的数字信息，联网汽车便会知道周边联网汽车的状况，包括位置、距离、相对速度及加速度等，并在紧急刹车情况下，可令随后的联网汽车同步减速，有效防止汽车追尾事故的发生。

(3) 车联网面临的挑战

车联网的实现面对的最大问题是信息安全问题，包括位置定位的隐私安全以及车辆控制信息的安全。大部分的车联网服务都和位置相关，而位置同个人通信产品一样，也是重要隐私之一，因此，需要国家立法才能确保车联网的顺利实施。同互联网信息安全一样，车联网的信息安全也极为重要，网络信息数据篡改将造成难以想象的交通灾难。

7.1.5 无人驾驶汽车的设计

在此结合实例简要介绍无人驾驶汽车的设计。目标是设计一种基于车联网技术的无人驾驶汽车，运用车联网技术，将无人驾驶汽车作为移动终端，与中央信息系统进行信息交互，实现对数据采集系统、主控制器等关键部件及车辆运行参数的实时监测功能，实现无人驾驶汽车的安全可靠运行。

(1) 总体方案设计

无人驾驶汽车基于车载的标准无限车联设备将车辆状态信息发送给中央信息系统，当中央信息系统根据传送的信息确定所述车辆符合预设的立即制动条件时，向无人驾驶汽车发送控制指令，标准无限车联设备接收控制指令并发送给主控制器，指示所述车辆立即制动；否则，指示所述车辆降低车速。通过该技术方案能够及时有效地控制车辆制动，降低了由于不能及时使车辆停止造成的各种安全隐患，减少了由于对车辆立即制动的时机不当而导致车辆连环追尾、交通堵塞等问题；同时，中央信息系统根据接收的车辆状态信息进行道路信息统计和预测，为无人驾驶汽车提供规划的最优路径，提高了道路的运载率。无人驾驶汽车控制系统总体结构框图如图 7-6 所示。

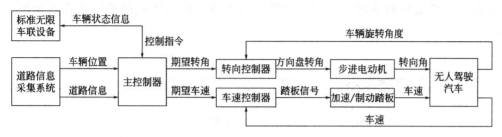

图 7-6　无人驾驶汽车控制系统总体结构框图

（2）主控制器设计

为保证无人驾驶汽车控制系统准确可靠地运行，本设计主控制器的核心部件采用高性能 FreescaleMC9S12DG128B 单片机，该单片机采用高性能 16 位 HCS12 处理器，具有丰富的指令系统、强大的数据和逻辑运算能力；同时，该单片机具有的低功耗晶振、看门狗、实时中断及复位控制等功能使得系统运行更加稳定和可靠。

（3）道路信息采集系统设计

本设计选用 CCD 传感器采集道路信息和车辆信息。CCD 传感器与高速数字信号处理器连接，高速数字信号处理器将采集到的道路信息和车辆信息通过 I/U 口与无人驾驶汽车的主控制器相连，主控制器根据道路信息和当前车辆相对于左右车道线的位置计算出车辆的期望车速和期望转角。

在实际的道路信息图像获取过程中，由于道路情况比较复杂，可能存在污迹、路面不平等干扰，因此，采用维纳滤波法对图像进行降噪处理，将采集到的道路图像进行滤波，去除道路图像中的无用点和干扰点。由于 CCD 传感器获取的道路图像对比度不高，本设计使用 Matlab 图像处理工具箱的 madjust 灰度变换函数，对图像的灰度值重新进行映射，使之填满整个灰度值所允许的范围，从而提高图像对比度。对预处理完毕的道路图像信息进行二值化处理，以方便红绿灯、路边指示牌等的提取。本设计利用阈值分割法对图像进行分割，用一个或多个阈值将图像的灰度值进行直方图分类，将灰度值在同一个范围内的像素归为同一个物体。

主控制器根据车辆在当前车道中的位置参数和方向参数，规划出车辆的期望转角，继而控制转向系统，实现无人驾驶汽车的自动循迹功能，保证车辆在车道上的最优位置安全行驶。

（4）转向控制器设计

在无人驾驶汽车中，转向控制器根据主控制器输出的期望转速，结合实时采集的转向步进电动机的角位置信号，采用转向控制算法对转向步进电动机进行调控，使车辆在期望的最优位置安全行驶。该转向控制算法的重点是对转向步进电动机角位移和角速度的控制。

转向控制算法采用双闭环 PID 控制策略,对转向步进电动机的角位移和角速度进行精确调节。PID 控制策略外环的目标控制量为角位移 Δe,内环的目标控制量为步进电动机电流,以 PID 控制策略外环输出量作为预定量,具有调节周期短、响应速度快的特点。PID 双闭环调控可以对步进电动机的角位移增量和角速度实现精确、稳定的调控,从而有效地满足转向系统对转向调控算法的要求。转向系统的控制流程图如图 7-7 所示。

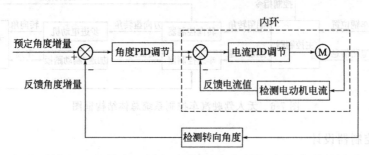

图 7-7 转向控制算法流程框图

(5) 车速控制器设计

与传统汽车类似,该无人驾驶汽车依靠加速踏板与制动踏板实现汽车的驱动与制动功能。本设计的车速控制系统主要由车速控制器、步进电动机、步进电动机驱动器、传感器等组成。传感器采用增量式光电编码器采集车轮的转速信号,车速控制器基于该转速信号获得当前车速,同时接收主控制器发送的期望车速,分别向加速和制动步进电动机驱动器发送 PWM 信号,步进电动机驱动器输出相应的电流驱动加速和制动步进电动机转过一定的角度,进而带动加速踏板或制动踏板动作,实现无人驾驶汽车的驱动和制动功能;同时闭环控制实现了快速精确的车速控制效果。

7.2 无人驾驶汽车的道路环境信息提取技术

无人驾驶汽车道路环境信息的提取技术主要包括机器视觉技术、雷达探测技术、超声波探测技术、车间通信技术等,而在这些技术当中,机器视觉技术因其信息量丰富、成本低廉、便于后续决策处理等被公认为是目前最为有效的感知方式之一;而雷达探测技术因其能够快速准确地获取空间中的位置信息且受光照条件影响较小也被广为使用。

7.2.1 基于机器视觉的环境信息提取技术

(1) 视觉传感器

视觉传感器在整个环境感知系统中占据了非常重要的地位,相当于无人驾驶汽车的眼睛。它主要用于检测路面的车道线、路边各种标识以及红绿灯等。视觉传感器的优点是价格便宜,可以量产,体积小方便安装在各种地方,可以识别颜色。但是容易受外界环境干扰,比如当天气非常好、光线很强时,由于强光直射有的物体在光线照射下会出现反光的现象,从而使相机过度曝光;当天气不好、光线弱时,有的地方背光或者光线不足，会使得相机曝光不足。这些情况都会影响相机的拍摄质量，影响最终的检测结果。

相机安装的位置也会影响最终检测的结果：当相机安装在车辆外部时，外界的光线、天气情况都会对相机拍摄产生影响；当相机安装在车辆内部时，车窗上的污渍和反光也会影响到拍摄质量。所以，无论相机安装在何处，都要做好防护措施，避免光线对拍摄产生影响。

相机可选择的型号和种类非常多样，可简单分为单目相机、双目相机和全景相机三种。

① 单目相机　无人车的环境成像是机器视觉在车辆上的应用，需要满足车辆行驶环境及自身行驶状况的要求。天气变化、车辆运动速度、车辆运动轨迹、随机扰动、相机安装位置等都会影响车载视觉。无人车任务中对图像质量要求高，不仅在图像输出速度上需要较高帧频，且在图像质量上也具有较高要求。

单目相机是只使用一套光学系统及固体成像器件的连续输出图像的相机。通常对无人车任务的单目相机要求是：能实现实时调节光积分时间、自动白平衡，甚至能够完成开窗口输出图像功能。另外，对相机光学系统的视场大小、景深尺度、像差抑制都有一定要求。

值得一提的是以色列 Mobileye 公司的单目智能相机产品，它将图像处理及运算部件也集成在同一相机产品之内，完成诸如前向碰撞、行人探测、车道线偏离等检测功能，其性能在同类产品中具有一定优势。

② 双目相机　双目相机能够对视场范围内目标进行立体成像，其设计建立在对人类视觉系统研究的基础上，通过双目立体图像处理，而获取场景的三维信息。

其结果表现为深度图，再经过一步处理就可以得到三维空间中的景物，实现二维图像到三维图像的重构。但是在无人车任务应用中，双目相机的两套成像系统未必能够完美对目标进行成像和特征提取，也就是说，所需目标三维信息往往不能十分可靠地获取。

③ 全景相机　以加拿大 Point Grey 公司的 Lady bug 相机为代表的多相机拼接成像的全景相机被用于地图街景成像的图像传感器，它是由 6 个完全相同的相机对上方和 360°全周进行同时成像，然后进行 6 幅图像矫正和拼接，以获得同时成像的全景图像。使用该全景相机的无人车可以同时获得车辆周围环境的全景图像，并进行处理和目标识别。

另外，使用鱼眼镜头的单目相机也能呈现全景图像，虽然原始图像的畸变较大，但其计算任务量相对多相机拼接方式较小，且价格低廉，也开始受到无人车领域的重视。

(2) 雷达传感器与超声波传感器

雷达传感器与超声波传感器也在整个环境感知系统中占据重要的地位。

① 毫米波雷达传感器　毫米波雷达传感器是工作频率选在 30～300GHz 频域（波长为 1～10mm，即毫米波段）的雷达。其优势在于波束窄，角分辨率高，频带宽，隐蔽性好，抗干扰能力强，体积小，重量轻，可测距离远。虽然没有激光雷达的探测范围大，但其较好的指向性和穿透力仍然使其无法被激光雷达替代。根据测量原理不同，毫

米波雷达传感器可分为脉冲方式、调频连续波方式和 ESR 三种。

a. 脉冲方式的毫米波雷达传感器　采用脉冲方式的毫米波雷达需要在短时间内发射大功率脉冲信号，通过脉冲信号控制雷达的压控振荡器从低频瞬时跳变到高频；同时对回波信号进行放大处理之前需将其与发射信号进行严格隔离。

b. 调频连续波方式的毫米波雷达传感器　调频连续波测距方式的雷达结构简单、体积小，最大的优势是可以同时得到目标的相对距离和相对速度。当它发射的连续调频信号遇到前方目标时，会产生与发射信号有一定延时的回波，再通过雷达的混频器进行混频处理，而混频后的结果与目标的相对距离和相对速度有关。

c. ESR 毫米波雷达传感器　ESR（electronically scanning rader）高频电子扫描毫米波雷达传感器，在其视域内可同时检测 64 个目标。该雷达的发射波段为 76～77GHz，同时具有中距离和远距离的扫描能力。因为其硬件体积小且不易受恶劣天气影响等，仍然被应用于无人车领域，且在商用上被广泛应用在汽车的自适应巡航系统、汽车防撞系统等产品中。

② 超声波传感器　超声波传感器是利用超声波的特性研制而成的传感器。超声波传感器的数据处理简单快速，检测距离较短，主要用于近距离障碍物检测。超声波在空气中传播时能量会有较大的衰减，难以得到准确的距离信息，一般不单独用于环境感知，或者仅仅用于对感知精度要求不高的场合，如倒车雷达的探测任务中。

同时，无人驾驶汽车的运动状态也会对视觉感知系统产生影响。由于传感器是安装在汽车机体上的，其状态会和汽车当前状态保持一致，再加上拍摄帧数有限，当无人驾驶汽车保持较高时速运动时，相机拍摄的图像会模糊，质量也差，没有静态状态下拍摄的清晰。

（3）基于机器视觉的道路检测技术

道路主要分为结构化道路和非结构化道路。

① 结构化道路检测　结构化道路检测是通过了解具有清晰车道标志线和道路边界的标准化道路的信息来准确获得本车相对于车道的位置和方向。

a. 结构化道路的常用假设　由于各地的路况都有一定的区别，所以只能提供一个简化的道路场景。因此建立了道路形状假设、道路宽度和道路平坦假设、道路特征一致假设、感兴趣区域假设等，有助于识别结构化的道路。

b. 直道检测　在官方制定的行业标准下，结构化道路的设计和建设都比较规则，有明显的区分道路和非道路的车道线。在视觉导航系统中，利用距相机不远处的车道线方向变化不大，即曲率变化很小的假设，近似用直线来拟合车道线。

通过车道线边缘点搜索和车道线边缘曲线拟合实现直道拟合。其算法流程如图 7-8 所示。

c. 弯道检测　弯道是公路中必不可少的道路形式，因此需要从道路图像中检测出弯曲车道线的边界，判断道路弯曲的方向，确定弯道的曲率半径，才能为无人车提供有效的信息。一般公路平面的线形主要分为直线、圆曲线与回旋线，因此选择俯视图进行拟合。国内外的弯道检测办法主要是基于道路模型的检测办法。一般分为 3 个步骤：建立弯道模型，完成对道路形状的假设；提取车道线像素点，把每一条车道线的像素点从

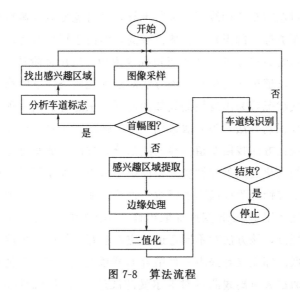

图 7-8 算法流程

前景像素点中提取出来作为依据；拟合车道模型，运用检测到的像素点确定弯道数学模型的最优参数。

d. 复杂环境下检测图像预处理　实际情况下往往会出现复杂的情况，由于外界环境光线的变化不均匀导致相机提取的图像出现多块纯白色和纯黑色区域，让图像识别算法失去目标。常用图像预处理来解决这个问题。其中有 Gamma 调节、灰度映射调节、直方图调节等方法。

由于无人车在车载视觉中的导航图像对图像灰度信息、图像真实性、图像实时性要求较高，所以图像预处理方法必须要满足快速、简单、合成图像平滑自然和产生合成痕迹少等要求。可采用设置长短快门进行多重曝光、用双目相机中不同相机交替曝光等方法。

e. 国内外研究概况　Goldbeck 等提出一种基于感兴趣区域的车道标线检测算法，该方法将车辆前方某一特定区域作为处理区域进行车道标线检测，减少了计算量，但特定区域选择不当会造成算法失效。Y. Otsuka 等提出一种基于车道线向扩展中心聚焦特征的车道标线识别方法，该方法首先通过零交叉技术获得边缘特征点的位置，通过车道线向扩展中心聚焦的特征进行图像去噪，最后采用 Hough 变换实现车道标线的检测，该方法在光照不均及路面存在阴影的环境鲁棒性较好，但弯道检测效果一般。Kim 等提出一种基于机器学习的车道标线检测方法，该方法的实时性较好，但检测准确率仅为 80%。J. G. Kulk 等提出一种基于 Hough 变换的车道标线检测方法，该方法将上一帧消失点附近的区域作为候选区域，从而降低 Hough 变换的计算量。赵颖等通过对传统的 Hough 变换算法进行简化，并根据车道线上颜色分量对道路图像扫描线像素点进行归类进而完成识别，该方法虽然提高了检测效率，但对于光照不均、阴影等环境鲁棒性较低，且不能检测出弯道。徐岩等提出一种基于形态学方法的车道标线检测算法，该方法根据不同车的模型特征构造了多尺度结构元素，进而提取出车道标线，该方法对于包含积水、阴影的道路鲁棒性较好，但由于采用 Hough 变换，因而会出现对含有曲率的车道标线检测失误的现象。林国余等提出一种基于多特征信息融合的车道标线检测算法，该方法通过对图像的梯度信息、灰度信息及车道线结构信息进行融合，在二次曲线模型的基础上重新对左右车道标线模型进行推导,并将免疫克隆策略与粒子群优化进行结合,进而完成了车道标线的识别,鲁棒性较高,但由于算法较为复杂,实时性有所影响。高德芝等以非均匀 B 样条曲线作为车道标线模型,应用多阶动态规划确定样条函数的控制点,进而实现车道标线的识别,该方法对多种光照条件下的稳定性较强,但对更为复杂的路况及天气状况容易出现检测失效的情况。王超等提出一种基于梯度增强和逆透视验证的车道标线识别方法,该方法采用梯度增强的方法对车道标线弱线部分进行提取,并利用逆透视验证方法找回车道标线弱线部分,进而完成车道标线识别,该方法对不同光照环境下的结构化道路鲁棒性较好,但由于采用直线模型进行检测,所以对弯道的识别能力较差。王宝锋等为提高车道标线弯道检测能力,提出一种基于线性逼近的检测方法,该方法首先运用 Hough 变换提取出候选车道标线,然后对未知区域进行循环线性逼近并提取特征点,该方法对不同弯道适应性较好,但由于采用 B 样条曲线作为道路模型,实时性较低。郭克友等提出一种结合 B 样条曲线和卡尔曼滤波跟踪的车道标线检测算法,该方法通过大量离线测试对卡尔曼滤波进行噪声分析得出噪声分布参数值,进而提升了车道线检测的准确性。该方法对含有交通标识及前方车辆阻挡的车道标线检测效果较好,但对于光照不均、阴影等较为复杂的场景适用性较差。

② 非结构化道路检测 对于乡村公路、野外土路等非结构化道路的情况,采用基于机器学习的道路探测,结合探测到的环境信息和先验知识库中的模型,对图像和数据进行处理。同时根据环境的不同来修正预测模型,实现模型不断更新的效果。其方法框架如图 7-9 所示。

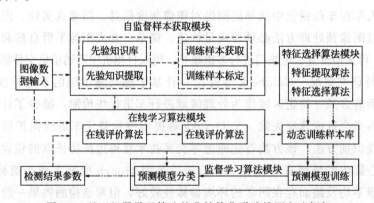

图 7-9 基于机器学习算法的非结构化道路检测方法框架

对于非结构化道路边界的检测,A. Miranda 等采用最大类间方差法对图像进行分割,结合区域增长技术和 Sobel 算子两种方法对道路边缘进行提取进而完成道路边界拟合,算法简单快速,但由于采用直线模型因此无法准确拟合弯道边界。C. Tan 等采用二次曲线作为道路模型,基于车辆前方区域为道路区域的假设分别构建道路和背景的颜色模型,对图像所有像素点进行分类,提取边缘特征点,进而完成道路边界拟合,该方法稳定性较强,但计算量复杂,因此实时性较低。P. Moghadam 等提出一种基于消失点的非结构化道路检测方法,该方法通过单尺度四方向 Gabor 滤波器对图像进行纹理分析并确定道路主方向,然后基于道路主方向各像素点的加权和自适应距离投票方案确定消失点,最终完成道路检测。该方法对于道路区域和非道路区域界限不明显的非结构化道路鲁棒性较好。Cheng H. Y. 等首先通过 Meanshift 算法对非结构化道路进行分区，然后运用 Bayes 准则选择最可能的道路边界。该方法需要对大量的样本进行训练后才能构建合适的分类器，且在车辆实际运动中，对道路图像标记的计算量较大，因此很难满足实时性要求。王燕清等采用二维 Otsu 方法将道路图像分为道路区域和非道路区域后，利用 Canny 算子提取其道路边缘并进行直线拟合，最后基于蒙特卡罗方法对所有拟合直线后验置信度进行评价，并最终确定道路边界。该方法能够有效克服阴影、光照不均、水渍等干扰因素的影响，但由于采用 Hough 变换拟合直线，对弯道适用性较低。胡晓辉等提出一种结合三次 B 样条曲线模型和分块子区生长模型的非结构化道路检测算法，该方法对阴影、水渍等不利因素的抗干扰能力较强，但算法复杂耗时较长。郭秋梅等提出一种基于二维最大熵和道路轮廓特征的非结构化道路检测算法，该方法通过融合色彩特征不变量的二次二维最大熵法对道路图像进行分割并提取图像最大轮廓，然后采用改进 Mid-to-side 算法提取边缘特征点。该方法对阴影道路抗干扰能力有所增强，但对更为复杂的道路鲁棒性较低，且由于采用三次曲线作为非结构化道路模型，实时性有所下降。刘加海等基于像素隶属于混合高斯彩色模型的概率对非结构化道路进行分割，然后将该结果与道路图像边缘信息进行融合，通过动态规划算法求解出最优道路边界，该方法环境适应能力较强，但实时性和弯道检测还需要进一步研究。刘媛等提出一种结合混合高斯模型与二次曲线模型的非结构化道路边界提取方法，该方法对光照不均、阴影等不利因素抗干扰能力较强，实时性也有所改善，但对光照过强的情况仍旧会出现检测失误的现象。

（4）基于机器视觉的前方车辆识别技术

要保证无人驾驶汽车在复杂拥挤的交通环境中能够安全行驶，就需要对前方车辆的动态信息感知具有较高的精度。基于视觉传感器的前方车辆识别技术主要包括基于先验知识的方法、基于机器学习的方法和基于运动的方法。

① 基于先验知识的方法　基于先验知识的方法是指利用车辆的边缘信息、对称特性、底部阴影及尾灯等特征实现对图像中车辆的识别。

N. Srinivasa 用 Sobel 算子提取图像的垂直边缘和水平边缘，然后运用附加线边缘滤波器和行滤波器分别对提取的垂直边缘和水平边缘进行处理，进而获得图像中车辆的位置。N. Matthew 等运用边缘检测算法将图像中的垂直边缘检测出来并对其进行平滑处理，通过计算垂直边缘局部最大值确定车辆左右边界，通过设置最大阈值和最小阈值确定车辆上下边界，最终完成对车辆的检测。C. Hoffman 等首先对路面灰度值的分布进行统计并确定方差较大的区域为阴影区域，然后对该区域水平边缘的长度进行约束并获得车辆假设区域，然后基于车辆的对称特性最终确定车辆在图像中的位置。S. Y. Kim 等基于车辆区域直方图分布较规则的假设对车辆底部阴影候选区域进行验证并排除干扰区域，通过对称扫描提取候选区域左右垂直边界并对其进行判断，若左右边界宽度超过车辆像素宽度一定比例，则确定该候选区域为车辆区域。T. Schamm 等提出一种基于车辆尾灯的车辆识别方法，该方法首先使用二维高斯滤波检测图像中的圆形车灯并基于规则聚类法寻找成对车灯，通过对称特性判断成对车灯是否属于同一车辆。R. Cucchiara 等同样是通过检测车灯对完成图像中车辆的识别，但采用的是拓扑分析法。

杨宁等首先对图像进行边缘增强和分割,然后采用 Hough 变换提取车辆候选垂直边缘,并根据前方车辆在图像中的位置确定两条真实边缘,结合车辆高宽比最终完成对车辆的检测。刘亚东等采用基于距离的下采样方法获得近、中、远 3 种距离的车辆图像,然后采用改进的多尺度边缘检测方法提取图像的水平边缘和垂直边缘,并通过局部熵原理排除错误的边缘。齐美彬等提出一种基于车底阴影的前方车辆识别方法,该方法运用两次自适应阈值分割方法提取路面与车辆底部的交线并生成车辆假设区域,然后利用车辆的对称特性排除虚假区域进而获得车辆的真实区域。魏凯等通过基于路面灰度信息的阈值分割法将阴影区域分离出来并构建车辆感兴趣区域,然后利用归一化转动惯量特征对车辆感兴趣区域进行验证最终实现车辆的有效检测。刘培勋首选基于车辆阴影特征提取车辆的感兴趣区域,然后基于车辆尾灯的颜色特征提取车灯区域并获得二值图像,使用 Canny 算子提取车灯边缘图像。总的来说,基于先验知识的方法实时性较好,但容易受光照及其他环境因素的影响,从而导致车辆误检、漏检,且该方法仅适用于对行驶在结构化道路上的车辆进行识别,对于行驶在非结构化道路上的车辆,算法精度将大大降低。

② 基于机器学习的方法 基于机器学习的方法是通过对大量目标样本集和非目标样本集进行学习并提取能识别目标的一系列统计特征,然后利用分类算法对这些特征进行训练并得到分类器,最后利用该分类器完成待检测样本中的车辆识别任务。

Zhou Jie 等通过改进的自适应背景估计算法对图像背景进行提取,根据当前图像与背景之间的灰度变化确定车辆候选区域并通过主成分分析法提取其特征,采用基于支持向量机的分类方法实现了车辆识别。Sun Zehang 等首先采用 Gabor 滤波器对车辆图像进行特征提取,然后利用 SVM 分类算法完成车辆的检测。后来又在该论文的基础上进行拓展,将 Gabor 特征与 Haar 小波特征进行结合共同完成对车辆图像的特征提取。S. Sivaraman 等提出了一种基于类 Haar 特征与 AdaBoost 相结合的主动学习框架,该方法实现了对行驶在高速公路上的车辆的检测。H. T. Niknejad 等首先对车辆图像提取 HOG 特征,然后将该特征与基于支持向量机(SVM)的分类器相结合用以实现图像中车辆的识别。P. Negri 等通过综合考虑类 Haar 特征与 HOG 特征的优缺点,将类 Haar 特征与 HOG 特征进行结合对车辆图像进行多特征提取,并运用级联 Boost 进行分类器的训练,最后选择训练好的特征分类器对车辆进行识别。文学志等提出一种类 Haar 特征与改进的 AdaBoost 分类器相结合的车辆检测方法,该方法基于积分图提取图像扩展类 Haar 特征,并采用改进的 AdaBoost 算法对提取的特征值进行训练并得到分类器。杨先凤等在获取车辆图像 HOG 特征的基础上将 LBP 特征融入其中与之组成新的特征向量,然后采用主成分分析(PCA)进行降维操作并采用支持向量机(SVM)进行训练。张鹏等通过背景建模方法提取车辆假设区域并采集 SIFT 特征,然后对该特征进行稀疏编码并以此作为车辆特征训练 SVM 分类器,进而完成不同场景下车辆图像的识别。陆星家等使用滑动窗算法提取图像的 HOG 特征,采用隐 SVM 分类器进行目标训练,并利用混合高斯模型获得全局最优化结果。基于机器学习的方法是目前车辆识别较为流行的方法,其优点是不依赖于目标的先验知识且在训练过程中采用了大量的实际样本获取分类器,统计意义上更为可靠,但车辆识别精度与系统实时性之间的平衡以及对各种环境条件下的适应性仍旧是所有机器学习方法面临的问题。

③ 基于运动的方法　基于运动的方法是利用视频中场景或车辆的运动信息完成对车辆的识别，主要为基于光流场法。其中较为经典的是由 B. K. P. Horn 和 B. G. Schunck 提出的 Horn-Schunc（kH-S）算法及 B. Lucas 和 T. Kanade 提出的 Lucas-Kanade（L-K）算法。基于光流场的检测方法不需障碍物的先验知识，能够在背景运动的场景下分析出运动目标的数量、相对运动速度和位置等。但该方法也存在缺点，即光流场分布对光线变化、阴影及噪声的敏感度较强，计算精度较差，且由于计算较为复杂，难以满足系统对实时性的要求。

（5）基于视觉的避撞技术

碰撞是汽车可能面临的最常见事故，避免碰撞也成为无人驾驶汽车至关重要的需求。避撞技术的研究主要包括运动障碍物的检测、障碍物的运动轨迹估计及预测、控制汽车实现对运动障碍物的避撞。基于视觉的避撞技术通常结合基于距离的避撞技术（传感器如激光雷达、毫米波雷达等）一起使用。

Kaempchen 等人使用摄像机和激光扫描仪检测并跟踪其他移动物体的位置、速度、方向和尺寸并以此描述每个对象的运动以进行态势评估，前面步骤的数据将通过一系列快速和复杂的算法处理形成碰撞假设，进而作出是否刹车的决定。李宇引入一种称为 V 视差的算法。这种算法首先进行立体匹配，即从双目图像对中寻找同名点，并利用同名点合成浓密视差图像，提取视差信息作为目标识别的依据，并进一步生成 V 视差图。提取 V 视差图中的直线信息，进而锁定目标大致区域，最后进行目标识别。这种方法可以识别前方具有面特征的障碍物，如行人、车辆和墙壁等等。该算法对于光照、阴影等干扰不敏感，避免了城市环境中复杂背景的干扰。朱志刚等利用重投影变换技术，使用单摄像机双目立体成像、图像级重投影变换、非零视差滤波和姿态自适应动态重投影变换，利用重投影变换图像间的路面视差为零和非路面视差不为零的特性，在不提取特征的情况下，实现了对路面障碍物的实时监测。

（6）交通信号灯检测与交通标志检测

① 交通信号灯检测　交通信号灯识别采用的系统结构可分为图像采集模块、图像预处理模块、识别模块和跟踪模块。其系统结构如图 7-10 所示。

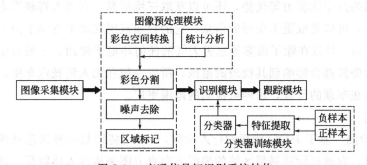

图 7-10　交通信号灯识别系统结构

运用基于彩色视觉的交通信号灯识别方法可以检测到单帧图像中的交通信号灯。为防止出现误检或跟踪丢失的现象，可以采用基于彩色直方图的目标跟踪算法。CAMSHIFT (continuously adaptive mean shift)算法可以有效地解决目标变形和遮挡的问题,且运算效率较高。

② 交通标志检测　交通标志检测包括3方面内容:色彩分割、形状检测和象形识别。当光照条件良好时,色彩分割需要通过室外环境的图像采样选取阈值,运用HSV彩色空间的色度和饱和度信息能够将交通标志从背景中分离出来。

通常情况下交通标志和驾驶方向并不是垂直的。在对圆形标志进行判断时往往采用基于随机连续性采样的椭圆检测。而在色彩分割后的边缘直线可以通过Hough直线变换获得。选择相关的模板对处理后的图像大致分成红色禁止标志、蓝色允许标志和黄色警告标志。

对于每一类交通标志分别设计分类器。首先运用Otsu阈值分割算法对探测到的标志进行预处理,能有效避免光照阴影和遮挡造成的误差,然后基于算法获得的图像运用矩运算提取辐射状特征,最后选取多层感知器来完成识别内核的目标,输出相似程度最高的结果。

7.2.2　基于车载激光雷达的环境信息提取技术

(1) 车载激光雷达

车载激光雷达包括二维车载激光雷达与三维车载激光雷达。

① 二维车载激光雷达　二维车载激光雷达常与三维车载激光雷达配合使用,由于三维雷达安装的位置一般较高,往往会出现盲区,而二维雷达就是检测无人驾驶汽车周边的障碍物,解决盲区问题。二维车载激光雷达通过扫描来测量汽车周边区域内的物体与自身之间的距离以及相对于自身坐标系的角度,而且还可以设置各种不同角度下的分辨率和扫描的频率,这将影响到雷达每次输出光束的测量距离的方式。为了能够及时收取雷达每次测量的数据,一般都会选用网络接口作为雷达与上机位之间的传输方式,首先建立一个IP连接雷达与上机位,雷达通过此连接接收上机位发送的扫描请求,然后雷达通过网络接口按照人工设定好的频率向上机位传输数据。

② 三维车载激光雷达　三维车载激光雷达是目前无人驾驶汽车中应用最多的一类传感器,它是把很多单线的激光组合在一起形成的,具有非常高的距离、角度和速度分辨率、非常强的抗干扰能力等优势,还可以获取三维信息。在无人驾驶汽车中应用三维车载激光雷达,可以获取更为全面的信息。它的扫描范围在水平方向上为360°,最远检测距离为120 m,可以在除了雨雾等恶劣天气的任何环境下使用。一般来说雷达安装的位置和摆放的姿势都会影响到其检测的范围,所以一般在无人驾驶汽车中,都会把三维激光雷达安装在车顶的位置,这样可检测的范围更广。

(2) 应用

① 行人检测　基于HOG特征的行人检测,HOG特征是一种图像局部重叠区域的密集型描述符,它通过计算局部区域的梯度方向直方图来构成人体特征。该方法是提取图像的HOG特征后通过SVM进行决策的检测方式。

基于Stixel模型的行人检测通过融合激光雷达和视频数据,可以对目标进行较为准确的检测。利用激光雷达数据抽取出感兴趣的区域,再利用视频图像识别该目标的属性，可以有效地实现不同模态传感器间的互补，提高传感器的性能，分为3步：首先处理激光雷达数据，得到感兴趣区域；再准备图像数据，进行基于图像的行人检测算法的训练；最后利用训练好的分类器，基于感兴趣区域进行行人检测。

② 车辆检测 V-disparity 方法是基于立体视觉的障碍物检测方法。其算法流程为：首先获取立体图像对，然后计算得到稠密视差图，建立 V-disparity 图，通过分析 V-disparity 图，可以提取出行驶环境中的路面，从而计算出路面上障碍物的位置。

视觉与激光雷达信息的结合，避免了机器视觉受光照影响和激光雷达数据不足的问题，实现了传感器信息的互补，通过建立激光雷达、相机和车体之间的坐标转换模型，将激光雷达数据与图像像素数据统一到同一坐标中进行识别处理。结合激光雷达的数据特点选取合适的聚类方法，对聚类后的激光雷达数据进行新型形状匹配和模板匹配，确定感兴趣区域；通过类 Haar 特征结合 AdaBoss 算法在感兴趣区域进行车辆检测，然后通过车辆在激光雷达中的数据特征实现 Kalman 预估跟踪。

(3) 研究概况

基于车载激光雷达的障碍物检测技术直接获取物体的几何信息进而完成检测，一般不易受光照条件的影响，但障碍物的形状和纹理信息无法获得。D. Streller 等提出一种基于二维激光雷达多假设思想的障碍物检测和分类算法。J. H. Lee 等对二维激光雷达数据进行分析，通过提取行人腿部的几何特征进而确定其位置。T. D. Vu 等基于二维激光雷达假设无人驾驶汽车的观测模型、运动模型及轨迹集成于同一贝叶斯框架，采用基于马尔可夫链蒙特卡洛的采样方法对车辆检测的最优解进行寻找。乔佳楠对二维激光雷达数据进行预处理后，借助数据上下文信息丰富障碍物的数据量，最后通过聚类算法完成对障碍物的识别。F. Scholer 等通过引入粒子滤波观测模型对三维激光雷达数据进行分析，从而实现不同场景中的行人检测。M. Himmelsbach 等采用一种自上而下的策略对三维激光雷达数据进行分割以完成车辆检测，并利用几何外形和历史运动信息对物体进行分类。A. Petrovskaya 使用三维激光雷达及车辆测量模型计算似然概率，并通过基于粒子滤波的方法实现了多帧车辆的稳定跟踪。程健首先对三维激光雷达扫描线的点进行梯度分割，然后依据障碍物属性对聚类分割段中的误检进行滤除，并根据可靠非障碍点估计地面以恢复漏检点，该方法对障碍物的提取效果较好，但实时性受到了限制。

7.3 无人驾驶汽车 GPS 导航技术

无人驾驶汽车到达目的地的前提是导航系统提供准确的导航信息，进而控制系统根据导航信息控制无人驾驶汽车的运行轨迹。无人导航包括3个内容：我在哪、要去哪、怎样去，涉及控制理论、多传感器数据融合、智能决策和专用地图设计等多项技术。

7.3.1 车辆导航技术概述

(1) 视觉导航

驾驶员视觉信息包括交通信号灯、道路标示线和前方车辆行人等，驾驶员驾车时90%以上的信息来自于视觉。因此，人们很自然想到利用计算机读取这些视觉信息来指引无人车安全、平稳运行。然而视觉信息包含信息量大，因此对计算机硬件和图像采集设备提出了较高要求。随着计算机硬件的不断发展，价格低廉的小型计算机对图像的处理速度不断提高，图像采集设备采集速度能力增强，无人车利用视觉导航成为可能。视觉导航采用的技术可分为单目视觉、双目视觉和多目视觉。

单目视觉使用 1 个图像采集设备，系统搭建简单，并且图像处理算法简单；但图像缺少景深数据，为 2D 视觉系统，无法判断车辆与障碍物距离，同时视野较窄。在国内"飞思卡尔"智能车比赛中，部分赛车采用单目视觉识别路径。同样，无人车利用单目视觉可以识别交通信号灯、交通标志等道路信息。

双目视觉采用 2 台相对位置固定或相对位置已知的图像采集设备，获取统一场景的 2 幅图像，利用三角原理计算对应基元在 2 幅图像的"视差"，实现场景的三维重建。双目视觉为 3D 视觉系统，与单目视觉相比更容易获取无人车与障碍物的距离信息。但由于角度问题两个图像采集设备在获取同一空间点时，其灰度值可能不同，在匹配时存在二义性；同时，双目视觉图像处理算法比较复杂。双目视觉已应用于工业制造、测量装置、机器手定位、方位识别、无人车导航等领域。

多目视觉至少采用 3 个摄像头，通过合理布置摄像头的位置，利用多幅图片来缓减双目视觉的匹配二义性，提高了系统的测量精度。但多目视觉图像处理算法复杂，实时性较差。

总之，视觉导航技术成本低，信息容量大；但视觉导航鲁棒性差，图像采集设备受外界光照、天气影响大，对于不同道路适应性差。

(2) 磁导航

磁导航分为地磁导航和电磁导航 2 类。

我国战国时期就发明了指南针，利用指南针指引路径，当时人们只是利用地磁判断方位。随着科学技术的不断发展，国际地磁与超高层大气物理学协会（IAGA）建立了地磁场参考模型，即"地磁地图"，地磁导航技术也发生了重大变化。现代地磁导航技术通过传感器测得实时地磁数据，将该数据与"地磁地图"数据库匹配实现全球定位。

现有的"地磁地图"通常 5 年更新一次，只能刻画主磁场，无法描述局部复杂磁场，精度较差。但地磁导航具有无源性、全天候、全球性、低成本、隐蔽性好等优点，使之成为导航领域一个研究热点。

电磁导航也称埋线导航，20 世纪 50 年代兴起于美国。具体实现为在道路中间铺设通电导线，当导线有一交变电流流过时，根据电磁转变原理可知，在导线周围空间有磁场产生，交变电流频率一定时，沿导线方向产生稳定的磁场；同时无人车底部安装有磁感应传感器，可以通过检测沿导线方向的磁场，从而获取路径信息。电磁导航技术实现简单，技术比较成熟，抗干扰性好，不受光照、气候等外界条件影响，导航精度高；但道路铺设导线成本高，现有道路不易改造，已铺设导线维修麻烦，同时，长距离电磁导航需要消耗大量电能。目前电磁导航主要应用于室内机器人导航，如部分"飞思卡尔"智能车比赛采用电磁导航技术为智能车提供路径信息。

(3) 惯性导航

惯性导航技术利用惯性传感器不间断采集载体的瞬时加速度、瞬时角速度和旋转角度，以牛顿力学三大定律为理论基础推算载体的运行速度和运行轨迹，最终可以得到载体位置信息。惯性导航技术不依赖外部其他数据，独立性好，最早应用于德国军方，采用机械陀螺仪、加速度计作为惯性传感器，成功实现为火箭导航。现代惯性导航一方面采用光纤陀螺仪或激光陀螺仪代替传统机械陀螺仪，当今陀螺仪以现代物理光的干涉原理为理论基础，具有结构紧凑、精确度高、测量可靠性高等优点；另一方面随着计算机技术的发展，特别是微处理器技术的发展，现代惯性导航利用计算机将惯性传感器测量信号直接转变为导航信号（航向角、速度、当前位置）。惯性导航囊括了现代物理理论、计算机技术等多个技术领域，可提供多种导航数据，具有独立导航性、短期精度高、全天候工作、全球导航性、良好的隐蔽性和较强的抗干扰性等优点，但惯性导航误差会随时间积累，长时间使用导航精度降低；同时，惯性导航设备价格高。目前惯性导航技术运用于潜艇、飞机以及导弹。

（4）卫星导航

卫星导航（GNSS）系统通常由20～30颗导航卫星、地面主控站、监测站组成。用户利用导航设备接收导航卫星发出的导航电文，通过处理多颗卫星的导航电文确定自己的位置。卫星导航具有全天候、全球性、无积累误差、三维定位精度高、快速等优点；但高大建筑物、树木和隧道等会遮蔽导航信号，引起导航信号中断，同时，导航数据更新频率低。目前运行的卫星导航系统有美国的全球定位系统（GPS）、俄罗斯的全球导航卫星系统（GLONASS）、欧洲伽利略（GALILEO）和中国的北斗星导航系统(Beidou Navigation Satellite System)。正在建设的卫星导航系统有日本的准天顶卫星系统（QZSS）和印度的印度区域卫星导航系统（IRNSS）。

① 北斗星导航系统　北斗星导航系统启动于1994年，本着"先实验、再区域、再全球"三步战略目标。从2007年开始北斗星导航系统陆续发射了5颗地球静止轨道卫星（GEO卫星）、5颗倾斜地球同步轨道卫星（IGSO卫星）和4颗中圆地球轨道卫星(MEO卫星)，共14颗导航卫星，构建了导航卫星网。北斗星导航系统于2011年12月开始试用服务，2012年12月正式为亚太地区提供有源定位、测速服务。预计在2020年左右，北斗星导航卫星网将由35颗卫星构成，届时北斗星导航可提供覆盖全球的无源导航服务。北斗星导航卫星发射B1、B2、B3三种导航电文，其频率分别为1561.098MHz、1207.14MHz、1268.52MHz。北斗星导航系统目前民用单点伪距定位精度为12m左右，盲区少，同时北斗星核心芯片及模块已经具备产业化基础。北斗星导航系统减缓了我国导航领域对GPS的依赖，北斗星导航系统将在我国国防、运行载体导航等领域发挥重要作用。

② 全球定位系统（GPS）　世界上第一个卫星导航系统子午仪卫星定位系统（Transit）研制于1958年，1964年正式为美国海军提供服务，尽管该系统不能提供连续导航服务，定位精度也较差，其误差为20～30m，但该系统论证了卫星定位的可行性，为GPS导航系统的研制提供技术、经验支持，可以说是GPS的前身。美国从1989年到1993年陆续发射24颗导航卫星，组建GPS导航卫星星座，实现覆盖全球98%区域。GPS导航卫星发射L1和L2两种导航电文，其频率分别为1575.42MHz、1227.6MHz。两种频率可提供两种定位精度：标准定位服务（SPS）和精密定位服务

(PPS)，定位精度分别为 10m、1m。GPS 是目前卫星导航技术最为成熟的导航系统，占有 GNSS 市场的绝大多数份额，GPS 定位导航技术已融入各个行业，从手机定位到无人车导航，广泛应用于车辆导航、工程测量等领域。

③ 全球导航卫星系统（GLONASS） 全球导航卫星系统（GLONASS）前身为"旋风"（Tsiklon）卫星导航系统。Tsiklon 系统只能为静止或慢速载体提供精确定位，而无法为飞机、导弹这些快速载体提供服务，为改变这一情况，前苏联决定研制 GLONASS 卫星导航系统。从 20 世纪 80 年代起，前苏联和俄罗斯发射了大量与 GLONASS 相关的导航卫星，到 1995 年 GLONASS 星座拥有 24 颗导航卫星，均匀分布在 3 个轨道，这时的 GLONASS 系统导航精度可与 GPS 媲美。但由于俄罗斯经济低迷，无法更换失效卫星，到 2001 年 GLONASS 系统只剩下 6 颗运行卫星。随着经济复苏，俄罗斯陆续发射了 GLONASS-M 和 GLONASS-K 2 种导航卫星，并实现了全球覆盖。GLONASS 定位精度与 GPS 相当，但商业化程度低，特别是面向普通用户产品品种与 GPS 相差甚远。市面 GLONASS 接收设备品种少，而且多数是针对特需用户设计的。

④ 欧洲伽利略（GALILEO） 欧洲伽利略（GALILEO）计划实施于 2002 年，并在 2013 年首次实现了用户定位，定位精度 10～15m。2019 年搭建完成拥有 30 颗导航卫星星座后，可提供更高精度的全球定位服务。GALILEO 导航卫星发射 L1F、L1P、E6C、E6P、E5A 和 E5B 六种导航电文，多频性为了满足用户的不同需求。GALILEO 定义了 4 种服务：开放服务（OS）、人身安全服务（SOL）、商务服务（CS）和公共管制服务。

(5) 多传感器融合导航技术

在实际情况中，由于单一传感器各自的局限性，仅依靠单一导航传感器在现实复杂环境中无法长时间内连续地为载体提供精确可信的导航信息，人们自然想到通过多传感器信息数据融合来描述导航信息。多传感器融合技术是指采用多个传感器为同一载体提供导航服务，利用多个传感器导航信息的冗余性和互补性，按一定算法得到更加准确的导航信息。通常处理算法有卡尔曼滤波法、模糊逻辑推理法和人工神经网络法等，应根据工程具体情况选择相应算法。与单一传感器相比多传感器融合技术具有时空覆盖范围广、导航信息精确度和可靠性高、鲁棒性好等优点。

7.3.2　应用导航技术的无人驾驶汽车

无人驾驶汽车的任务要求主要有对路网文件的处理、动态车辆干扰、交通灯识别、施工绕行、终点停车等。无人驾驶汽车必须实时获取车辆周围道路情况、当前地理位置、车辆自身状态等信息，对车辆纵向和横向运动作出合理控制，使无人驾驶汽车安全、平稳、快速通过测试路线。

无人驾驶汽车硬件平台包括车体、各种传感器、车载电脑、舵机等；依据实现功能无人驾驶汽车整车系统通常划分为感知部分、规划决策、底层控制 3 部分。

感知部分相当于人的"眼"和"耳"，它采集周围道路数据信息和无人驾驶汽车运行参数，如道路障碍、交通信号灯、当前速度、航向等，并将采集的信息数据上传给车载电脑，感知部分主要由各种传感器组成，包括激光雷达、车载相机、车速编码器、GPS/INS等；感知部分数据的可靠性直接决定无人驾驶汽车运行的安全性，考虑到单个传感器的局限性，通常使用多传感器，利用其数据的冗余和互补特性，形成对道路环境和车辆状态的准确描述。

车载电脑构成规划决策部分，相当于人的"大脑"，接收各个传感器采集的数据，通过数据融合技术分析处理感知部分传来的数据信息，提取无人驾驶汽车所需信息，进而依据各种信息发出正确指令，使无人驾驶汽车能安全、正确、平稳运行。

底层控制部分相当于人的"手"和"脚"，由下位机、驱动电动机等执行器组成，接收规划决策部分发来的指令，根据指令对无人驾驶汽车转向电动机、制动电动机进行控制，使无人驾驶汽车实现转向、制动等功能。

上述3部分要完成好各自的职能，必须实现各部分之间的通信和数据交换。无人驾驶汽车障碍检测模块与上位机数据交换量大，如车载相机、激光雷达，这些传感器与上位机的通信使用千兆以太网传输；上位机和底层控制部分数据交换量少，通常使用串口通信。

图7-11所示为无人驾驶汽车功能布置。

图7-11 无人驾驶汽车功能布置图

7.3.3 无人驾驶汽车GPS导航系统

在无人驾驶汽车行驶时GPS导航系统要实现不间断地对无人驾驶汽车进行定位，并把定位数据传输给规划决策部分；规划决策部分依据GPS信息并结合车载数字地图定位无人驾驶汽车当前位置，进而为无人驾驶汽车"指引"前进方向。无人驾驶汽车GPS导航系统要求GPS定位误差不超过1个车道宽度，系统规划决策部分根据车辆当前位置和车载数字地图能实现为无人驾驶汽车准确"指路"的功能；系统底层控制部分接收规划决策部分的指令，依据指令调整无人驾驶汽车的运行状态；同时设计整个系统电源部分以及实现GPS接收机、上位机和下位机之间的通信功能。

（1）无人驾驶汽车车体

车辆载体由雅力士轿车改造而成，该轿车由广州丰田汽车公司生产，雅力士详细技术参数如表7-1所示。

表 7-1 雅力士轿车技术参数

车身结构		5门5座两厢车	
变速箱类型		4挡自动变速箱(AT)	
尺寸/mm		长 3945 宽 1695 高 1545	
轴距/mm	2460	前轮距/mm	1460
后轮距/mm	1460	离地间隙/mm	150
转弯半径/m	4.7	发动机型号	1ZR
最大功率/kW	87	最大扭矩/N·m	150

雅力士是一款两厢紧凑轿车,转向灵活;变速箱采用4挡自动,车辆根据油门踏板和车速自动地进行换挡,与手动挡汽车相比无人驾驶汽车平台搭建省去挡位控制,更加方便,因此选择该车作为无人驾驶汽车的实验平台。

(2) 规划决策部分

车载电脑分析处理从 GPS 接收机实时传来的数据,结合路网文件判定无人驾驶汽车的当前位置,并给出无人驾驶汽车纵向和横向控制要求,进而达到在无人行驶中的稳定控制。同时,为了无人驾驶汽车在行驶过程中及时识别障碍物,车载电脑还要实时分析处理由高速摄像机系统和激光雷达系统传来的数据,所以无人驾驶汽车对车载电脑的处理速度有很高要求。通常来讲,无人驾驶汽车行驶速度越快,要求无人驾驶汽车感知系统检测范围越远,数据更新频率越快,对车载电脑的处理器配置要求也越高。无人驾驶汽车在行驶过程中由于路面的不平度和发动机的震动会对车载电脑产生震动和冲击,因此车载电脑必须具备抗冲击、抗震动性能。选择研华 IPC-610H 工控机作为车载电脑,技术参数如表 7-2 所示。

表 7-2 研华 IPC-610H 技术参数

机箱	研华 IPC-610H,4U,14 槽
处理器	I7-2600 四核 3.4G
内存	4GB
硬盘	500GB SATA 硬盘
主板	SIMB-A21
串口	2个 RS-232 串口
USB 接口	前置2个,后置4个
网口	2个
工作温度	0~60℃
电源	300W ATX PFC PS/2

(3) 底层控制

底层控制由下位机和舵机等组成,在无人驾驶汽车行驶前,人工操作转向盘到达前轮对中,下位机记录前轮对中位置;无人驾驶汽车行驶过程中,以记录位置作为前轮转角的中间位置参考点,进行转向。

第7章 汽车无人驾驶技术

（4）下位机控制

下位机接收车载电脑控制指令，然后根据控制指令通过控制电动机对无人驾驶汽车纵向和横向作出控制，相当于人的"大脑神经中枢"。选择 MC9S12XS128 单片机作为下位机，MC9S12XS128 单片机是由飞思卡尔公司推出的一款针对汽车电子市场的高性能 16 位单片机，内嵌 MSCAN 模块具备 CAN 功能。其主要特性如下：总线速度最高达到 40MHz；128KB 程序 Flash 和 8KB 数据 Flash；$3\mu s$ 实现数模转换 8 通道 PWM，方便实现电动机控制；MC9S12XS128 单片机采用 Codewarrior 软件作为开发工具，选择 C 语言作为下位机控制软件开发语言。

（5）电源

电源为无人驾驶汽车 GPS 导航系统各部件提供动力。电源的稳定性和可靠性直接影响到整个系统的工作性能。无人驾驶汽车通常配置蓄电池或发电机作为供电系统，其中蓄电池携带方便，可大电流放电，但需定期维护，续航性差；发电机续航性能好，但通常体积大，噪声大，价格贵。综合考虑安装方便、续航性好、满足整个系统功率，采用 12～220V 车载逆变器为除舵机以外的整个系统提供电源。逆变器主要技术参数如表 7-3 所示。

表 7-3 逆变器主要技术参数

输入电压	直流 11～15V
输出电压	交流 210～230V
转换效率	92%～93%
输出频率	50～52Hz

由逆变器输出的电流分成 2 路，一路直接供车载电脑使用；一路经过电源适配器转换成稳定的 12V 电压。电源适配器主要技术参数如下：输入，交流 100～240V，50～60Hz；输出，直流 12V，1A。

由电源适配器输出的电流分成 3 路：一路直接供 GPS 接收机使用；一路经过 7805 芯片将 12V 转换成 5V 供单片机使用；为了保证无人驾驶汽车安全地运行，要求制动舵机打舵时间短，且扭矩大，因此舵机电源不仅仅要有稳定的电压输出，而且要有很大的电流，适配器电源无法提供满足舵机的大电流，选择一路可提供大电流的 12V 蓄电池作为舵机电源，蓄电池由电源适配器输出的电流充电。

为了减少系统之间的干扰性我们采用多个电源适配器，分别单独为 GPS 接收机、单片机、蓄电池供电。综上所述，设计的无人驾驶汽车电源系统不依靠其他外界电源，独立性好，各用电设备相互影响小，且安装方便。各部分电源关系如图 7-12 所示。

（6）GPS 接收机

一个普通的 GPS 用户可获得 10m 的定位

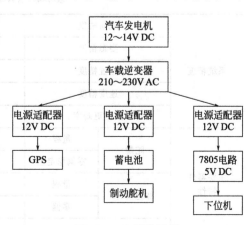

图 7-12 电源分配图

精度,误差远远大于 1 个车道的宽度,普通 GPS 由于物体、隧道以及树木的遮蔽导致 GPS 接收信号的中断,外部的干扰也会导致 GPS 信号中断,不能为无人驾驶汽车连续提供可靠的定位功能。基于上述两点,无人驾驶汽车 GPS 可以采用差分 GPS 并附加外部辅助传感器,采用多传感器融合技术以增强 GPS 性能,选择高精度惯性传感器与双 GPS 组合模式。

差分 GPS 导航系统具有较好的导航定位精度,且误差不随时间累积,但在无人驾驶汽车行驶过程中由于高大物体的遮蔽或外界干扰,接收机不能捕获和跟踪 GPS 导航载波信号,导致 GPS 信号中断;惯性导航抗干扰性强,可实现不依赖外界信息完全独立导航,但惯性导航误差随时间积累,长时间工作导航精度差,不适宜长时间工作。采用多传感器融合技术可发挥两种技术的各自优势,弥补彼此的不足。GPS/INS 导航组合能有效地提升导航系统的精确性、可靠性和实用性。

根据无人驾驶汽车车型和上述要求,选择星网宇达公司生产的 XW-ADU5630 型号组合导航系统,安装如图 7-13 所示。

图 7-13　XW-ADU5630 型号组合导航系统安装图

XW-ADU5630 由高精度惯性测量元件和双 GPS 组合而成,在 GPS 信号中断后凭借高精度惯性导航元件,在一定时间范围内仍输出高精度的测量值。双 GPS 采用载波测量差分技术,实现无人驾驶汽车较小误差定位与无人驾驶汽车航向角准确计算。

XW-ADU5630 组合导航系统的详细技术参数如表 7-4 所示。

表 7-4　XW-ADU5630 技术参数

系统精度	航向精度		0.5°
	姿态精度		0.5°
	位置精度		水平≤1.5m,高度≤4m
	速度精度		0.1m/s
	数据更新率		100Hz
主要器件特性	陀螺	量程	±100°/s
		零偏稳定性	0.01°/s
	加速度计	量程	±2g
		零偏	≤10mg
	GPS		16 并行通道,L1 导航电文频率为 1575.42MHz

续表

接口特性	接口方式	RS-232/RS-422
	波特率	9600~115200b/s(默认)
物理特性	供电电压	12V DC
	工作温度	−40~+55℃
	物理尺寸	138.5mm×81mm×56mm
	质量	<700g

(7) 紧急制动

无人驾驶汽车紧急制动也称 E-STOP，可实现远距离遥控制动。无人驾驶汽车在自主行驶过程中，由于现实环境的非机构性、多变性，可能导致无人驾驶汽车失控；另一方面，现实道路环境障碍物往往具有动态不可预见性，可能会发生无人驾驶汽车撞上突然出现的障碍物的情况。因此，无人驾驶汽车安装 E-STOP 非常必要，通常要求 E-STOP 有效控制距离大于 100m，具有抗干扰性。

(8) 电子地图

无人驾驶汽车 GPS 导航系统需要电子地图为无人驾驶汽车提供相对位置以及诱导信息，由于工程的特殊性，对电子地图内容和精度提出了特殊要求，目前电子地图无法满足，需要专门制作；通过手动驾驶采集并保存道路 GPS 数据，进而制作适合无人驾驶汽车导航的电子地图，如图 7-14 所示。

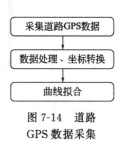

图 7-14 道路 GPS 数据采集

7.4 无人驾驶汽车动态障碍物避撞系统

7.4.1 无人驾驶汽车平台体系结构

智能先锋 2 号的整体软硬件架构采用了图 7-15 所示的感知、决策、控制执行 3 层体系结构，感知系统与决策系统通过栅格地图相连，决策系统与控制执行系统通过行驶轨迹相连，这 3 个层次在硬件通信上都是通过以太网进行数据交互的，控制执行系统的指令通过 CAN 总线传递给各个执行机构。

(1) 感知系统

为了保证无人驾驶汽车能够安全平稳地行驶，需要感知系统建立一个包含障碍物、道路结构以及交通标识的环境模型，根据功能的不同，感知系统包含车道线检测模块、交通信号灯检测模块、障碍物和路沿检测模块。

① 车道线检测模块　本模块使用了自适应阈值的方法进行车道线检测，为了抑制图像采集过程中产生的噪声，该方法首先使用一个 5×5 的高斯核对图像进行平滑，接着利用均值滤波器对原始灰度图像进行处理，为每帧图像计算出相应的二值化阈值，使用 Hough 变换找出其中的直线，最后根据直线的长度、宽度和方向从中搜索出车道线。

② 交通信号灯检测模块　在交通信号灯检测模块中使用了多特征融合的方法，分为检测和识别两个步骤，首先利用颜色和形状等特征对交通信号灯进行粗略的检测，接

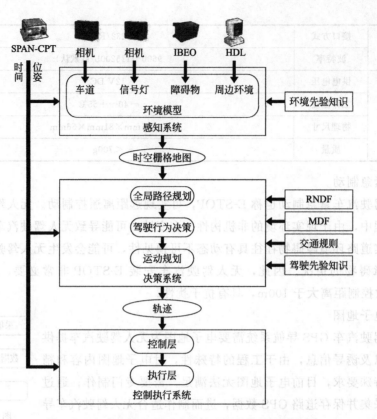

图 7-15 智能先锋 2 号无人驾驶汽车总体软硬件结构

着使用随机森林树算法对交通信号灯进行准确的识别。

③ 障碍物和路沿检测模块　障碍物和路沿检测是基于三维激光雷达数据完成的，首先利用高度差、径向与切向角度差、切向领域半径比值和径向梯度高度差等特征对三维点云进行分割，去除路面点，将剩余的障碍物点投影到二维平面生成障碍物栅格地图。接着利用障碍物地图进行路沿检测，首先在障碍物栅格地图基础上生成距离图像，使用滤波方法将距离图像二值化，接着使用生长算法找到车辆周围未被障碍物占据的联通区域，即可通行区域，最后提取出可通行区域的边界即得到道路边沿。

(2) 决策系统

决策系统相当于无人驾驶汽车的大脑，首先需要根据当前位置、目标位置以及路网规划 1 条全局路径，然后结合全局路径与感知系统提供的局部环境信息在交通规则的约束下规划出 1 条供车辆行驶的局部路径。根据递阶系统的层次特征，决策系统分为 3 层，分别为全局路径规划层、驾驶行为决策层以及运动规划层，三层分别负责无人驾驶汽车的全局路径规划、驾驶行为决策和运动规划，如图 7-16 所示。全局路径规划层根据周围的路网信息、无人驾驶汽车位置以及任务要求规划出 1 条全局最优路径。驾驶行为决策层在交通规则的约束下，利用感知系统提供的道路环境信息推理出无人驾驶汽车需要执行的驾驶行为动作，计算出相应的预瞄点，运动规划层根据驾驶行为决策层提供的预瞄点最终生成安全可行驶的局部路径并发送给控制执行系统。

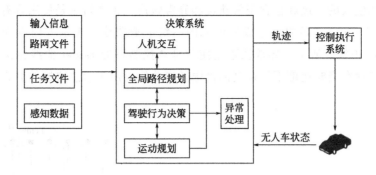

图 7-16 决策系统结构示意图

① 驾驶行为决策层　驾驶行为决策层将无人驾驶汽车常规的行为序列划分为不同的状态，结合感知系统检测到的障碍物分布和道路结构，在遵守交通规则并符合全局路径规划的前提下推理出一系列驾驶行为状态，然后将推理结果转化为目标点候选集发送给运动规划层。为了能够实现驾驶行为的表示和转换，驾驶行为决策层使用了层次状态自动机，它能够直观地对状态进行建模，体现了时间驱动的决策思想。如图 7-17 所示，针对车辆所处场景、任务需求以及环境特征，设计 3 个顶层状态：路上、预路口和路口，每个顶层状态对应若干个子状态。路上状态分为车道保持子状态、换道子状态、跟车子状态和超车子状态；预路口状态分为停止线停车子状态和减速慢行子状态；路口状态分为直行子状态、左转子状态和右转子状态。状态之间可以根据输入数据的不同进行切换，最终根据不同的子状态选取对应的目标点并发送给运动规划层。

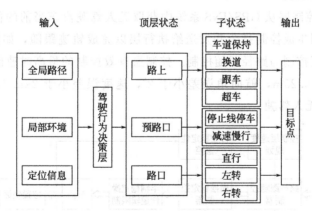

图 7-17　行为决策状态图

② 运动规划层　运动规划层直接与驾驶行为决策层和控制执行系统相连，从驾驶行为决策层接收目标点，为控制执行系统提供 1 条最优路径。运动规划层将从驾驶行为决策层获得的目标点与无人驾驶汽车当前的运动状态结合得到 1 组预瞄点，再结合局部环境信息规划出 1 组可行路径，按照安全、平滑的标准从中选出最优的 1 条，最后将路径点发送给控制执行系统。如图 7-18 所示，运动规划层接收来自驾驶行为决策层生成的目标点，并将得到的目标点作为规划终点，经过目标点子集、轨迹簇生成、代价生成等步骤生成最终的轨迹点序列，发送给控制执行系统。

路上状态生成的轨迹簇包含正常轨迹和异常轨迹，正常轨迹是使用具有最小曲率变化率的三次 Hermite 样条曲线生成法生成的一组平滑曲线，表示方向盘变动较小的曲线，如图 7-19 中实线所示，异常轨迹是使用可调控制点的 Bezier 曲线方法生成的陡峭曲线，代表车辆在当时速度下可达到的极限转弯曲线，用于紧急避撞等异常情况，如图中虚线所示。

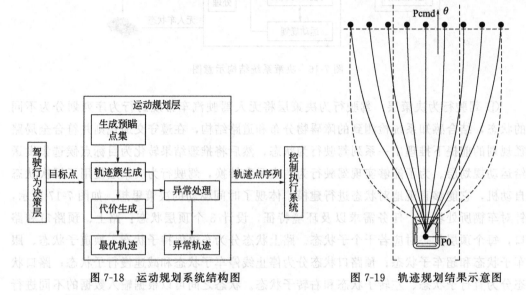

图 7-18　运动规划系统结构图　　　图 7-19　轨迹规划结果示意图

（3）控制执行系统

① 控制层　控制层从 GPS/INS 系统中获取无人驾驶汽车当前的位置与运动状态，使用闭环反馈控制生成控制指令并发送给执行层以完成轨迹跟随，如图 7-20 所示，控制层主要完成速度控制与路径跟随控制。控制层有效控制的最高时速能够达到 120km/h，横向误差小于 0.25m，航向角误差小于 2°，速度误差小于 2km/h，停车误差小于 0.1m，能够满足无人驾驶。

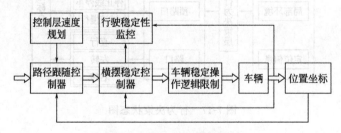

图 7-20　控制系统结构示意图

② 执行层　智能先锋 2 号的执行层接收控制信号并执行相应的动作，主要由转向、刹车、油门以及挡位控制机构组成，能够在接到执行指令后执行相应的动作，如刹车、转向和换挡等。

7.4.2　无人驾驶汽车动态障碍物避撞关键问题

在无人驾驶技术研究过程中安全一直是其需要解决的首要问题，而环境中的动态障碍物如行驶中的车辆、自行车和行人等是对无人驾驶汽车行驶安全影响最大的因素，为了能够保证无人驾驶汽车在行驶过程中不与动态障碍物发生碰撞，需要满足3个条件，首先无人驾驶系统要可靠地检测并跟踪周围对行驶有影响的动态障碍物，这需要传感器精确测量出障碍物的位置变化并能够提取出障碍物特征，用于不同时刻的障碍物之间的匹配与运动状态估计；其次，需要识别动态障碍物的种类，不同的障碍物具有不同的运动特性，对无人驾驶汽车采取的应对策略有很大影响；最后，必须能够预测动态障碍物的轨迹，这对碰撞检测以及避撞动作的成功与否至关重要。

（1）动态障碍物检测跟踪的关键问题

无人驾驶汽车用于环境感知的激光雷达可以分为3种：单线激光雷达、多层激光雷达以及三维激光雷达。单线激光雷达和多层激光雷达扫描速度快，无人驾驶汽车车身俯仰会导致单线激光雷达产生障碍物误检，多层激光雷达依靠不同扫描层之间的夹角解决了这个问题，但单线激光雷达和多层激光雷达返回的障碍物激光点数据稀疏，从中提取的特征有限；三维激光雷达能够获取周围环境的高精度三维信息，但数据量大导致直接在三维空间进行障碍物数据处理实时性不高，所以需要找到一种速度快准确率高的动态障碍物检测跟踪方法。

（2）动态障碍物识别的关键问题

动态障碍物的类型影响着无人驾驶汽车的避撞行为决策，对行人，无人驾驶汽车会优先采取减速停车的避撞策略，而对动态车辆则会采取更加灵活的避撞策略如换道或减速，障碍物类型也会影响动态障碍物轨迹预测使用的方法。传统的障碍物识别方法使用的是实时检测到的障碍物几何轮廓特征，但激光雷达数据的稀疏性会造成特征少的问题，最终导致识别率低，所以无人驾驶汽车动态障碍物识别的关键问题是如何有效利用激光雷达数据提高动态障碍物的识别率，为更加合理的避撞决策提供障碍物类别信息支持。

（3）动态车辆轨迹预测的关键问题

由于动态车辆速度较快且是最主要的交通参与者，要避开与动态车辆的潜在碰撞危险，这不但需要获得动态车辆当前的运动状态还需要准确预测其未来一段时间的轨迹，所以需要重点研究动态车辆轨迹预测方法，但动态车辆的运动轨迹受到驾驶员的驾驶行为意图控制，使用运动状态不变的运动模型或运动状态变化速度不快的运动模型都难以准确预测出其未来轨迹，所以动态车辆的驾驶行为意图检测是轨迹预测的基础，如何完成驾驶行为意图检测并根据驾驶意图预测出准确的行驶轨迹是动态车辆轨迹预测的关键问题。

7.4.3 动态障碍物避撞方法

（1）技术要求

无人驾驶汽车动态障碍物避撞系统涉及感知系统、决策系统和控制执行系统，应满足以下几点要求。

① 安全性 安全性是无人驾驶汽车性能最重要的评价标准，没有安全作为前提，无人驾驶汽车无法真正用于实际生活中。为了保证安全性就需要避撞系统在设计避撞策略时保留一定冗余量，尽量提前检测出可能的碰撞。

② 实时性　动态环境中无人驾驶汽车需要对环境的变化快速地作出反应，这就要求能够快速地检测到周围对无人驾驶汽车行驶有威胁的动态障碍物，并估计出动态障碍物的运动状态以及分辨该障碍物的种类。

③ 准确性　这里的准确性是指运动状态估计的准确性和障碍物识别的准确性，只有在获取动态障碍物的运动状态和类别准确的前提下才能保证碰撞预测的准确性以及避撞动作选择的合理性。

④ 舒适性　无人驾驶汽车的最终用户是人，所以在进行避撞方法设计时需要考虑乘客的体验，这就需要运动规划层选取最优轨迹时考虑最大横摆角速度和最大加速度，为了提高舒适性应尽量减小避撞过程中的最大横摆角速度和最大加速度。

(2) 解决方案

针对动态环境感知和避撞的设计要求，选择了多层激光雷达 IBEOFLUX2000 和三维激光雷达 HDL-64E 作为动态障碍物避撞的主要传感器，如图 7-21 所示。首先从上述多层激光雷达和三维激光雷达的数据中提取出障碍物的轮廓特征和激光脉冲返回宽度信息，接着将得到的特征融合到一起并对障碍物进行建模，构造相似度矩阵进行障碍物匹配跟踪，然后利用所建立的障碍物模型估计动态障碍物的运动状态；针对动态障碍物识别率低和识别范围小的问题，选取了空间维度的障碍物轮廓特征、时间维度的 Zernike 特征和传感器的历史位置构造障碍物时空特征向量，使用 AdaBoost 算法训练分类器对障碍物进行识别；针对动态车辆轨迹预测误差大的问题，将轨迹形状和车道形状相似度与动态车辆运动特征融合构建驾驶行为意图检测特征向量，接着使用高斯混合模型从驾驶行为数据中学习驾驶行为模式并用于动态车辆驾驶行为意图检测，将驾驶行为意图与恒加速和横摆角速度运动模型相结合预测动态车辆的行驶轨迹，最后预测潜在碰撞并生成合理的避撞驾驶行为。

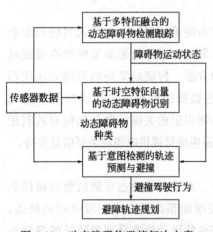

图 7-21　动态障碍物避撞解决方案

7.5　无人驾驶汽车电子稳定控制系统

基于车辆稳定控制系统(ESC)，可实现线控制动功能，在此通过开发制动控制软件算法策略，实现了低成本、高可靠、集成化的无人驾驶汽车制动系统方案。

7.5.1　系统组成和工作原理

(1) 无人驾驶汽车控制系统

车辆控制是无人驾驶汽车技术的核心部分。无人驾驶汽车控制系统主要分 2 个子系统：上层规划系统和底层控制系统，底层控制系统主要实现车辆的横向控制和纵向控制，横向控制通过转向控制实现，纵向控制通过油门控制和制动控制实现，见图 7-22。制动控制系统的技术要求主要包括：依据上层规划系统发出的制动压力或制动减速度请求,实现全速范围内的制动减速;具备适用于无人驾驶的自动驻车功能;实现制动压力或制动减速度请求仲裁;具备人工驾驶和无人驾驶模式切换功能;具备系统诊断和功能安全等。

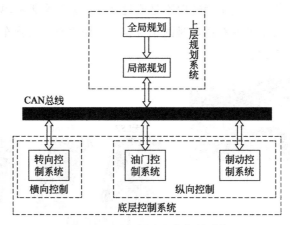

图 7-22 无人驾驶汽车控制系统

目前多数无人驾驶汽车制动控制系统通过外加踏板控制改装机构来实现,集成化程度低,可靠性差,存在系统响应时间长、制动控制性能差等问题。采用集成化方案实现对制动系统的控制成为发展趋势,车辆稳定控制系统随着技术的发展逐步成熟并应用于智能驾驶辅助系统,基于车辆稳定控制系统进行控制策略算法开发将满足无人驾驶汽车制动系统的功能开发要求。

(2)电子稳定控制系统组成和工作原理

汽车电子稳定控制系统是车辆新型的主动安全系统,是汽车防抱死制动系统(ABS)和牵引力控制系统(TCS)功能的进一步扩展,并在此基础上,增加了车辆转向行驶时横摆率传感器、侧向加速度传感器和方向盘转角传感器,通过电子控制单元(ECU)控制前后、左右车轮的驱动力和制动力,确保车辆行驶的侧向稳定性。

ESC系统由传感器、电子控制单元和执行器3大部分组成,通过电子控制单元监控汽车运行状态,对车辆的发动机及制动系统进行干预控制。

典型的汽车电子稳定控制系统在传感器上主要包括4个轮速传感器、方向盘转角传感器、侧向加速度传感器、横摆角速度传感器、制动主缸压力传感器等。执行器则包括传统制动系统(真空助力器、管路和制动器)与液压调节器等。电子控制单元与发动机管理系统联动,可对发动机动力输出进行干预和调整。

ESC系统主要对车辆纵向和横向稳定性进行控制,保证车辆按照驾驶员的意识行驶。电子稳定控制系统的基础是ABS功能,该系统在汽车制动情况下轮胎即将抱死时,1s内连续制动上百次,有点类似于机械式"点刹"。如此一来,在车辆全力制动时,轮胎依然可以保证滚动,滚动摩擦的效果比抱死后的滑动摩擦效果好,且可以控制车辆行驶方向。

另一方面ESC系统会与发动机ECU协同工作,当驱动轮打滑时通过对比各个车轮的转速,电子系统判断出驱动轮是否打滑,立刻自动减少节气门进气量,降低发动机转速从而减少动力输出,对打滑的驱动轮进行制动。这样便可以减少打滑并保持轮胎与地面抓地力之间最合适的动力输出,避免发生打滑现象,见图 7-23。

ESC 系统在保证车辆横向稳定性方面体现在当系统通过转角传感器、横向加速度传感器及轮速传感器的信号发现车辆转向不足或过度时,系统会控制单个或多个车轮进行制动,来调整汽车变换车道或在过弯时的车身姿态,使汽车在变换车道或过弯时能够更加平稳而安全,见图 7-24。

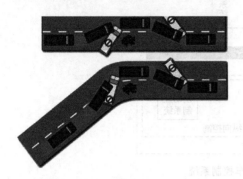

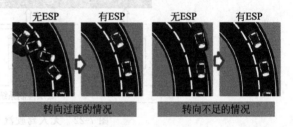

图 7-23 电子稳定控制系统侧滑控制   图 7-24 电子稳定控制系统转向过度和不足控制

7.5.2 系统设计

图 7-25 电子稳定控制系统电子控制单元结构

随着汽车电子技术的快速发展,电子稳定控制系统技术发展很快,功能变得越来越强大。无人驾驶汽车制动系统可以基于先进的电子稳定控制系统技术,在硬件不变的前提下,进行软件开发实现功能的拓展。控制单元是电子稳定控制系统的核心部件,一般由液压调节单元(HCU)、传感器和电子控制单元(ECU)组成,见图 7-25。其液压控制原理见图 7-26。

先进的电子稳定控制系统控制单元软件模块除实现传统 ABS、EBD、TCS、ESP 等功能外,还增加了自适应巡航控制(ACC)、碰撞缓解系统(CMS)、自动驻车(AVH)等软件模块,实现汽车智能驾驶辅助系统功能。无人驾驶汽车制动系统可基于电子稳定控制系统控制单元增加的 ACC、CMS 和 AVH 软件模块进行功能拓展开发,其软件系统架构见图 7-27。

ACC 能够自动控制车速使车辆与前车保持一个安全距离。无人驾驶汽车的 ESC 软件中 ACC 模块能够接收来自总线的制动压力或减速度请求,采用一种舒适平缓的方式实现该减速请求。CMS 是为达到避免碰撞或者减小碰撞速度的目的,能够对即将到来的碰撞提醒驾驶员并帮助实现车辆的最大制动减速,也能够在紧急情况下实现系统独立刹车,最大减速度能够达到 g。无人驾驶汽车的 ESC 软件中 CMS 模块能够接收来自总线的减速/预建压请求,尽可能快地实现来自总线的减速度请求建立轮压。AVH 可以帮助驾驶员自动施加制动力实现驻车功能,并在车辆再次启动时自动释放制动力。无人驾驶汽车的 ESC 软件中,当车辆在 ACC 或 CMS 控制下减速到静止状态后,AVH 模块

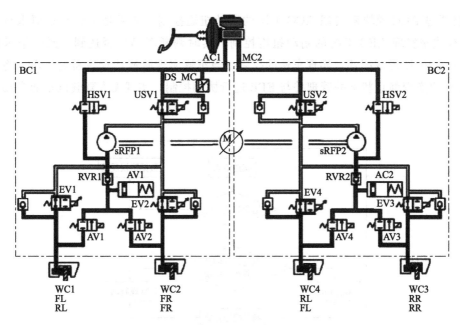

图 7-26 电子稳定控制系统液压原理图

MC—制动总泵；BC—液压单元；DS—压力传感器；HSV—高压阀；USV—回路控制阀；M—回流泵马达；sRFP—回流泵；EV—输入阀；AV—输出阀；AC—蓄压器；WC—制动轮缸

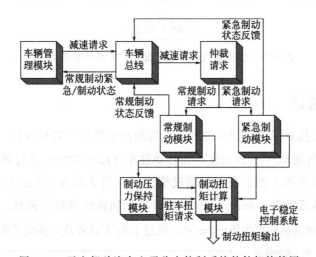

图 7-27 无人驾驶汽车电子稳定控制系统软件架构简图

能够从 ACC 或 CMS 模块上接管对车辆的控制权，保持制动压力实现驻车功能。无人驾驶汽车基于 ESC 中原有的 CMS、ACC 和 AVH 模块进行开发，通过 ACC 模块控制车辆实现平顺性减速（ACC 功能）请求，通过 CMS 模块控制车辆实现紧急减速（AEB 功能）请求，通过 AVH 模块实现对车辆在静止状态的管理及与电子驻车系统（EPB）的协调控制。

无人驾驶汽车电子稳定控制系统软件流程图见图 7-28。无人驾驶汽车车辆控制单元（VCU）给 ESC 发送减速请求，ESC 判断减速请求指令数据是否正确有效，若无效将指令数据错误反馈给 VCU，若判断正确有效，经过 ESC 仲裁判断属于常规制动还是紧急制动。一般减速度小于 $0.4g$ 为常规制动，大于 $0.4g$ 为紧急制动。如果是常规制动请求将通过 ACC 模块来实现 ACC 工况的制动扭矩控制，如果是紧急制动请求将通过 CMS 模块来实现 AEB 工况的制动扭矩控制，实时判断车辆是否达到了减速请求的要求，并与 VCU 形成闭环，实现车速的控制。当车辆实现减速请求后需要停车，将通过 AVH 模块实现静止状态的管理并与 EPB 进行协调控制，实现无人驾驶汽车的自动制动功能。

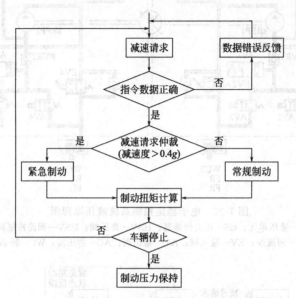

图 7-28　无人驾驶汽车电子稳定控制系统软件流程图

7.5.3　实车验证

基于电子稳定控制系统应用开发的无人驾驶汽车进行了实车验证，分别对常规制动（ACC 功能）、紧急制动（AEB 功能）和自动驻车（EPB 功能）进行测试。

常规制动测试见图 7-29。在无人驾驶模式下，当车速为 20km/h 时，VCU 发出制动减速请求，加速度值为 $-3m/s^2$，对车速和实际加速度进行了测试。测试显示，经过 0.9s，车辆实际加速度达到要求值 $-3m/s^2$，经过 1.8s 车辆停止，实现了常规制动功能。

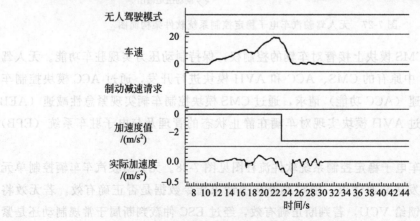

图 7-29　无人驾驶汽车常规制动功能测试

紧急制动（AEB功能）测试见图7-30。在无人驾驶模式下，当车速为35km/h时，VCU发出制动减速请求，加速度值为$-8m/s^2$，对车速和实际加速度进行了测试。测试显示，经过0.9s时间，车辆实际加速度达到要求值$-8m/s^2$，经过1.9s车辆停止，实现了紧急制动功能。

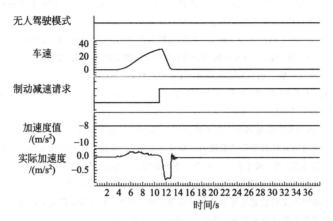

图7-30　无人驾驶汽车紧急制动功能测试

自动驻车功能测试见图7-31，在无人驾驶模式下，当车速为20km/h时，VCU发出减速请求，加速度值为$-3m/s^2$，当车辆停止后发出驻车制动请求，对车速和实际加速度进行了测试。测试显示，经过1.8s后车辆停止，驻车制动请求发出后，车辆保持静态驻车状态，实现了车辆停车后自动驻车功能。

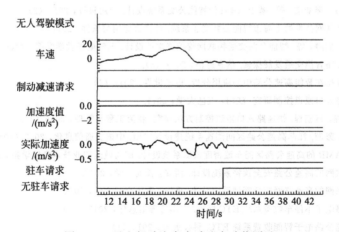

图7-31　无人驾驶汽车自动驻车功能测试

通过对无人驾驶汽车常规制动、紧急制动和自动驻车的功能测试验证，电子稳定控制系统均能按VCU发出的减速请求实现车辆的制动控制。

参 考 文 献

[1] 陶永,同学东,王田苗,等.面向未来智能社会的智能交通系统发展策略.科技导报,2016 (7).
[2] 刘尚武,蔡延光,黄戈文,等.基于大数据的城市交通指挥系统.道路交通与安全,2016 (2).
[3] 钟永康,余智德,何立鹏,等.GIS-T 在广州市智能交通管理指挥的应用研究.广东公安科技,2010 (1).
[4] 刘学军,李树彬,林勇,等.城市智能交通信号控制系统的研究概况.山东科学,2008 (4).
[5] 林基艳,张慧,张雅琼.基于 RFID 的交通信号灯智能控制系统的研究.河南科学,2017 (8).
[6] 王勇,郭美春,佟国栋,等.基于 CAN 总线的交通智能控制.微型机与应用,2017 (19).
[7] 赵国民,卢涤非.分布式智能交通视频系统设计.计算机时代,2016 (12).
[8] 林源森.智能监控卡口系统在平安城市的应用.(2017-08-07). http://kns.cnki.net/kcms/detail/44.1522.TH.20170807.2306.256.html.
[9] 陈科良.基于车路协同的智能交通诱导系统的研究与应用.北京:北京邮电大学,2014.
[10] 杨朋飞.基于综合交通诱导的智能公共交通信息服务系统研究.青岛:青岛科技大学,2009.
[11] 田涮臣,胡正平,贺秀良,等.城市智能交通诱导系统研究.交通标准化,2011 (16).
[12] 豆俊锋.基于 DSP 的闯红灯抓拍系统研究与设计.杭州:杭州电子科技大学,2014.
[13] 黄磊.基于移动互联网的出行信息发布系统的研究和应用.北京:中国科学院大学,2013.
[14] 梁晓彬.智能交通服务系统设计与实现.洛阳:河南科技大学,2014.
[15] 闫龙.基于 Android 终端的公众出行交通信息服务系统的设计与实现.杭州:浙江工业大学,2014.
[16] 曲大义,张晓靖,杨建,等.面向出行者的综合信息服务系统设计.交通标准化,2010 (4).
[17] 孙少瑾.面向出行者的交通信息系统设计及技术研究.中国交通信息化,2015 (3).
[18] 樊文胜,张海林.江西永武高速公路西海服务区基于触摸屏的出行者交通信息服务系统建设.公路交通科技,2013 (4).
[19] 杨兆升.智能运输系统概论.北京:人民交通出版社,2009.
[20] 张晓梅,杨小莹,李悦.基于 GPRS 的智能公交管理系统的研究与设计.兰州文理学院学报(自然科学版),2016 (5).
[21] 官俊涛,陈程俊,秦梦莹,等.基于 ARM 的智能公交系统设计.应用科技,2017 (2).
[22] 郭征茜.基于物联网技术的上海市智能公共交通系统.计算机应用与软件,2017 (8).
[23] 朱昊,黄嘉乐,胡静,等.智能公共交通物联网管控终端的设计.电气电子教学学报,2013 (5).
[24] 梁卓宇.高速公路智能交通发展探索.信息通信,2017 (5).
[25] 周进.交通大数据在智能高速公路中的应用分析.电子世界,2017 (4).
[26] 姜涛.高速公路入口匝道控制研究.江门:五邑大学,2011.
[27] 康平允,干宏程,袁鹏程.快速路入口匝道控制方法探究.物流工程与管理,2016 (3).
[28] 张森,缪新顿,彭璇.江苏高速公路区间测速系统建设与应用.中国交通信息化,2013 (10).
[29] 朱云峰.基于 AMR 的高速公路区间车流密度监测系统设计.南通航运职业技术学院学报,2016 (2).
[30] 曾宇.基于车联网的高速公路安全预警系统设计.西安:长安大学,2017.
[31] 李波.基于物联网的高速路网应急管理系统设计.重庆:重庆交通大学,2014.
[32] 谢毅.高速公路电子不停车收费系统 ETC 探析.中国管理信息化,2017 (24).
[33] 孙羽.我国高速公路电子智能收费系统 ETC.科技展望,2015 (1).
[34] 张立国.车载导航系统设计思路.黑龙江科学,2016 (14).
[35] 李炫霖.车载导航系统现状分析.科技传播,2015 (9).
[36] 何崇中,雷健,唐岳东,等.智能车载系统的发展与 SmartVM 的应用.汽车零部件,2013 (10).
[37] 安恒亮.基于车联网的车载终端中 GPS 导航系统的研究和设计.西安:长安大学,2016.
[38] 王子正,程丽.无人驾驶汽车简介.时代汽车,2016 (8).
[39] 武历颖.无人驾驶汽车环境信息提取及运动决策方法研究.西安:长安大学,2016.
[40] 王世峰,戴祥,徐宁,等.无人驾驶汽车环境感知技术综述.长春理工大学学报(自然科学版),2017 (1).
[41] 郭俊杰.无人驾驶车 GPS 自主导航系统设计与实现.西安:长安大学,2014.
[42] 王燕文,谢泽金,陈益.无人驾驶汽车电子稳定控制系统的应用研究.上海汽车,2016 (8).
[43] 黄如林.无人驾驶汽车动态障碍物避撞关键技术研究.合肥:中国科学技术大学,2017.